Kerry Howley
Geworfen

Kerry Howley

Geworfen

Aus dem Amerikanischen
von Simone Jakob

Ullstein

Die amerikanische Originalausgabe erschien 2014 unter dem Titel *Thrown* bei Sarabande Books, Louisville.

MIX
Papier aus verantwortungsvollen Quellen
FSC® C083411

ISBN 978-3-550-08117-0

Gesetzt aus der Minion
Satz: Pinkuin Satz und Datentechnik, Berlin
Druck und Bindearbeiten: CPI books GmbH, Leck
Printed in Germany

Für Will

Manchmal sieht man leibhaftige, lebende Legenden der MMA-Überlieferung und manchmal halb betrunkene, hinterwäldlerische Schlägertypen aus dem mittleren Westen, aber immer gibt es ein Octagon, immer einen Käfig, immer einen Weg, den nur die Kämpfer benutzen. Es gibt Musik bei ihrem Einzug. Es gibt durchtrainierte Fans und fette Ansager, Rollwagen mit gekühltem Bier, Laserlichter an der Decke. Und immer gibt es Nummerngirls. Lassen Sie uns über die Nummerngirls reden, die Art, wie sie nie irgendwo anzukommen scheinen, wie sie sich, ganz Zahnpastalächeln und bebende Schenkel, auf den Weg machen, nur um am Ende wieder am selben käfignahen Platz anzukommen, von dem sie aufgebrochen sind. Runde eins *kommt*. Runde zwei *kommt*. Nummerngirls drehen sich auf der Stelle. Früher dachte ich, es wäre ihre Aufgabe, die Idee Nummerngirl zu verkörpern, das heißt, sich bequem einzunisten in der Erinnerung an alle Nummerngirls, die die Zuschauer je gesehen haben, die Aufmerksamkeit nicht auf sich, sondern auf das Konzept »Nummerngirl« zu lenken, mit dem ihre Myriaden persönlichen Eigenschaften – wie etwa synästhetische Neigungen, eine tiefe Wertschätzung für das Spätwerk Schopenhauers oder ein Ingenieurdiplom der Iowa State University – zweifellos kollidieren würden. Doch bei einem großen Kampf im Osten waren die Kämpfer unglaublich scharf auf ein Nummerngirl namens »Britney«, die, um der Wahrheit die Ehre zu geben, überaus augenfreundlich war, wie sie durch den Käfig schritt. Die Zuschauer begehrten Britney namentlich, und diese Bereitschaft zur Individuation zwang mich, meine Position bezüglich Nummerngirls und ihrer Funktion zu revidieren.

Im Sommer 2010 (Sean hatte damals mehr als dreißig Pfund Übergewicht, und ich war bereits sein hartnäckigster und ergebenster Platzfüller) war ich überzeugt, dass ein erfolgreicher Kampf abhing von – nein, nicht von einem speziellen Nummerngirl, das wäre absurd – sondern von der chemischen Reaktion, die durch das Nummerngirl, den Ansager, den Bierwagen und wer weiß, was sonst noch, in Gang gesetzt wird. Dass das Schauspiel den Raum auf gewisse Art transformierte; dass wir Zeuge eines Theaters der Grausamkeit wurden, so, wie Artaud es prophezeit hatte, und das, wie Artaud es ebenso prophezeit hatte, oftmals eher niederschmetternd war als erhebend.

Ich selbst bin weder eine Kämpferin noch ein Fan noch ein Schatten noch ein Groupie und auch keine besorgte Ehefrau. Ich gehöre zu jener Spezies kämpferischer Appendizes, die als »Platzfüller« bezeichnet werden; das heißt, wenn die Kämpfer den Käfig verlassen, in dem sie autark sind, und auf die Straße hinausgehen, auf der sie es nicht sind, ich das bin, was den gestandenen Kämpfer vom gemeinen Schläger unterscheidet. So wie Hipster ihre Brillen, Priester ihre Kragen und Cops ihre Schnurrbärte, so haben die Kämpfer uns. Und so, wie der Schnurrbart dem Cop auch nach Ende der Schicht erhalten bleibt, gehören wir zum Kämpfer, nicht zum Kampf. Die meisten Dinge, die Kämpfer tun, finden schließlich nicht im Wirkungsbereich des Octagons statt, und sie brauchen ihre Entourage ebenso sehr an quälend eintönigen Sonntagnachmittagen, wenn die Stille unerträglich wird – wenn nicht noch mehr. Einige von ihnen haben dasselbe Bedürfnis wie die Fratboys in Cargoshorts, die, sobald sie das Haus verlassen, in Rudeln unterwegs sind, in dem verzweifelten Bemühen, das geistige Verkehrsrauschen ihrer Gedanken mit künstlicher Aufgekratztheit und dem Geschlurfe und Geschrei anderer Männer zu übertönen.

Die Geschichte ist die: Ich stieß als Zuschauerin zu einem Kampf in Des Moines. Kurz zuvor hatte ich noch eine Konferenz über Phänomenologie besucht, auf der ein Professor mit zurückweichendem Haaransatz und spektakulär unkorrekten Ansichten über die Husserl'sche Intentionalität die post-konferenzielle Cocktailstunde dominierte.

»Hat jemand eine Zigarette?«, fragte ich eine Gruppe welker Frauen im Kostüm und mit grauem Teint, nicht, weil ich eine brauchte, sondern weil ich mich nach einer Ausrede sehnte, mich davonzumachen. Niemand antwortete. Obwohl selbst keine Raucherin, habe ich stets die Gesellschaft von Nikotin-Liebhabern vorgezogen und betrachtete daher den aggressiven Gesundheitswahn der Akademikerinnen als unziemlichen Dogmatismus.

Da es in Des Moines für mich nichts anderes zu tun gab, als Husserl zu erkunden, mit Nichtrauchern, die ihn nicht verstanden, schlenderte ich durch die Flure des Konferenzzentrums, fand mich vor einem Hotel wieder, dann vor einem Restaurant und durchquerte schließlich einen verglasten, ein Stockwerk über der Innenstadt von Des Moines gelegenen Gang. Eine Gruppe von jungen Männern, die derart eingedieselt waren, dass ich mir sicher war, ihr Abend müsse ein konkretes Ziel haben, kam an mir vorbei, und ich folgte ihnen durch ein sich zunehmend verzweigendes Labyrinth aus Fluren zu ihrem Bestimmungsort. Das gerahmte Schild vor der geschlossenen Flügeltür trug die

Aufschrift »Midwest Cage Championship«, was mich nur insofern interessierte, als dass es mir wie eine ehrlichere Art von Gemetzel vorkam, etwas, an dem die Theorien zerfleischenden, Logik verstümmelnden Akademiker, die ich soeben verlassen hatte, nie teilnehmen würden.

Im Saal waren alle Lichter gedimmt, bis auf einen großen Scheinwerfer hoch über einem achteckigen Podium, das komplett von einem rund 1,80 Meter hohen Maschendrahtzaun umgeben war. Hundert männliche Iowaner hatten sich in der Dunkelheit auf den Bänken versammelt. Durch den Zaun erspähte ich einen Mann, der unter einem anderen Mann lag wie ein Mechaniker unter einem Truck. Der Mann, der oben lag, hatte ein Engelsflügel-Tattoo auf dem Rücken, und die eintätowierten Federn wogten leicht, als er seinem Gegner, den er mit dem Oberkörper fixiert hatte, ins Gesicht schlug; ein rotes Rinnsal troff von dessen Stirn auf die Matte, wo die beiden das Blut mit ihren vereinten Windungen verteilten wie mit Pinselstrichen. Sekunden später flatterte eine Hand unter einem der Flügel hervor. Die Fingerspitzen des unteren Mannes berührten mit einer zierlichen Bewegung die Matte, als wollte er eine Rezeptionsglocke betätigen. Da es niemanden gab, der mir erklären konnte, dass er gerade aufgegeben hatte, ging ich davon aus, das groteske Schauspiel habe sein natürliches Ende gefunden.

»Tja, das eröffnet uns wohl eine ganz neue Sicht auf Engel«, bemerkte ich zu meinem Eau-de-Cologne-getränkten Sitznachbarn, »oder aber eine sehr *alte* Sicht, wenn man ihre nicht unbedrohliche Darstellung im Alten Testament berücksichtigt.« Er starrte mich wortlos an, dann erhob er sich und ging davon, obwohl ich diesen Gedanken nach wie vor geistreich finde. Als er kurze Zeit später zurückkehrte, setzte er sich ans andere Ende der Bank.

Ich schaute mir einen zweiten Kampf an, dann einen dritten. Manchmal prügelten die Männer stehend aufeinander ein wie bei einem Straßenkampf, manchmal umklammerten sie sich an den Zaun gelehnt, und manchmal wälzten sie sich auf der Matte wie Kinder, die zusammen einen Hang hinunterrollen. Sie traktierten sich gegenseitig mit Tritten und Hieben, Knien und Ellbogen, doch statt mich bei den brutalsten Schlägen abzuwenden, merkte ich, wie sich ein lange unterdrückter Teil von mir begierig auf die Spuren stürzte, die sie hinterließen. Da beschlich mich das Gefühl, dass ich besser gehen sollte, doch ich blieb, und schließlich betrat ein mit prächtigen Platzwunden übersäter, haarloser Mann unter dem lauten Jubel der Menge den Käfig. Er hieß Kevin »The Fire« Burns und war, wie ich aus dem begeisterten Empfang ableitete, ein gefeierter Kämpfer aus Des Moines. Zwanzig Sekunden nach Kampfbeginn wurde mir allerdings bewusst, dass mein Interesse nicht Kevin »The Fire« Burns galt, sondern dem zerschundenen Mann, den er gerade auseinandernahm. Der Name des Mannes war Sean Huffman, und während des fünfzehnminütigen Kampfes gab es nicht einen Moment, in dem man hätte behaupten können, er habe die Straights von »The Fire« effektiv pariert.

Drei lange, blutige Runden sah ich zu, wie Sean den schwerfälligen Punchingball für die katzengleichen technischen Fähigkeiten des anderen Mannes spielte. Schlag um Schlag steckte Sean ein, und mit jedem punktgenau gesetzten Treffer auf seinen Mund wuchs Seans Lächeln, als würde »The Fire« es ihm ins Gesicht meißeln. Mich überkam das seltsamste Gefühl – als sei ein Schleier vorübergehend gelüftet worden, als hätte mir jemand die Synapsen geölt, so dass die Gedanken ungehindert durch mein Gehirn flitzten und pfiffen, ohne den Reibungswiderstand, den ich bisher für die Gedanken selbst gehalten hatte. Ich empfand eine enorme Zuneigung für das Schauspiel vor mir, eine Zuneigung, die allerdings nicht von einem bestimmten Punkt auszugehen schien, denn ich hatte mich ausgedehnt und in eine Art Nebel aufgelöst, der den gesamten Raum einnahm und die hundert Männer darin einhüllte.

Es war der letzte Kampf des Abends, und nach seiner Niederlage lag Sean reglos und blutend auf einer Reihe von Metallklappstühlen. Ich sprang vom letzten Platz auf, für den ich je bezahlen würde, schob mich an den billigen Plätzen und diversen Beinen vorbei, zwängte mich unter der Absperrung hindurch, belog die Security, blieb bei dem Verletzten stehen und sah dem Arzt – na ja, zumindest jemandem mit Nadel und Faden – dabei zu, wie er die Teile von Seans Stirn wieder zusammennähte. Ich war zu bewegt, um zu sprechen, geschweige denn, mich vorzustellen. Erst nachdem ich Sean Wochen später in seiner eigenen Stadt erjagt hatte, fragte ich ihn schließlich: »Hat das weh getan?«

Er überlegte lange Zeit – ich konnte sehen, wie angestrengt er darüber nachdachte, obwohl er seine zusammengeflickte Stirn zum damaligen Zeitpunkt noch nicht wieder auf jene Art runzeln konnte, die Denken signalisiert – und sagte dann: »Nicht so richtig.«

Danach wollte er das Thema wechseln, doch ich war noch nicht zufrieden.

»Wie hat es sich dann angefühlt?«

Wieder dachte er lange und angestrengt nach und ließ das Schweigen in der Luft hängen.

»Wie aufwachen«, sagte er schließlich.

***

Man muss berücksichtigen, dass ich nach dem Spektakel noch zu euphorisch war, und erst, als ich mich auf der Heimfahrt wieder in meinen Knochen einnistete und spürte, wie die Grenzen meiner Wahrnehmung sich erneut schlossen wie die Vorhänge meines Kinderzimmers, die die Sicht meiner Jugend beschränkt hatten, fiel mir auf, dass ich zum ersten Mal in meinem Leben einen Weg gefunden hatte, aus meiner Haut zu schlüpfen. Meine Erfahrung spiegelte bis ins Detail jene Beschreibungen wider, die uns aus den Schriften von Schopenhauer, Nietzsche und Artaud überliefert sind, in denen ein verstörendes – oftmals gewalttätiges – Ritual alle Sinne um ein Vielfaches schärfte, als sei der schwerfällige, abgestumpfte Körper für einen Augenblick in eine Stimmgabel verwandelt worden – zutiefst empfänglich für, wie Schopenhauer es ausdrückte, Empfindungen fein und flüchtig. Einige haben dieses Gefühl *Ekstase* genannt. Ich hatte zwar an diese schauspiel-provozierte Fülle der Empfindung geglaubt, wie man an Pangaea oder marodierende Hunnen glaubt, aber bis zu jener Nacht in Des Moines hatte ich diesen Zustand mit vorsintflutlichen Riten verbunden, die dem modernen Menschen nicht länger zugänglich sind. Doch um Mitternacht auf einem Highway in Iowa, mitten in jener tiefen Dunkelheit, die nur zwischen Maisfeldern herrscht, dachte ich: »Dieses Schauspiel, was auch immer es ist, hat die ekstatische Erfahrung zurück in die Welt gebracht.«

Von diesem Moment an war das einzige phänomenologische Projekt, für das ich noch Interesse aufzubringen vermochte, der Versuch, jenen Daseinszustand einzufangen und zu beschreiben, in den mich ein gewisser Sean Huffman versetzt hatte.

Und so frequentierte ich die Orte, an denen Sean womöglich auftauchen würde – das Fitnessstudio, in dem er trainierte, die Bar, in der er als Rausschmeißer arbeitete, die Kellerwohnung, in der er lebte, die Restaurants, in denen er Nahrung zu sich nahm, die vielleicht nicht ganz mit seinen erklärten Zielen als aufstrebender Kämpfer im Einklang stand. Es klingt hoffentlich nicht unbescheiden, wenn ich sage, dass Sean diese Aufmerksamkeit sehr genoss, und dass Angehörige der kämpfenden Klasse im Allgemeinen selbst in den intimsten Situationen nichts gegen meine Anwesenheit einzuwenden haben. Das heißt nicht, dass sie meine Gegenwart herbeisehnen, sondern dass sie sie mit erstaunlicher Regelmäßigkeit vergessen. Und wenn es aus irgendeinem Grund erforderlich wird, mich zur Kenntnis zu nehmen, weil ich beispielsweise den unwiderstehlichen Drang verspüre, eine philosophische These aufzustellen, reagieren sie auf die These und nicht auf mich. Sie fragen mich weder nach meinem stattlichen Jagdhund noch nach meinen maßgefertigten Cowboystiefeln noch nach meiner Haltung zum Irlandkonflikt. Und kein Kämpfer wollte je meinen Nachnamen wissen.

Ich erinnere mich gut an die erste richtige Unterhaltung mit Sean in einer Kellerbar, in der wir halbwegs zufriedenstellende Burger zu Mittag aßen und ich ihm erklärte, ich hielte seine Leistung für eine außergewöhnliche physische Analogie zur phänomenologischen Untersuchung. Er legte den Kopf schief, zog eine Augenbraue hoch und sagte, als sei er insgeheim erfreut über meine Bemerkung: »Du hast sie nicht mehr alle.« Er rührte mit dem Strohhalm in seiner Limo. »Ich spüre bloß gern Dinge.«

Wir sprachen über das Hinterland von Tennessee, über den Aufstieg und Niedergang Davenports als Zentrum kampfsportlicher Aktivitäten, über seine Jahre im Krieg.

Jedes Mal, wenn ich etwas sagte, starrte er einen Moment vor sich hin, um das Gesagte in sich aufzunehmen, ehe er antwortete. Schließlich nahm er eine Pommes von meinem Teller, eine Geste, die, wie ich hoffte, ein Vorbote zukünftiger Vertrautheit und somit eine Einladung zu vielen weiteren Kämpfen war.

Seit jener Nacht in Des Moines hatte ich das Gefühl, in der Falle zu sitzen, ganz meinen niederen biologischen Bedürfnissen ausgeliefert zu sein. »Iss dies«, sagte mein Körper, »schlaf jetzt«, aber während eines Kampfes war ich diesem ständigen Gezeter einige wenige kurze Momente – wahrscheinlich weniger als eine Minute – entronnen und weniger geneigt, ihm nachzugeben. Dass Sean in nächster Zeit keine Kämpfe hatte, denen wir gemeinsam entgegensehen konnten, war daher eine stetige Quelle der Enttäuschung für mich; andererseits bedeutete es, dass ich Sean fast ganz für mich hatte.

Stellen Sie sich vor, wie wir den Mississippi entlangschlendern, vorbei an Maschendrahtzäunen, die für die Geister abgerissener Häuser anfangen und enden, vorbei an Entenschwärmen, die zwischen Styroporstücken auf den Wellen schaukeln. Wir kommen an einem Skater-Park vorbei, der erst kürzlich aus dem Flussufer geformt wurde und wo jetzt eine Flasche geräuschvoll eine Halfpipe hinunterrollt und drei Jungs, von denen zwei ihre Skateboards in der Hand halten und einer es schräg unter den Fuß geklemmt hat, innehalten, lange die Kraterlandschaft auf Seans Nase und seine im Ring zerquetschten Ohren anstarren. Um wie viel faszinierter wären sie erst, wenn sie die Nähte auf dem immer noch wunden Gewebe zwischen seinem Schienbein und seinem Oberschenkelknochen sehen könnten, die Narben, die von einem Schädel-Hirn-Trauma herrühren, oder die drei verwachsenen Fingergelenke seiner rechten Hand, die zersplittert sind, als er jemanden ins Gesicht schlug. Sean bemerkt die Jugendlichen nicht einmal. Risikoscheu, wie er ist, sagt er mit Blick auf das styroporübersäte Wasser: »Kannst du dir vorstellen, dass da drin Leute schwimmen? Verrückt.«

Oder, wenn Ihnen das lieber ist, stellen Sie sich uns im The Paddlewheel vor, jener Bar, in der sich die Kämpfer auf einen Drink treffen und in Erinnerungen an die guten alten Zeiten dynamischen Davenport-Ruhms schwelgen, in denen ein Drink völlig tabu gewesen wäre. Dies sind Männer, die extra in den Mittleren Westen übergesiedelt sind, weil ein legendärer Kroate namens Pat Miletich (»The Croatian Sensation«) sie alle aus Kalifornien, Florida und, in Seans Fall, dem ländlichen Tennessee gerufen hat, aber das ist Jahre her, und Miletich hat schon seit langem keiner mehr zu Gesicht bekommen. Es gibt Kämpfer rings um den Pooltisch, Kämpfer, die Plastikwaffen auf einen Bildschirm richten, und Kämpfer, die sich um Sean versammelt haben, den alle vergöttern. Ich glaube, das liegt an der Ruhe, die er in jede Versammlung bringt, die Art, wie seine Anwesenheit jegliche Anspannung im Raum aufzehrt.

»Sean und ich haben neulich sechs Sorten Scheiße auseinander rausgeprügelt«, sagt ein manischer Kämpfer namens Brandon, »war das nicht das geilste Sparring überhaupt?«

»Es war wie früher, als wir noch richtig draufgehauen haben«, sagt Sean. »Draufgehauen. Ohne Ende.«

»Und danach haben wir abgereihert«, sagt jemand wehmütig.

»Ich hab erst abgereihert und mich dann hingelegt«, sagt

Sean, »und irgendwer so: ›He, Pat, Sean hat sich hingelegt!‹, und ich musste wieder aufstehen.«

Vom Pooltisch hören wir das Klicken kollidierender Kugeln, gefolgt von einem Schwall Obszönitäten.

»Wann hast du den nächsten Kampf?«, fragt Brandon, und Sean streicht sich über die Stelle, wo seine Stirn genäht werden musste, und sagt mit einiger Verbitterung: »Wenn mir jemand einen anbietet.«

Es wurde Juni, und wir hatten immer noch keinen Kampf. Je mehr meine Frustration wuchs, umso mehr wünschte ich mir, es gäbe eine pedantische Kampfes-Bürokratie, die das System überwachte, eine Jiu-Jitsu-Diktatur, die Sean mit schrittweisen Lohnerhöhungen und vielleicht einer Rente auf den rechten Weg zurückbringen würde. Doch leider ist jede Veranstaltung ein Königreich für sich, und bei jedem Käfigkampf muss man erneut auf die Entscheidung irgendeines skrupellosen Kupplers warten. Oft zerfällt das Königreich schon nach einer einzigen Veranstaltung: Wenn seine Schöpfer entdeckten, dass es trotz all der Zwanziger, die an der Tür den Besitzer wechseln, zu viele üppig bemuskelte Menschen gab, die bezahlt werden wollten, um das Unternehmen profitabel zu machen. Auf die Art konnte man viele bedeutungslose »Championship«-Gürtel bei Wettkämpfen gewinnen, an die sich selbst der Gewinner kaum erinnern konnte. Vielleicht bekam man bei den Großen Shows einen Vertrag für drei Kämpfe angeboten, aber das waren keine Großen Shows. Die Kämpfe, auf die wir warteten, waren Lokalveranstaltungen von zweifelhafter Legalität, was ihnen in meinen Augen den zusätzlichen Reiz einer Grenzerfahrung verlieh.

In der Woche koexistierten Sean und ich in den Tiefen eines verwitterten Hauses, in die man gelangte, indem man durch das Wohnzimmer und die Küche eines anderen Bewohners ging, eine Treppe hinunterstieg, die Waschmaschine links liegenließ und durch einen aus einer Armeedecke bestehenden Vorhang in jenen Raum trat, wo Sean in einer Ecke auf dem rissigen Betonboden schlief – die letzte, kleinste, unbezwingbarste Matrjoschka-Puppe von allen. Ich saß gern neben der schmutzigen Wäsche auf der Matratze, starrte durch die Milchglasscheibe des einzigen Fensters nach draußen und genoss die tiefe Ruhe, die von einer gewissen Gleichgültigkeit gegenüber der nächsten Umgebung herrührt.

Sie werden vermutlich Fragen haben, aber es sind die falschen Fragen, unkämpferische Fragen, aber da ich sie ihm selbst gestellt habe, kann ich sie Ihnen genauso gut beantworten. Zum Beispiel: Wie überlebte Sean ohne die Schecks der Kämpfe, von denen er seine Miete bestritt? Das fragte ich Sean einmal ganz am Anfang, und er sah mich schulterzuckend an, als hätte ich ihn gefragt, warum die Sonne gerade über dem Fluss unterging. »Irgendjemand«, sagte er, »hat immer einen Graben auszuheben.« Ich habe ihn noch nie einen Graben ausheben sehen, aber es gab Tage, an denen wir winzige Schachteln mit Törtchen auf einen Truck verluden, und Tage, an denen er zu einem kurzlebigen Baustellen-Intermezzo verschwand. Manchmal arbeitete er als Türsteher in einer Bar in Davenport, was allerdings für jeden Kämpfer ein nervenaufreibendes Unterfangen ist, denn ein bestimmter Typus Mann will, vom Alkohol ermutigt, seine Fähigkeiten mit dem blumenkohlohrigen Mann messen, der den Eingang bewacht. Sean für seinen Teil hatte keinerlei Verlangen, außerhalb des Käfigs jemanden herauszufordern; er verspürte sogar noch weniger Neigung als ich – die ich in der dritten Klasse in St. Paul eine gewisse

Sally Mills von einer Schaukel schubste –, eine gewalttätige Auseinandersetzung vom Zaun zu brechen.

Dies war der Sommer, in dem ich lernte, wem ich folgen und wen ich besser meiden sollte, und zu Letzteren gehören fast ausschließlich jene Männer, die als »Schatten« bekannt sind, denn es gibt nichts Lästigeres für einen leidenschaftlichen Kämpfer als Nichtkämpfer, die derart verzweifelt zu ihnen gehören wollen. Sie tragen die teure Markensportkleidung, die sich Kämpfer kaum leisten können, informieren das sie umgebende Weibsvolk über ihren angeblichen Kämpferstatus und behelligen echte Kämpfer mit dubiosen Geschichten über ihre Kriegerinstinkte. Und so kommt es immer wieder vor, dass Sean still an der Tür jener Bar in Davenport steht und jemand seine verhutzelten Ohren bemerkt, weil Seans verhutzelte Ohren selbsternannte Kämpfer anlocken wie die knolligen rötlichen Wangen von Präriehühnern andere Präriehühner. Sean versucht, in die andere Richtung zu schauen, sich zur Tür zu drehen und mit seinem Stempel herumzuspielen. Aber schließlich erspäht ihn doch ein Schatten im trüben Barlicht, der zu ihm sagt: »Du kämpfst?«

Und Sean sagt: »Ja«, und meidet weiterhin den Blickkontakt, obwohl er schon knietief im Treibsand der Bedürftigkeit steckt.

»Miletich?«

»Jap.«

»Ja«, sagt der Schatten dann, »da hab ich auch mal trainiert. Bevor ich für Monte gearbeitet hab«, – Monte ist ein zigarrenrauchender Promoter in Hausjacke namens Monte Cox, und der ostentative Gebrauch seines Vornamens ist ein Zeichen von Zugehörigkeit, das Sean beeindrucken soll, aber Sean ist nicht beeindruckt, doch er beugt sich dem sozialen Druck, nimmt Blickkontakt auf und akzeptiert, dass er sich die Geschichte jenes Mannes über seinen einzigen großen Kampf anhören muss.

»Hab neun Jahre lang Jeet Kune Do trainiert«, sagt der Mann, und Sean tut, als würde er einen Blick auf einen Ausweis werfen, und drückt sanft einen Stempel auf die manikürte Hand einer attraktiven Frau, die sich seitlich an ihm vorbeischiebt, und der Mann, der Seans Ungeduld spürt, beeilt sich, um zu seinem unausweichlichen Niedergang zu kommen, dem Grund, warum er es nie bis in die Großen Shows geschafft hat oder warum er es doch geschafft, dann aber nie einen zweiten Kampf bekommen hat. Manchmal ist es eine Verletzung, manchmal eine Verletzung inklusive einer Vicodinsucht und manchmal keins von beidem. Oft endet das Gespräch mit einer Warnung – *Verlieb dich nie in eine Stripperin aus Anamosa* –, und aus einem Gefühl der Hinterlandhöflichkeit heraus fühlt Sean sich verpflichtet, ihm dafür zu danken.

Die einzige Rechtfertigung, die man für ihr Dasein geltend machen kann, ist, dass so viele Gespräche unter Kämpfern Schatten-Verachtung zum Thema haben, dass ihre Abwesenheit womöglich unerwünschtes Schweigen hervorrufen würde. Doch ich kann ihre nervöse Energie nicht ertragen, die hässliche Art, wie sie ihre Bedürftigkeit heraushängen lassen, ihre unkämpferische Bereitwilligkeit, einen Fremden zu schlagen. Was mich zu einem Tag im Juli bringt, als ich Sean im Paddlewheel dabei zusah, wie er ein Reuben-Sandwich vertilgte. Irgendwie kamen wir auf das Thema Thanksgiving.

»Das ganze Land ist auf einem Beschiss gegründet, ein paar Weiße, die herkommen und sich einfach selbst bedienen«, sagte Sean mit monotoner Stimme, als würde er das

Innenleben einer Maschine beschreiben. »Die Indianer sagen: ›Okay, also, das hier kann man essen, so kann man hier überleben‹, und die Weißen so: ›Hey, cool‹, und metzeln sie nieder. Wenn man noch klein ist, kommt einem alles so klar und einfach vor, weil man den ganzen Bullshit noch nicht versteht, der praktisch überall im Spiel ist.«

»Sieh jetzt nicht hin«, sagte ich, als ein notorischer Schatten auf uns zukam, seine Tochter, ein Kleinkind, im Schlepptau.

Sean war zwar kein Fan von Schatten, blieb aber unbeirrt höflich und amüsierte sich köstlich über meinen Horror vor ihnen.

»He, Mike«, hieß er den Schatten in unserer Ecke der Bar willkommen, »ich geh mal kurz 'ne Stange Wasser abstellen. Kannst dich mit ihr unterhalten.«

Sean stand auf, zwinkerte mir zu und begab sich in den hinteren Teil der Bar.

»Wenn du auf Kämpfer stehst«, sagte der Schatten, »könnte ich da was für dich arrangieren.« Ich schauderte. Kurz darauf fing zu meiner Erleichterung seine Tochter auf der anderen Seite des Raums an zu brüllen, und er verdrehte die Augen und ging.

»Hast du mal *1000 Wege, ins Gras zu beißen* gesehen?«, fragte mich Sean, als er zurückkam. »Da gab's neulich 'ne Folge, in der eine Frau an einem lebenden Fisch erstickt ist.«

Sein Handy vibrierte, doch er ignorierte es.

»Wer war das?«, fragte ich.

»So 'n Typ, der mit mir über St. Louis reden wollte.«

»St. Louis?«

»Ja, wegen meinem Kampf im August.«

Er nippte an seiner Cola und sah sich nach dem kleinen Mädchen um, das sich an einen Ego Shooter klammerte und, ganz im Bann seiner kindlichen Trotzattacke, den Kopf in den Nacken warf und wie am Spieß brüllte.

»Du hast im August einen Kampf in St. Louis?«

»Ach ja«, sagte er, warf mir einen Blick zu und aß die restlichen Pommes. »Hab ich ganz vergessen, dir zu erzählen.«

Ich beobachte, und ich schreibe. Meine These dazu lautet folgendermaßen: Wenn es unsere Aufgabe ist, den Abstand zwischen dem Kämpfer und dem Universum zu verkleinern, und sei es auch nur geringfügig, ist es dann nicht ebenso unsere Pflicht, die endlose Zeitspanne zwischen der Glanzzeit eines Kämpfers und der Ewigkeit zu überbrücken? Auch wenn ich der Auffassung bin, dass ein erfolgreiches Kampfschauspiel in einem Raum existiert, der einem geschriebenen Text unzugänglich bleiben muss, und dass ein solches Kampfspektakel unweigerlich verliert, wenn man es in Worte fasst, so bin ich auch der Meinung, dass das Einzige, was seine zeitliche Existenz ausdehnen kann, ein exakt beobachteter, schriftlicher Bericht ist, und sei er noch so unvollkommen. Als ich anfing, über jeden einzelnen Schlag detailliert Buch zu führen, wurde mir klar, dass ich auch über jene Welt schreiben musste, in die dieser Schlag einbricht. Und so zeugte eine unmögliche Aufgabe die nächste und die übernächste, bis ich ein Objekt erschaffen hatte, das noch kleiner war als ich selbst in einem unendlichen Raum, den auszufüllen sich kein Mensch erhoffen kann.

Sean – August 2010

Sean schwieg oft, doch es war eine besondere Form des Schweigens, die sich insofern von allen mir bisher bekannten Arten des Schweigens unterschied, dass sie vollkommen frei war von Subtext, jeglichem elektrischen Rauschen hinter der Atmung. Die Tatsache, dass er mir nie persönliche Fragen stellte, signalisierte keinen Mangel an Interesse, sondern ein Übermaß an Feingefühl, zudem lag es nicht in seiner Natur, über den gegenwärtigen Moment hinauszublicken, sei es in die Vergangenheit zu unseren Ursprüngen oder in die Zukunft zu unseren Plänen. So hatte sich eine gewisse Vertrautheit zwischen uns eingestellt, ohne dass wir Details aus dem Leben des anderen kannten. Drei Monate nach Beginn unserer Partnerschaft wusste er beispielsweise immer noch nicht, dass meine Eltern noch vor ihrem dreißigsten Lebensjahr aus dem Leben gerissen worden waren, und obwohl mir bewusst war, dass seine Frau ihn verlassen hatte, kannte ich ihren Namen nicht. In St. Louis würden wir weit vom Schauplatz seiner häuslichen Probleme entfernt sein, und ich hatte die Absicht, den anderen Sean kennenzulernen, den, der trainierte, kämpfte und gewann.

Seans frühe Siege waren ihm in einer reinen Form zugefallen, die dem heutigen aufstrebenden Kämpfer oder der

Ekstase suchenden Gelehrten nicht mehr zugänglich ist. Fünf, sechs Jahre vor meiner Ankunft konnte man in einen Stripclub marschieren, zum DJ gehen und seinen Namen und sein Gewicht in eine Liste eintragen. »Okay«, sagte dann der nominell Verantwortliche, »wir finden jemanden in deiner Gewichtsklasse.« Allerdings wurde so etwas wie Ebenbürtigkeit gar nicht erwartet, denn es gab nie genug Freiwillige. Auf der Liste standen schlanke, geschmeidige High-School-Ringer, taffe, versoffene Schläger und Männer, die den Kampf für ihre wahre Bestimmung hielten. Der Amsterdam Gentlemen's Club hatte einen Käfig. Der Eintritt kostete fünfzehn Dollar; Kämpfer bekamen freien Eintritt als Vergütung. Die Fans beugten sich auf ihren Klappstühlen vor und bliesen Zigarettenrauch durch die Käfigmaschen, hinter denen Männer in Jeans zwischen zwei Bier kämpften. Wenn dem Verantwortlichen die Kämpfer ausgingen, bat er jeden, noch einmal zu kämpfen, und Sean sagte immer ja. Er verlor keinen Amateurkampf, nicht einen einzigen. Dreißig Mal kämpfte er so.

Wenn ich mir diese alten Kämpfe vorstelle, kommt es mir vor, als hätten die Iowaner versucht, verloren geglaubte Riten wieder zum Leben zu erwecken, die zu überliefern sich niemand die Mühe gemacht hatte, denn es ist natürlich viel schwerer, ein ekstatisches Schauspiel in der ansonsten öden, beschränkten Zukunft zu finden als in der langen, wechselvollen Geschichte der Menschheit. Wenn man als Lette im 15. Jahrhundert außer sich geraten wollte, konnte man sich maskieren und in Rabelais'scher Verzückung jauchzend durch die Straßen ziehen, bis die katholische Kirche dem ein Ende setzte; als Paiute-Indianer im amerikanischen Westen konnte man sich rituellen, millenaristischen Tänzen hingeben, bis die Armee dem ein Ende setzte; als Mänade im ländlichen Griechenland der Antike konnte man sich zum übrigen Weibsvolk gesellen und bei lebendigem Leib eine Ziege in Stücke reißen, bis die Erschöpfung dem ein Ende setzte. In diesem Fall war es die Gesetzgebung des Staates Iowa, die jenem speziellen Spektakel ein Ende setzte, und so waren die eingangs beschriebenen Dinge – von der Anmeldeliste bis hin zum Zigarettenrauch – zu der Zeit, als unsere Geschichte beginnt, von irgendwelchen ungebildeten Abgeordneten in Des Moines bereits für illegal erklärt worden. Sie ersetzten die herrliche Spontaneität früherer Tage mit prä-kämpferischem Papierkram: Versicherungen, Lizenzen, Blutuntersuchungen. Nicht dass ich mich beklagen will, denn diese Bürohengste bestärkten mich nur in meiner Überzeugung, auf ein echtes Zentrum ekstatischer Aktivitäten gestoßen zu sein. Es würde eben nur etwas mehr Arbeit erfordern, dorthin zu gelangen.

Miletich nahm einen nur, wenn er glaubte, man könne der Beste der Welt werden, und lange sah es bei Sean ganz danach aus. 2006 lag sein kombinierter Amateur- und Profikampf-Rekord bei 37 zu 1 – der Rekord eines Mannes, der für die Großen Shows bestimmt war. Wäre ich die Art Erzählerin, die glaubt, dass große Ereignisse auf eine einzige Ursache zurückzuführen sind, und die sich auf epiphanische Handlungselemente verlässt, dann könnte ich jetzt schreiben: *Und dann lernte Sean seine Frau kennen.* Doch die Art von Erzählerin bin ich nicht. Ich begnüge mich damit, darauf hinzuweisen, dass vier Jahre nach dieser glücklichen Zeit eine ganze Reihe der weniger talentierten Miletich-Protegés unter Seans Kollegen in vollbesetzten Hallen gekämpft, nach ihnen benannte Fitnessstudios eröffnet und Hypotheken abbezahlt hatten, indem sie Werbefläche auf ihren Shorts verkauft hatten. Sean dagegen kämpfte immer noch für Promoter, die ihre Kämpfe in High-School-Turnhallen veranstalteten. Er wohnte allein in einem Kellerloch aus rissigem Beton, das einem Freund gehörte, und lebte von der Stütze. Zwischen 2006 und 2010 hatte er vierzehn Kämpfe verloren, ebenso viele, wie er in der gleichen Zeit gewonnen hatte. Ich lernte Sean mitten in einer scheidungsbedingten Depression kennen.

Man könnte behaupten, ich sei zu spät dazu gestoßen, aber das sehe ich anders. Auch wenn ich einen ungeschlagenen, hundertfünfundfünfzig Pfund leichten Sean verpasst habe, auch wenn ich Davenport in den Tagen seiner reinsten Gewalt nie kennengelernt habe, auch wenn ich den furchterregenden Pat Miletich nur an seinem milden Lebensabend erlebt habe: Fängt nicht jede menschliche Geschichte medias in res an? Das machte die Jagd lediglich zu einer etwas größeren Herausforderung. Ich mochte den Höhepunkt spektakel-induzierten Ruhms verpasst haben, aber ich kam genau zur rechten Zeit, um einen Sean zu erleben, der sich auf einen erneuten Aufstieg vorbereitete, und hätte eine Kit, die ein Jahrzehnt zuvor gekommen und gegangen wäre, mich nicht um die Chance beneidet, *das* zu sehen?

In gewissem Sinne würde St. Louis eine grandiose Konkordanz für uns beide darstellen. Sean brauchte einen Neuanfang, einen Post-Scheidungs-Sieg, mit dessen Hilfe er seinen Kampfrekord neu aufbauen und seinen unausweichlichen Aufstieg in die Großen Shows beginnen konnte. Und für all die Kämpfe, die Sean verloren, und all die Zeit, die er verschwendet hatte, gab es in meinem Leben mindestens ebenso viele Lebensjahre, die ich mit blutleeren, akademischen Übungen vergeudet hatte. Ich hatte viel zu lange gebraucht, um ein geeignetes Studienobjekt zu finden, und hegte die inständige Hoffnung, dass Sean der Mann war, der mich in die Welt der ekstatischen Erfahrung einführen würde, und dass wir beide endlich auf dem Weg zu den Wahrheiten waren, die wir suchten.

Am verabredeten Tag verließ ich meine idyllische Universitätsstadt, fuhr die sechzig Meilen durch wogende Maisfelder ins industrielle Davenport und tauchte wie üblich vor seiner Tür auf. Im Haus fischte ich drei Matchboxautos und ein Teil einer kaputten Rennbahn aus der Couch des Vermieters und wartete geduldig, während Sean sich im Keller fertigmachte. Ich hatte natürlich sowohl eine phänomenologische Theorie über meine sonderbare Reaktion auf das gewalttätige Spektakel in Des Moines als auch eine prädiktive für St. Louis entwickelt, doch ich wusste so gut wie nichts über das, was uns erwartete.

»Sieht aus, als hätte der Promoter richtig Kohle«, sagte Sean, als wir auf den Highway Richtung St. Louis auffuhren.

»Wie heißt er?«

»Weiß nicht genau.«

»Wie lautet noch mal der Name der Veranstaltung?«

Er dachte einen Augenblick nach.

»Irgendwas mit ›MMA‹.«

Die Nachricht, dass der namenlose St.-Louis-Promoter von der gut betuchten Sorte war, bedeutete eine gewisse Erleichterung für mich, denn im Laufe des Sommers hatte ich von Sean und seinen Freunden Geschichten über die andere Sorte gehört. Da war zum Beispiel jener Promoter, der Sean nach einem Kampf stundenlang auf sein Geld warten ließ, der aber immer noch besser war als der Promoter, der Schecks aushändigte, die kaum den Weg zur Bank lohnten, um sie platzen zu sehen. Dann gab es noch den, der nach der letzten Runde auf Nimmerwiedersehen verschwand und fünfzehn verdutzte Kämpfer zurückließ, die sich mit leerem Blick anstarrten, als die Hausmeister die Klappstühle auf Rollwagen stapelten. Ein anderer tauchte mit einer Geldkassette auf, nur um einen Herzinfarkt vorzutäuschen und sich mit besagter Kassette im Krankenwagen abtransportieren zu lassen; Letzteres war Seans Freund Jason passiert, und ich wertete die Geschichte als symptomatisch für die Dekadenz der gesamten Promoterklasse.

»Wo genau fahren wir hin?«, fragte ich, als wir den Missouri River überquerten und die Brückenfugen unter unseren Rädern wie die trägen Glockenschläge einer weit entfernten Kirchturmuhr klangen.

»Keinen Schimmer«, sagte Sean, »Brian will uns anrufen, sobald wir in St. Louis sind.«

»Wer ist Brian?«

»Irgend so ’n Typ.«

Trotz allem bestanden weiterhin düstere Möglichkeiten, die auch das Vorhandensein von Geld nicht auszuschließen vermochte. Zum Beispiel konnten wir an die Art Promoter geraten, die Seans Gegner in letzter Sekunde austauscht und ihn gegen einen zweihundert Pfund schweren hispanischstämmigen Mann mit dem Spitznamen »The Mexicutioner« antreten lässt, oder die, die es versäumt, sich die notwendigen Genehmigungen zu besorgen, und vom Staat gesperrt wird, oder die, die uns, als kostengünstige Alternative zu einem Hotel, in einer Huren-und-Floh-verseuchten Crackhöhle unterbringt. Letzteres war einem hiesigen Kämpfer namens John und seiner leidgeprüften Frau Lisa widerfahren, und ich für meinen Teil hatte Angst davor. Doch mir war bewusst, dass klein und offen ängstlich zu sein das Gegenteil von hilfreich war, und so atmete ich tief durch, wie es mir eine Therapeutin koreanischer Herkunft für derartige Situationen empfohlen hatte, und verzichtete darauf, die offensichtlichen Fragen zu stellen. Ich sagte mir, unsere völlige Unwissenheit über die nächsten achtundvierzig Stunden könnte auch zu einer langen Reihe positiver Überraschungen führen, und sich zu sorgen würde einen unprofessionellen Hang zum negativen Denken verraten.

Natürlich beschränkte sich die Quelle meiner Sorge nicht nur auf das Thema Unterbringung. Ich dachte an das den Kopf befreiende Gefühl des Sich-Ausdehnens, das ich in Des Moines zum ersten Mal erfahren hatte. Was auch immer im April passiert war und mich für einige kurze Momente von mir selbst – jenem hartnäckigen Gezeter meines Körpers (»Iss dies! Schlaf jetzt!«) – befreit hatte, würde vielleicht nie wieder kommen, obwohl ich in meinem Sommer als Platzfüller auf die Wette hin Plätze ausgefüllt hatte, dass genau das passieren würde. Meine Hoffnung war, dass ich in St. Louis eine ekstatische Erleuchtungserfahrung haben würde, aber diesmal würde ich mich vorbereiten, die involvierten Elemente studieren und beobachten, noch während sie eintraten. Ich wollte sie einfangen, sie in jeder Einzelheit beobachten. Ich hatte es mir zur Gewohnheit gemacht, stets ein Notizbuch bei mir zu tragen, und alles, was mir relevant erschien, aufzuschreiben.

»Hunger?«, fragte Sean irgendwo in Illinois. Auf der fünfstündigen Fahrt hielten wir sowohl bei McDonald's als auch bei Hardee's. »Ich *lebe* nun mal gern«, sagte Sean, wie als Reaktion auf einen Vorwurf, den ich nie geäußert hatte.

Ich bemerkte, ich hätte gelesen, dass einige Kämpfer Gewicht abkochten, indem sie sich wochenlang auf fünfhundert Kalorien pro Tag beschränkten, was in etwa der »Santa Fe Sauce« auf Seans »Thickburger« entsprach, und Sean legte den Kopf schief und entgegnete, ein echter Kämpfer solle einfach in der Lage sein, ins Octagon zu treten und jemanden in seiner Gewichtsklasse fertigzumachen. Sean hatte eine Menge Ansichten über echte Kämpfer, doch er sagte auch andauernd, dass er »dreißig Pfund loswerden« müsse.

»Das sagst du schon seit Monaten.«

»Und es waren schreckliche Monate.«

»Also, *schrecklich* würde ich es nicht nennen«, sagte ich in dem Bewusstsein, dass es sich um genau die Monate handelte, die Sean überwiegend in meiner Gesellschaft verbracht hatte.

»Ich habe den Glauben an die Ehe verloren«, sagte er eine Weile später, und an dem Punkt wurde mir klar, dass wir von seiner vor kurzem rechtskräftig gewordenen Scheidung sprachen. Er erzählte mir eine Geschichte über eine Bekannte, die noch im Hochzeitskleid mit ihrem Hochzeits-Caterer geschlafen hatte. »Du stehst da in deinem weißen Kleid«, sagte er, warf einen Blick in den Rückspiegel und wechselte die Spur, »du stehst da in deinem weißen Kleid, tust so, als wärst du noch Jungfrau, und gibst vor einem Gott ein Versprechen ab, an den du nicht glaubst. Und wozu?«

Das »Wozu« war kein so unlösbares Rätsel, wie Sean andeutete, wenn man bedachte, dass jedes Wahrzeichen in Illinois, jede Toilettenpause in Missouri irgendeine Erinnerung an einen Ausflug mit seiner Frau in ihm wachrief. Sie hatten alle achtundvierzig zusammenhängenden Bundesstaaten besucht, selbst die gespenstisch menschenleeren Dakotas. Er hatte Sandwiches gemacht, und sie hatte ihn mit Salzbrezeln gefüttert, während sie durch die Badlands fuhren.

»Frau«, schrieb ich in mein Notizbuch. »Prä-Kampf-Selbstmitleid.«

»Also«, sagte Sean, eine Hand auf dem Lenkrad, in der anderen seinen Thickburger. »Dieses Buch, das du über mich schreibst.«

Er sagte es mit der Miene eines Menschen, der gerade hinter ein Geheimnis gekommen ist. Damals hatte ich nicht die Absicht, ein Buch über irgendwen zu schreiben, doch er schien sich von der Vorstellung geschmeichelt zu fühlen, und da ich glücklich war, ihm eine Freude zu machen, sagte ich nichts.

»Wird das so 'ne Art Mädchenbuch?«

»Ich glaube nicht, dass es ein Mädchenbuch wird«, sagte ich.

Eine Stunde später hielten wir vor einem Ziegelsteinmonstrum mit Ruß an den Kanten, die Art Fabrikgebäude, die man aus dem Boden gestampft hatte, um etwas längst in Vergessenheit Geratenes herzustellen, und die jetzt nur noch aus mit Brettern vernagelten Fenstern, Ziegelwänden und postindustriellem Schweigen zu bestehen schien. Riesige Zylinder ragten im Licht des Spätnachmittags auf, das zu grell war, um lange hineinzuschauen. Schwitzend und mit zusammengekniffenen Augen irrten wir umher, bis Sean den Eingang entdeckte, und gemeinsam stiegen wir die Betonstufen hinauf, die buchstäblich unter unseren Füßen zerbröselten; die Bruchstücke rollten auf den Parkplatz hinunter. Im Inneren herrschte tiefe, undurchdringliche Dunkelheit, und gerade, als ich mich daran erinnern musste, dass ich in Begleitung eines hochtrainierten Praktizierenden der Kampfkünste war, wich die Dunkelheit einem Raum, der mit fitten Körpern bei der Arbeit gespickt war. Viele Meter jenseits davon strahlten stecknadelkopfgroße Lichter durch die zugenagelten Fenster. Jemand schob eine große Rolle Verlängerungskabel beiseite, um Platz für einen Kameraständer zu schaffen.

»Huffman?«, fragte eine Frau mit einem Kopfhörer im

Ohr und einem Clipboard in der Hand und deutete auf einen kastenförmigen Güteraufzug aus Stahl. »Da rüber.«

Sean zögerte, schaute sich um, zog sich bis auf die Shorts aus und tat so, als sei das alles völlig normal für ihn.

»Stellen Sie sich vor die Ziegelwand, da bei den Rohren.«

Ein Mann schüttete Sean eine durchsichtige Flüssigkeit auf den Rücken und rieb ihn von Kopf bis Fuß damit ein. Er machte einen Scheinwerfer an, und jede Pore auf Seans eingeöltem Körper wurde sichtbar.

»Posieren Sie«, sagte der Fotograf. Der Ölmann richtete eine Sprühdose auf Sean und drückte ab.

»Tanzen Sie.«

Spritz.

»Hopsen Sie.«

Seans Hopser waren ernst gemeint, aber alles andere als überzeugend.

»Versuchen Sie es mit Schattenboxen.«

Er drehte die Schultern, und kurz darauf folgte sein kleines Bäuchlein. Weißes Fleisch quoll über den elastischen Bund seiner Shorts. Eine Maschine sprang an, spie Rauch.

»Schauen Sie finster!«

Der Nebel half. Während Sean posierte, kamen zwei Teenager in Jeans und T-Shirts herein, und mit einiger Bestürzung begriff ich, dass ich mich in Gegenwart zweier Nummerngirls befand. In den vergangenen Monaten hatte ich intensiv über das Thema Schauspiel nachgedacht, da ich es in Bezug auf meine Erfahrung in Des Moines für relevant hielt, und war dabei zu der Überzeugung gelangt, dass sich die Akteure solcher Schauspiele angemessen zu verhalten hatten. Diese Frauen sollten sich uns, wie ich fand, so kurz vor dem Ereignis nicht ohne Kostüm zeigen. Mir kam der Gedanke, dass sie von einer kurzen Erläuterung der Heidegger'schen *Geworfenheit* (oder für den Laien: das bittere Gefühl, ohne Vorbereitung oder Zustimmung in die Welt geworfen worden zu sein) profitieren könnten, und ich überlegte, ob ich mich zu ihnen gesellen sollte, doch in der vergangenen Woche hatte ich in Seans Badezimmer von meinem Scheitel etwas gezupft, das vielleicht ein erstes graues Haar war, welches im trüben Licht des einzigen Fensters aufleuchtete, und ich verspürte wenig Neigung, mich in die potentiell unvorteilhafte Nähe zweier Neunzehnjähriger zu begeben.

»Sie sind fertig«, sagte die Frau mit dem Kopfhörer. Sie deutete auf eine Wendeltreppe, die halb in Dunkelheit gehüllt war, und schickte uns zur »Videokomponente« nach oben. Dort sah ich zum ersten Mal Josh Neer, der mit dem Finger die Riffelung seiner Bauchmuskeln nachzeichnete und der laut Sean der größte Zuschauermagnet des Wettkampfs war. Josh Neer, ein durchtrainierter Kämpfer, den jeder zu kennen schien, sollte zu einem Ärgernis für mich werden, denn er stellte einen alarmierenden Kontrapunkt für meine Theorie dar, dass Kämpfer eine ungewöhnlich intellektuelle Spezies sind. Neer dagegen war im Kreis der Kameras ganz in seinem Element, womöglich zwinkerte er sogar, als sein offenes Hemd im Wind flatterte. Sein Gesicht war flach wie ein Brett, mit einer hohen Stirn und einer breiten Nase – ein klassisches Kämpfergesicht, das aus derselben Form in der Kämpferfabrik gegossen zu sein schien wie das seines Platzfüllers Andy, der Neer zu jeder Station der Promotionroute folgte. Neer und Sean hatten beide jenen dicken Stummelhals, den ein Kämpfer braucht – einen Hals, der den Kopf fest mit dem Körper verbindet, damit er sich nicht nolens volens verbiegt wie ein windgepeitschtes Schilfrohr, doch Neers unverwüstliche Züge waren gottgegeben. Nichts hob sich von der Fläche seines Gesichts ab – weder das feine Dreieck eines Wangenknochens noch die schmale Brücke eines Nasenrückens. Zwei kleine Augen hatten sich sicher unter seine Brauen zurückgezogen. Seans Flachheit war dagegen nicht von Gott, sondern von Menschenhand geschaffen worden. Sean ist wie weicher Lehm, grob in Form gepresst; die Krümmung seiner Nase schmiegt sich an eine Seite seines Gesichts und bildet dort einen schützenden Bogen.

»P. Diddy!«, sagte Neer und begrüßte Sean per Handschlag. Sean wusste nicht, warum Neer ihn P. Diddy nannte, sah sich jedoch nicht genötigt, Josh Neers Urteilsvermögen anzuzweifeln. »P. Diddy!«, sagte auch Andy und gab Sean High Five. Darryl Cobb, Seans Gegner, war ebenfalls da, und in dem angespannten Schweigen machten sich seine Brustmuskeln bemerkbar. Seufzend trommelte er sich mit den Fingern der rechten Hand auf den solide-perkussiven Bauch. Es fiel schwer, den besorgniserregenden Umfang von Cobbs linkem Bizeps zu ignorieren, den er gegen den straffen schwarzen Oberkörper presste, doch Sean tat zumindest so.

Die Videocrew stellte jeden Kämpfer auf eine Lattenkiste vor einer Ziegelmauer, darüber hing ein Galgenmikro. Ich wendete mich dem Videoaufbau zu, um mich von einem Nummerngirl abzulenken, das sich an eine Fensterbank gelehnt hatte und verstörenderweise ein Buch las.

»Was wird Samstagabend passieren?«, fragte eine nervöse Frau auf einem Regiestuhl jeden Kämpfer aus dem Off.

»Knockout in der ersten Runde«, sagte Neer.

»Knockout in der ersten Runde«, sagte Cobb.

»Wie trainieren Sie?«, fragte sie Sean.

»Ähm«, sagte Sean, »ich sollte härter trainieren.«

»Was?«

»Na ja, ich bin ein bisschen zu schwer, wie Sie sehen. Mein Kampfgewicht sollte bei hundertfünfundfünfzig liegen. Eigentlich müsste ich mich gesünder ernähren und härter trainieren.«

»Okay. Das sagt man normalerweise nicht.«

»Tja.«

»Ihr Gegner behauptet, er knockt Sie aus.«

Sean schwieg und sah lange mit hochgezogenen Brauen in die Kamera, um die Zuschauer seine Skepsis spüren zu lassen. Die Frau auf dem Regiestuhl war sichtlich angeödet von der Notwendigkeit, diesen Männern Trash-Talk zu entlocken. Vielleicht hatte sie auch erkannt, wie sinnlos es war, weil der Kampf eine Leere, eine Art kostbaren präpsychologischen Raum hervorruft, in dem Worte völlig unzureichend sind, und dass der Versuch eines Kämpfers, die anonyme Leere des Octagons in Sprache zu übersetzen, nur mit Peinlichkeit für alle Beteiligten enden kann.

»Er schlägt mich nich' k. o. Mich hat noch niemand k. o. geschlagen, und er fängt jetzt garantiert nich' damit an.«

Ich hatte Sean noch nie »nich'« sagen hören, doch im gegebenen Kontext erschien es mir angemessen.

»Kommt ihr mit laufen?«, fragte Neer Sean und Seans Freund Brian nach den Interviews. Neer hatte die Hände auf eine Art in die Hüften gestemmt, die suggerierte, seine Bizepse seien zu groß, um schlaff neben seinem Oberkörper zu hängen.

Brian sah Sean an. »Wir trainieren lieber B-Team-Style«, sagte er. Neer lachte. Andy lachte ebenfalls.

»Alles klar. P.-Diddy-Style. Ihr schiebt euch 'ne Pizza rein.«

Das erwies sich als inkorrekt; wir aßen keine Pizza, denn

Sean war mehr nach Sushi, und so fuhren wir zu dritt in eine Einkaufsstraße in irgendeiner Satellitenstadt von St. Louis. Zuvor hatte Sean mich eindringlich davor gewarnt, das Thema Gott anzuschneiden: Wenn ich das Gespräch in diese Bahnen lenkte, würden wir den gesamten Handlungsbogen von Brians Bekehrungsbericht entlanggeschleift werden. Sean war zwar tolerant, was Religion betraf, aber nur in gewissen Grenzen: »Religion ist eine Sache, dämlich zu sein eine andere«, lautete seine oft geäußerte Ansicht zu diesem Thema, und er hatte keine Lust, den ganzen Abend über höflich zu nicken.

Brian und Sean hatten sich vor fünf Jahren im Kontext eines Kampfes kennengelernt; Minuten nachdem sie sich zum ersten Mal gesehen hatten, schlang Brian Sean beide Beine um den Hals, klemmte die Zehen seines linken Fußes hinter sein rechtes Knie und bildete damit ein so enges Dreieck, dass Sean abklopfen musste. Mir schien, dass diese Art von Kennenlernen zu einer intensiven Intimität führt, die zukünftige Beziehungen unangenehm macht, es sei denn, einer der Gegner ist Sean, der zu der Art von Nervosität, die erforderlich ist, um einen peinlichen Moment aufrechtzuerhalten, gänzlich unfähig ist.

Wir zwängten uns in eine hölzerne Sitznische, und Brian riss mit den Zähnen das Papier von seinen Essstäbchen.

»Das ist mein letzter Kampf vor dem Bibel-College«, sagte Brian. »Ich bin durch mit dem Scheiß.«

»Was ist ein Bibel-College?«, fragte ich. Sean legte den Kopf schief und sah mich auf eine Art an, die mir nahelegte, keine weiteren Fragen zu stellen.

»Sekunde«, sagte Brian. »Ich muss Grandma Bescheid geben, dass ich gut angekommen bin, sonst kann sie nicht schlafen.«

Brian war im Sommer zuvor auf eine Missionsreise nach Nicaragua gegangen, und als er half, eine Kirche zu reparieren, brachte er dem einheimischen Wrestling-Team Submission-Techniken bei. Keiner der Jugendlichen sprach Englisch, aber man brauchte auch kein Englisch, um Teenagern beizubringen, sich gegenseitig zu würgen. »Ich hatte einen Jungen in einem Kimura-Lock«, sagte Brian, nachdem er das Telefonat mit seiner Großmutter erledigt hatte, »und es war so erstaunlich, mir wurde plötzlich klar: Das ist Gottes Plan für mich. Als Teenager hatte ich mich von ihm abgewandt, von Seinem Plan Für Mich, aber dieser Augenblick hat mich wieder auf den richtigen Weg geführt.«

Brian war erst vierundzwanzig, fit, auf regionaler Ebene ziemlich angesehen, doch er hatte bereits das Selbstbild eines von Niederlagen und Verletzungen gezeichneten Kämpfers verinnerlicht. Bei fast jedem Kampf sprang, erklärte er uns, seine Schulter aus dem Gelenk wie eine Schublade aus der Schiene. Das Wiedereinrenken übernahm er selbst.

»Meine Schulter tut weh«, sagte Brian, legte die Stäbchen beiseite und nahm mit den Fingern ein Stück Thunfisch vom Teller. »Eigentlich mag ich gar kein Sushi.« Er legte es zurück.

Sean war mit zweiunddreißig Jahren zwar ein weit älterer Kämpfer als Brian, aber in keiner Weise so geschlagen, so zermürbt. Damals kannte ich bereits all seine Verletzungen und auch die Art, wie sie rasch zu bloßen Erinnerungen verblassten. Nach einer Verletzung assimilierte Seans Körper die chirurgischen Schrauben und das Narbengewebe, und erst, wenn er seine Haut auf den geriffelten Knochen darunter presst – so, wie man mit der Zunge über die pockennarbige Oberfläche eines Eiswürfels fährt –, fällt ihm wieder ein, wo genau er ihn sich gebrochen hat. Seine Verletzungen machen nicht lautstark auf sich aufmerksam, damit er sich an sie erinnert. Sogar Seans Selbstbild passt sich daran an; seine Nase war schon immer so schief, seine Ohren schon immer so deformiert. Vielleicht ist das auch der Grund, warum Brian sich damit abgefunden hat, zum B-Team zu gehören, während Sean weiter davon redet, »einen ernsthaften Versuch zu starten« oder »ernst zu machen«, sich als Sieger bei Großen Shows sieht und beruflich nichts Langfristigeres annimmt als den Türsteherjob samstags in einer Bar in Bettendorf.

Sean würde mit hundertfünfundachtzig Pfund kämpfen und trat, wie auch Brian, mit zehn Pfund Übergewicht an. Sie mussten erst vierundzwanzig Stunden vor Kampfbeginn zum Wiegen, so dass noch genug Zeit blieb, sich vollzustopfen und zu rehydrieren, denn halb verhungerte, ausgetrocknete, zerbrechliche Körper sind anfällig für die Art von Verletzung, für die kein Promoter zahlen will. Sean erklärte mir, es sei nicht ungewöhnlich, am Tag vor dem Wiegen so viel Übergewicht zu haben; Neer und Cobb hätten vermutlich auch zehn Pfund Wasser loszuwerden. Der einzige Unterschied bestand offenbar darin, dass Neer am folgenden Morgen, sechs Stunden vor dem offiziellen Wiegen, Runde für Runde um das Hotel lief, während Brian und Sean in Seans Zimmer Marihuanarauch aus einem Loch in einer Mountain-Dew-Flasche inhalierten.

Seans Zimmer grenzte direkt an Neers, und ihre Balkone waren nur durch eine Holzwand voneinander getrennt.

»Wem gehören die Shorts?«, fragte Sean.

»Neer«, sagte Brian und lachte. »Hab sie von seinem Balkon geklaut, der kriegt so ’nen Hals.«

»Du hast Neers Shorts geklaut und auf *meinen* Balkon gelegt? Scheiße, Brian, was soll der Mist?«

Sean nahm die Shorts mit spitzen Fingern und hängte sie geziert auf Neers Seite der Trennwand. Er klopfte zweimal auf eine Falte, strich sie mit beiden Händen glatt und ging dann zurück zu seiner Bong.

»Weißt du, was richtig geil wär?«, sagte er, nachdem er den Rauch langsam ausgeatmet hatte, »auch wenn ich keine Ahnung habe, wie man da rankommt? Ich hätte echt Bock, Söldner zu werden. Man reist überall hin und kann allen Scheiß machen, den man will. Das wär total mein Ding.«

Brian kratzte sich am Knie. Vom Fenster her fiel ein breiter Lichtstreifen auf das ungemachte Bett.

Der Nachmittag verstrich, und Brian und Sean tratschten über andere Kämpfer, machten ein Nickerchen, rauchten und liefen schließlich ein paar Runden um den Parkplatz; unter ihnen waren die Promoter dabei, einen Hotel-Konferenzraum in die Bühne für die offizielle Wiegezeremonie zu verwandeln, die im Internet übertragen wurde. Ich verließ Brian und Sean, als sie zur echten Wiegeprozedur gingen – mit der der Bundesstaat Missouri die Beziehung aller Kämpfer zur Masse des Planeten Erde bestimmen, ein paar offiziell aussehende Papiere abzeichnen und sie anschließend ihrer Wege schicken würde –, und da ich dort keinen Zutritt hatte, ging ich nach unten in die Lobby, wo später die Potemkinsche Wiegezeremonie gefilmt werden sollte.

Mittlerweile hatten sich einige Aspekte der »Fight-Me-MMA«-Situation geklärt. Der Promoter war offenkundig neu, verwirrt und dem Eindruck erlegen, man könne richtig Geld damit verdienen, einem Lokalpublikum Regionalkämpfer zu präsentieren. Er hatte etwa zwanzig Leute angeheuert, die ihren Knopf im Ohr mit unberechtigter Hybris trugen und die mit den unvollkommen hochgezogenen Brauen unbedeutender Despoten darauf bestanden, dass jeder an den improvisierten Kontrollpunkten seinen Ausweis vorzeigte. Der Promoter zahlte den Kämpfern mehr als den üblichen Tarif, zahlte für die Videos, zahlte für Nummerngirls mit ungewöhnlich hochwertiger Blondierung und womöglich sogar für deren kniehohe, zueinander passende Lacklederstiefel. Darüber hinaus war der Mann selbst eine Schande. Was ich in Kenny Nowling sah, sobald er mein Gesichtsfeld betrat, was ich durch sein Übermaß an entblößtem Brusthaar, die drei Goldkettchen und die gelverkleisterte Frisur hindurch erkannte, war nicht mehr und nicht weniger als ein Schatten.

»Wo ist Jessica?«, fragte er, und die Panik verlieh seiner Stimme ein feminines Timbre. »Sag Jessica, ich brauche sie. Wo ist der Typ von der Sportlerkommission? Bring mir ein Wasser. Nein, Josh, stell dich da hinten hin. Ja, super, du gehst als Letzter raus.«

»Das Buffet kommt zu spät!«, brüllte Kenny niemandem im Besonderen zu. Neben ihm stand sein Bruder Michael, der eine Rolex, Krokodillederschuhe, eine Sonnenbrille und den einzigen Anzug im Raum trug. Diese Männer waren nicht dazu angetan, jemandem Vertrauen in die Organisation von Spektakeln einzuflößen. Wie sich herausstellte, waren sie Drag-Racing-Tycoons, die es in ihrer Domäne zu etwas gebracht hatten und glaubten, ein weiteres Königreich erobern zu können, das sie sich weder verdient hatten noch verstanden. Bis jetzt hatte ich geglaubt, offen gegenüber allem zu sein, was St. Louis zu bieten haben mochte, doch insgeheim hatte ich die ganze Zeit über auf ein puristisches Simulakrum der frühen Kämpfe in den Stripclubs von Davenport gehofft – einen schlichten, nicht-gescripteten Fight, unverdorben von Tycoons jedweder Art, von »Videokomponenten« und Regieanweisungen ganz zu schweigen.

Eine Art Neben-Show war gerade dabei, sich zu organisieren. Die Nummerngirls, jetzt in ihren Rollen, posierten auf einem Podium neben einem der Kämpfer. Die meisten anderen warteten an die Mauer gelehnt darauf, bei der zeremoniellen Gewichtskontrolle an die Reihe zu kommen. Die Show hatte begonnen, die Kameras liefen und der Ersatzhokuspokus war in vollem Gange. Kenny dankte einer langen Liste von Leuten, deren Schluss seine Verlobte Jessica und sein Bruder, besagter Michael, bildeten, und an diesem Punkt brach er in echte Tränen aus, direkt neben den zuvor positionierten barbusigen Nummerngirls, einem einzelnen muskelbepackten Kämpfer und vor den Augen der vierzig Zuschauer, von denen einige offenbar neugierige Hotelgäste waren, die sich fragten, was all diese Männer mit nacktem Oberkörper im Sheraton zu suchen hatten.

»Ohne dich hätte ich das nie geschafft«, sagte Kenny zu seinem Bruder. »Komm nach oben.«

Sein Bruder erhob sich von seinem Platz und stieg die zwei Stufen zur provisorischen Bühne hinauf. Ein Anflug von Hysterie schien durch die Menge zu wogen. Der Promoter flennte, sein Bruder winkte, das Nummerngirl lächelte, der Kämpfer ließ die Muskeln spielen, und dann kam alles zum Stillstand, weil einer der vierundzwanzig Kämpfer zu spät zum Pressefototermin erschien – und dieser Kämpfer war Sean.

»Wer fehlt?«, fragte ein Assistent den nächsten.

»Der Miletich-Kämpfer«, antwortete jemand, und zwar, wie ich hinzufügen möchte, mit hochgezogener Augenbraue, einem Hauch von Schadenfreude, von künstlicher Nostalgie nach den Tagen, als kein Miletich-Kämpfer es gewagt hätte, ein derart absurdes Theater aufzuhalten. Diese drei Worte beinhalteten die gesamte erfundene Geschichte von Davenport mit sämtlichen Storys, die in sämtlichen Bars darüber erzählt wurden, wie ein heroischer Mann sich selbst verteidigte. Das war nicht unbedingt ein Muster, in das Sean hineinpasste. (»Ich liebe es zu kämpfen, aber ich liebe es auch, zu *schlafen*«, hatte Sean früher am Tag gesagt.) Vielleicht war die Legende bereits tot. Bei diesem Volk schien die Erwähnung von Miletich eher zu einem irritierten »Ach-der-lebt-noch?«-Blick zu führen, oder zu der Art von Gespräch, die Sean und Brian auf dem Rückweg von der Sauna zum Konferenzraum führten, wo Sean schließlich mit akzeptabel schlanken 185,5 Pfund vor die Kamera treten würde.

»Robbie Lawler auch? Die sind alle nicht mehr dabei?«, fragte Brian.

»Jap«, sagte Sean.

»*Wow.* Unfassbar, dass das alle Miletich-Leute sind, die du aufzählen kannst. Gibt's sonst noch jemand?«

»Mich.«

***

Meine Theorie über Octagons ist folgende: In Wirklichkeit gibt es nur ein Octagon, das über Zeit und Raum hinweg ins Dasein flimmert, das heißt, es ist immer dasselbe Octagon, das wieder und wieder vom Bewusstsein heraufbeschworen wird. Alle Kämpfer wissen, dass sie Teil dieser Zeremonie sind; wozu sonst die knappe Verbeugung an der Käfigtür, der feierliche Einzug mit ernster Miene, das Gebet mit offenem Mund, während ihre Stirn mit Vaseline gesalbt wird. Der Ansager ruft die Kämpfer ins Octagon, und plötzlich ist es da. Oder eben auch nicht, denn meine Theorie erklärt auch die gescheiterten Kämpfe, in denen das Octagon nicht auftaucht. Das sind die Kämpfe, die wir alle enttäuscht und deprimiert verlassen und nach denen wir uns leicht schmutzig fühlen wegen der Dinge, deren Zeuge wir wurden. Die Grausamkeit ohne das *Theater der*. Wir erkennen diese Kämpfe daran, dass sie uns nicht außer uns geraten lassen; stattdessen treiben sie uns tiefer in den Körper hinein, verursachen Schweigen, Übelkeit und die Frage, ob unsere vergangenen Ekstasen nichts waren als eine Illusion.

Und obwohl ich es damals nie so ausgedrückt hätte, war das, was ich in St. Louis unbedingt in Erfahrung bringen wollte, welche Elemente das Octagon hervorbringen und welche es fernhalten, und wie man sie optimal aufeinander abstimmt, so dass die Integrität des Schauspiels gewahrt bleibt. Am liebsten hätte ich diesbezüglich eine Checkliste oder ein Memorandum gehabt.

Ich nickte im Takt zur Musik, mit der uns Kenny Nowling beschallte, während er uns zwang, in der Augusthitze auszuharren. Ich glaube, es war irgendein Rap. Neben seiner musikalischen Auswahl wollte er auch, dass wir den monumentalen Bus auf dem Parkplatz mit dem Logo »Fight Me MMA« bewunderten, vor dem er ein paar Stunden vor dem Event die Kämpfer begrüßte.

»Wir möchten, dass ihr wiederkommt und für uns kämpft«, sagte er und lächelte ölig in der Sommersonne. Die Kämpfer waren ob des ganzen Zeremoniells verwirrt; schmierte man ihnen Honig ums Maul, als Vorbereitung auf eine grausame Enttäuschung wie mangelhafte Finanzierung? Doch stattdessen wurden sie in einen Umkleideraum mit einem Fernseher geführt, der die halbe Wand einnahm und dessen Bildschirm das noch leere Octagon zeigte. Außerdem gab es ein Dutzend Spinde, die mit ihren Namen versehen waren und die, wie sich bei näherem

Hinsehen herausstellte, darüber hinaus Taschen mit ihren eingestickten Namen enthielten, die bis oben hin mit Werbegeschenken gefüllt waren.

Einen Augenblick lang war das einzige Geräusch, das zu hören war, das Öffnen von Reißverschlüssen, das Aufreißen von Verpackungen: ein iPod, ein Mousepad, ein Stift, T-Shirts, Eau de Cologne.

»Für ihn kämpfen?«, sagte Sean und riss die Plastikfolie von dem iPod, »Ich geh für ihn *anschaffen*.«

»Den Stift kann ich im Bibel-College gebrauchen!«, sagte Brian.

Danach sollten wir in der Umkleide bleiben und uns vom Schiedsrichter die Regeln erklären lassen. Der Kampf sei zu Ende, wenn ein Mann aufgab oder der Schiedsrichter beschloss, dass einer der Kämpfer sich nicht angemessen verteidigte (sei es aus Erschöpfung oder weil er das Bewusstsein verloren hatte), oder wenn der Arzt, den einzustellen Kenny Nowling gesetzlich verpflichtet war, eine Verletzung als besonders schwerwiegend einstufte, oder alternativ, wenn die drei fünfminütigen Runden zu Ende waren, an welchem Punkt die drei Schiedsrichter ihre Notizen konsultieren und einen Sieger bestimmen würden. Es würde keine »Griffe kleiner Gelenke« geben, das heißt, man durfte die Finger des Gegners nicht umbiegen, bis er abklopfte, ihm nicht in die Augen stechen, in den Unterleib treten, ihm keine Kopfnuss verpassen und ihn weder kneifen noch an den Haaren ziehen. Untersagt war zudem »Fish hooking«, bei dem man dem Gegner den Finger in Mund oder Nase einführt und am umgebenden Gewebe reißt. Und da die Regeln mittlerweile so weit entwickelt sind, ist es ebenso wenig erlaubt, einen Mann auf den Hinterkopf, die Wirbelsäule oder den Hals zu schlagen. Auch Knieattacken auf den Kopf des am

Boden liegenden Gegners sind illegal, das letztere Verbot ist jedoch umstritten, und es wird oft dagegen eingewandt, solche Kniestöße seien in Japan gang und gäbe.

Wir sollten zwar *in* der Umkleide bleiben und der Auflistung der Regeln lauschen, doch Sean ist nicht autoritätshörig. Es war sechs Uhr, lange bevor das zahlende Publikum eingelassen wurde. Jemand hatte blaue Fußspuren auf den Boden geklebt, von denen wir nicht wussten, wohin sie führten. Wortlos folgten Sean und ich ihnen, vorbei an einer anderen Umkleide, einem Snack-Kiosk und einem »Fight-Me-MMA«-T-Shirt-Stand durch eine Flügeltür, in der wir stehen blieben und die Hälse reckten. Terrassenförmig abgestufte Tribünen mit zehntausend Sitzplätzen türmten sich zu beiden Seiten auf. Vier gewaltige Flachbildschirme – vermutlich Teil der »Videokomponente« – zierten die Wände der Arena. Das Octagon wartete reglos. Auf der anderen Seite schoss ein Feuerball in die Luft.

»Was zur Hölle war das?«, fragte Sean.

Zwei feuerspuckende Propangas-Tanks, die die Promoter erstanden hatten, flankierten die erhöhte Rampe, auf der die Kämpfer einziehen würden. Es würde rotierende Laser geben. Dazu Trockeneis. Dieser offensichtliche Mangel an Feingefühl stieß mich ab. Sean, ob aus Nervosität oder Entrüstung, ging stumm zurück in die Umkleide. Ich setzte mich in die Nähe des Käfigs und blieb, während sich die Arena langsam mit Fans füllte, bis jede Stufe halb mit Gesichtern getüpfelt war, sich alle mit Ohrhörern und Clipboards ausgestatteten Assistenten materialisiert hatten, und die Nummerngirls mit gekreuzten Beinen posierten. Es gibt Menschen, die sich in einer Menschenmenge unbedeutend vorkommen, doch ich empfand mich als Teil einer intuitiven Gruppe von Auserwählten, denn wir alle waren von dem Impuls hierhergetrieben worden, uns zu versammeln, um einen Zugang zu etwas zu bekommen, das ich nicht zu benennen vermochte.

Die Lichter erloschen, die Bildschirme erwachten zum Leben; Zeit, zu erleben, was aus der »Videokomponente« geworden war. Zunächst sah man nur Bilder – gestochen scharfe Bilder von Männern vor Ziegelwänden, genau die saubere, visuelle Arbeit, die man erwarten würde, Montagen von Männern, die eiserne Gegenstände stemmten. Einer drosch mit einem Vorschlaghammer auf einen Reifen ein, ein anderer boxte gegen einen Sack, ein weiterer stand reglos vor Holzbalken. Erst, als der Ton einsetzte, wachte ich auf und fragte mich, ob ich das ganze Unternehmen womöglich falsch eingeschätzt hatte. Ein Kämpfer starrte in die Kamera, und grässliche Geräusche sprudelten aus seinem Mund, und auch aus dem des nächsten und übernächsten. Der Ton war gestört, bis zur Unkenntlichkeit verzerrt. Tausende um mich herum hielten sich die Ohren zu und schlossen die Augen. Komplexe Variationen von langgezogenem, tiefem Stöhnen erklangen, so laut, dass es körperlich weh tat, der Soundtrack einer blutigen Unterwasserschlacht. Ich versuchte offen zu bleiben, ließ die Arme schlaff herunterhängen und öffnete den Mund. Jedes Mal, wenn einer der Männer die Lippen bewegte, dröhnte diese tiefe, urmenschliche Musik aus den Lautsprechern, ein Schrei knapp außerhalb des Verständlichen. Ah, verheißungsvolle Fehlfunktion! Fünf ewige Sekunden lang stand Kenny Nowling zwischen mir und dem Käfig, geschockt, entsetzt und schweigend. Dieser Moment war nicht gescriptet. Dann hob er die Arme und überkreuzte sie mehrfach hastig, bis irgendwer irgendwo die Männer ihrer Stimme beraubte, so dass kein Laut mehr über ihre Lippen kam, die sich weiter öffneten und schlossen, öffneten und schlossen.

Dann scheint alles einzurasten, als sei das letzte Element an seinen Platz gefallen, um das wartende Schauspiel hervorzubringen. Das Gesicht des Ansagers ist schweißüberströmt, die Laser drehen sich im Tandem, die Bierrollwagen quietschen melancholisch. Das einzige Element, das sich nie verändert, das unfähig scheint, sich zu verändern, ist Sean, der, als er aufgerufen wird und die Arena betritt, noch genauso aussieht, wie ich ihn verlassen habe. Er schlendert langsam auf das Octagon zu, den Blick gesenkt, als würde er an einem Frühlingstag einen einsamen Spaziergang machen.

Die Kämpfer aus St. Louis verzichten, wie wir bald herausfinden, auf den eleganten Minimalismus ihrer Pendants aus Des Moines, zugunsten einer Art überkostümierter Varieté-Pantomime. Gleich darauf wird Darryl Cobb – »*The Devastation Darryl Cobb*« – in Bauarbeiterweste und mit Camouflage-Sturmhaube über die Rampe marschieren, dann und wann stehen bleiben und die Hände in die Hüften stemmen, als wolle er besagte Weste auf einem Laufsteg vorführen, und das Publikum von den Sitzen reißen. In Seans Fall ist die Rampe nichts als ein langer Weg zum Käfig, und seine völlige Emotionslosigkeit lässt alles um ihn herum bizarr erscheinen, als würde ein Tänzer mitten in der Vorstellung innehalten und eine Zigarette rauchen, während der Rest des Ensembles an ihm vorbeiwirbelt. Die Propangas-Tanks spucken erst Flammen, als er die Rampe schon halb hinter sich hat. Sean spaziert mit gesenktem Blick weiter und scheint die Feuerbälle in seinem Kielwasser nicht zu bemerken.

»Wie wir hier sehen«, sagt der Sprecher im Kommentar, der dem Kampf hinzugefügt wird, als er Wochen später im Lokalfernsehen übertragen wird, »ist Darryl Cobb weit fitter als sein Gegner.«

Cobb ist fünf Zentimeter größer als Sean, unbehaart und gestählt. Ausgeprägte Muskelstränge überziehen seinen Oberkörper, verbinden die Schulter mit dem Bizeps und riffeln seinen Bauch. Bernsteinfarbenes Licht huscht über seinen Kopf hinweg. Das Nummerngirl erhebt sich, ganz Zahnpastalächeln und Selbstvertrauen.

Seans Arme, die er in meiner Gegenwart einmal als »T-Rex-Arme« beschrieben hat, sind so kurz, dass sie nicht demselben animalischen Zweck zu dienen scheinen wie die von Cobb, die außergewöhnlich lang sind; Cobbs Bizepse wölben sich auf fast komische Art über dem schmalen Teil der Ellbogen. Er scheint sich durch eine andere Substanz zu bewegen als Sean, bei jedem noch so leichten Schlag schnellen seine Arme vor und an seinen kompakten Torso zurück wie die suchende Zunge eines fliegenhungrigen Froschs. Er schlägt Sean, tritt Sean, springt in Seans Reichweite und wieder heraus. Und doch wird Cobb gegen den Zaun gedrückt, bedrängt von Sean, der auf Cobb zugleitet, obwohl er einen Schlag nach dem anderen einstecken muss. Sean bewegt sich wie ein fetter Mann auf heißen Kohlen, steht keinen Moment still, und jeder seiner Schritte vermisst den Boden in Zentimeterbruchteilen. Cobb schlägt zu. Sean, der mir den Rücken zuwendet, erzittert zweimal heftig unter der grandiosen Entfaltung von Cobbs Armen. Die Kämpfer tänzeln in meine Richtung; die zarte Haut unter Seans Augen ist rot verfärbt. Als Cobb sich auf ein Bein stellt und Sean mit dem anderen gegen die blasse Wade tritt, höre ich, wie Knochen auf Knochen trifft, und spüre, wie die Gehörknöchelchen der Menge hinter mir im Takt dazu schwingen. Brian gießt Sean Wasser in den Mund, kniet sich dicht neben ihn und flüstert ihm Ratschläge zu. Sean hat jetzt eine dritte Platzwunde im Gesicht, diesmal auf der Nase, so dunkelrot, dass sie fast schwarz ist.

Nach der zweiten Runde des Nummerngirls versucht es Cobb erneut mit dem seitlichen Kick. Sean packt ihn am Knöchel und hält ihn einen langen Moment fest, so dass er reglos auf einem gekippten Bein steht. Dann schickt er Cobb mit einem harten Ruck auf die Matte. Sean stürzt sich auf ihn. Cobb kämpft von unten, während Sean bäuchlings auf Cobbs flachem Körper liegt und sein blutiges Auge auf dessen Brust drückt. Beide sind schweißüberströmt; während Sean Cobb weiter auf den Boden presst, rutschen beide hin und her wie rangelnde Quallen, doch dann tauchen plötzlich von unten zwei schwarze Beine und ein Arm auf, schlingen sich um Seans Rücken, und Sean, der immer noch oben liegt, sieht aus wie ein Stück Fleisch in der spindeldürren Kralle eines Falken. Cobb, ganz Anmut und Geschmeidigkeit, befreit sich mit einer Drehung, und Sean kommt stolpernd wieder auf die Füße. Ich habe mich selbst völlig vergessen; falls irgendein irdischer Teil von mir nach Aufmerksamkeit schreit, kann ich ihn nicht hören.

Die Männer, die jetzt wieder stehen, ringen nach Luft. Cobb benutzt denselben Kick, und diesmal steckt Sean ihn ein und rammt Cobb die rechte Faust gegen die Wange.

Cobb taumelt rückwärts, dreht den Kopf theatralisch von einer Seite zur anderen, wie um den Schlag abzuschütteln. Er lächelt breit.

»Nette Rechte«, sagt Cobb.

»Nette Linke«, sagt Sean.

»Ich glaube«, sagt der Fernseh-Co-Kommentator, vorsichtig die Selbstbezichtigung umschiffend, »niemand hätte erwartet, dass Huffman so lange durchhält.«

Die beiden Männer lächeln jetzt mit großen Augen, als sie sich aufeinander stürzen. Cobbs Fäuste treffen Sean mitten ins Gesicht, eins-zwei, kurze Jabs, die einen anderen Mann außer Gefecht gesetzt hätten; Seans Gesicht erzittert leicht, er hüpft beiseite und schwingt galoppierend große Haken von beiden Seiten. Er scheint Cobbs Kicks gegen seine Oberschenkel, den Magen und die Waden gar nicht zu registrieren; Cobb grimassiert mehr, wenn er austeilt, als Sean, wenn er einsteckt. Sean hat gerade noch aus einer Wunde an der Stirn geblutet, doch die Blutung ist vollständig versiegt, als könne man die Säume seines Körpers nur vorübergehend öffnen, bevor sich die makellose Hülle seiner Haut flimmernd wieder schließt.

Erst in der dritten Runde beginnt Seans Haut schließlich einzureißen. Zuerst fließt ein Rinnsal aus dem einen, dann aus dem anderen Auge; das Blut tropft auf seine Brust, bildet seltsame Muster. Als Cobb die Fingerknöchel in die tiefe Wunde auf Seans Nasenbein bohrt, fließt das Blut stärker, in einem dunklen Schwall. Sean steckt Schlag für Schlag ein, erzittert kaum, selbst unter Cobbs härtesten und geradesten Geraden, doch seine Haut scheint da nachzugeben, wo er sich weigert; Cobb ist immer noch stahlhart und makellos, während Sean auf sie beide tropft, immer noch lächelnd, immer noch im Zentrum von Cobbs Reichweite. Meine Gedanken rasen mit derselben pfeifenden Klarheit durch mein Gehirn wie an jenem Abend in Des Moines, doch diesmal fühle ich mich mit der schmerzlichen, pathetischen Dankbarkeit einer Person zu Sean hingezogen, die eine Schuld auf sich nimmt, die sie nie wird begleichen können.

Sean schnaubt heftig, als die Glocke läutet, die Schiedsrichter schiedsrichten, und Cobbs Arm wird in absehbarem

Triumph hochgerissen. Cobb wirkt verhalten erfreut über seinen Sieg. Sean ist völlig hin und weg vor Begeisterung über seine Niederlage. Mit einem strahlenden Lächeln schreitet er in die Menge. »Fühlt sich gut an!«, sagt er zu niemandem im Besonderen. »War ein gottverdammter Krieg!« In der Umkleide geben ihm die anderen Kämpfer einen Faust每stoß, einen Klaps auf den Hintern oder legen ihm große Hände auf die verschwitzten Schultern. »Da hatte ich mit hundertsiebzig Pfund mehr drauf!«, sagt er und lacht. Alle gratulieren ihm gleichzeitig, und die einzelnen Stimmen verlieren sich im Strom des Lobs, die Worte »Krieger« und »Monster« machen in dem verschwitzten Mob die Runde. Sean springt unter die Dusche und singt lauthals Silben der Euphorie, die von den Wänden widerhallen. »Wo ist der Arzt?«, fragt er Brian, als er sich abtrocknet. Später werden Nadeln, Anästhetika und Faden zum Einsatz kommen, doch im Moment ist nirgends ein Arzt aufzutreiben, und Sean ist sowieso zu trunken vor Adrenalin, um etwas zu spüren; er schlüpft in den Zuschauerraum, um noch ein paar Kämpfe mitzubekommen, aber alle wollen unbedingt ein Stück von ihm, so dass er nicht einen Kampf von der Tribüne aus ansehen kann. Ein Junge von ungefähr zwölf bittet Sean um ein Autogramm, und dass er sich als allgemein ansprechbar erweist, entfesselt eine Lawine von Kindern mit Stiften. Eine korpulente Blondine gibt vor, ihm eine Frage stellen zu wollen, küsst ihn auf die Wange und rennt davon, ihre Absätze klappern auf dem klebrigen Boden. Als ich mich von den Kämpfen ab- und Sean wieder zuwende, fällt mir auf, dass ich in einer Schlange auf eine Audienz warte. Hinter mir steht ein Mann im Anzug, der Sean den Arm um die Schultern legt, als ich beiseitetrete. »Ich möchte Sie einladen – in unsere Loge«, sagt er.

Als Sean die Stufen der Arena hochjoggt, bleibe ich dicht hinter ihm, damit jeder weiß, dass ich zu ihm gehöre. Eine südamerikanisch aussehende Frau in hochhackigen Schuhen versperrt uns den Weg; sie zeigt uns ihre Kamera, zieht die Augenbrauen hoch und lächelt schüchtern. Ihr Mann macht ein Foto.

»Danke!«, sprudelt sie hervor, »Oh, vielen, vielen Dank!«

Menschen umringen Sean, drängen sich Schulter an Schulter, um sein Geplapper besser hören zu können. Ein Mann drückt ihm ein Budweiser Light in die Hand, und Sean ist so geschwätzig, wie ich ihn noch nie erlebt habe. Er erzählt den Leuten von Miletich, von seiner Strategie, von seiner Zeit bei der Navy, von seinen Plänen, von seinem Comeback, und davon, wie er es diesmal wirklich schaffen, wirklich wieder in Form kommen will. Ich sehe unsere Zukunft jetzt ganz klar vor mir, ein fitterer Sean, größere Kämpfe, wir beide in einen gemeinsamen Rausch der Ich-Entgrenzung geworfen, wann immer er beschließt, uns hineinzustürzen.

Aus der Loge haben wir eine perfekte Sicht auf Josh Neer, der seinem Gegner die Faust ins Gesicht schlägt. Der Schock von Cobbs Schlägen beginnt sich jetzt langsam auf der weichen Oberfläche von Seans Gesicht abzuzeichnen, das sich an merkwürdigen Stellen ausbeult. Während er redet, verschlingt ein violettes Ei mehr und mehr von seiner Schläfe. Die Haut unter seinen Augen ist geschwollen und gelb, das geronnene Blut in dem Halbmond über seinem rechten Augen schwarz. Sein linkes Ohr ist so deformiert wie eh und je, die obere Hälfte glänzend und rund wie ein Augapfel. »Hey«, sagt Sean und nimmt mich zum ersten Mal seit dem Kampf zur Kenntnis, »hab ich dir eigentlich schon erzählt, dass ich Vater werde?«

Erik – Sommer 2010

Ich muss zugeben, es sieht nicht gut aus, wenn man als Platzfüller mehr als einen Kämpfer annimmt, weshalb ich der Versuchung monatelang widerstand. Aber jedes Mal, wenn ich mir sagte, dass Sean meine ungeteilte Aufmerksamkeit verdiente, hatte ich eine düstere Vision seines möglichen Ablebens vor Augen: eine Krankheit wie die, die meine Eltern dahingerafft hatte, ein im Octagon erlittener Hirnschaden, eine gezogene Waffe in der Bar, in der er als Türsteher arbeitete. Und wo wäre ich ohne Sean? In meiner Wohnung in der Nähe der Universität studierte ich hauptsächlich die Biographien großer Kämpfer, während ich darauf wartete, dass er anrief.

»Uns vereint«, hatte ich in einer langen E-Mail an den Listserv des Fachbereichs Philosophie geschrieben, »ein Interesse an der Natur und Struktur von Erfahrung. Ich habe kürzlich Anlass dazu gehabt, mein gesamtes Wissen darüber in Frage zu stellen, was es heißt, mit der noumenalen Welt in Berührung zu kommen. Tatsächlich werden in unseren Breiten regelmäßig großartige Experimente im Bereich Bewusstseinsforschung durchgeführt.«

Obwohl die E-Mail mit einer großzügigen Einladung schloss, mich zu Seans nächstem Kampf zu begleiten, kam die einzige Antwort, die ich erhielt, von der Programmsekretärin, die mich bat, mich beim Gebrauch von Listserv auf Informationen über die Unterbringung von Studenten zu beschränken. Und dennoch war ich eines Nachts so gelangweilt und einsam, weil Sean in der Bar arbeitete, dass ich einen letzten Abstecher zu einer Post-Vorlesungs-Cocktailparty machte. »Halten Sie es für möglich«, fragte mich ein korpulenter, überaus populärer Epistemologe aus Florida, der seinen offensichtlichen Abscheu kaum hinter einer Maske aus wissenschaftlichem Interesse zu verhehlen vermochte, »dass Sie von all der Gewalt völlig desensibilisiert sind?«

Das war natürlich nicht als Frage gemeint, und so verließ ich die Party. Als ich auf dem Heimweg am New Pioneer Food Co-op vorbeiging, überkam mich ein besonders frustrierender Fall von Treppenwitz, dem nur diejenigen von uns unterliegen, die die Fähigkeit besitzen, lange Passagen aus dem Gedächtnis zu zitieren. Wie Nietzsche einst bemerkte, gibt es einen bestimmten Typus Mensch, »leichenfarbig und gespenstisch«, der sich von dionysischen Ausschweifungen »im Gefühl der eigenen Gesundheit« abwendet. Ich würde meine kämpferische Doktorarbeit schreiben, aber ich würde mich nicht mit den Stumpfsinnigen verbrüdern, sondern sie ihrem pränatalen Yoga überlassen, ihrer glutenfreien Diät, ihren langweiligen, wenn auch langen Leben voll stillem, konformistischem Selbsterhaltungstrieb. Ohne Sean stünde ich wieder außerhalb des kämpferischen Kosmos, zum Zuschauer degradiert, nicht privilegierter als ein neugieriger Schaulustiger. Allein.

Ich hatte schon lange, bevor ich Erik Koch traf, von ihm reden hören, in jener wegwerfenden Art, mit der regionale Kämpfer sich über Männer äußern, denen nahe zu sein sie sich sehnen. (»Ach ja, hab vor 'ner Weile mal mit New Breed trainiert«, sagte ein ehemaliger Kollege von Sean und benutzte dabei Eriks Spitznamen, um einen Grad an Vertrautheit zu suggerieren, der mit ziemlicher Sicherheit vorgetäuscht war. Man beachte auch den für Feld-Wald-und-Wiesen-Heuchler typischen Mangel an zeitlicher Präzision.) Erik war dreimal in Großen Shows angetreten und hatte zweimal gewonnen, obwohl er erst zweiundzwanzig war und somit noch ein Jahrzehnt von seiner Glanzzeit als Kämpfer entfernt war. Ich wusste, dass er von Platzfüller-Anwärtern belagert wurde – Männer, deren platzfüllende Fähigkeiten meine bei weitem überstiegen –, und so hielt ich monatelang Abstand und tauchte nur gelegentlich bei Kämpfen auf, die er meinen Mutmaßungen zufolge besuchen würde, oder fuhr die dreißig Meilen in jenen heruntergekommenen Teil von Cedar Rapids, in dem sein Fitnessstudio lag, doch ich erhaschte nie auch nur einen Blick auf ihn. Dann zeigte mir eine hilfreiche Seele New Breeds Mitbewohner, dem ich nach Hause folgte. An die Amateur-Platzfüller unter Ihnen, darf ich mir einen guten Rat erlauben? Verhuschte Um-Erlaubnis-Bitter sind bei dieser Tätigkeit, die ein still-sicheres Konsolidieren erfordert, zum Scheitern verurteilt. Und so tat ich Folgendes: Ich klopfte an.

»Hi«, sagte Erik, und als mir klarwurde, dass er eine Erklärung, wenn nicht gar eine Pizza erwartete, gab ich mich als Studentin aus und erklärte ihm, ich wolle einen Aufsatz über große Kämpfer des gegenwärtigen Jahrhunderts schreiben, denn ich hatte einmal von einem Vierzehnjährigen gehört, der sich auf diese Art Zutritt zu dem zurückgezogen lebenden John Lennon verschafft habe. Minuten später lehnten wir uns in zwei nebeneinanderstehenden Sesseln zurück; das Einzige, was noch fehlte, waren Pfeifen, die wir paffen konnten. Ich gab meinen Vorwand schnell auf, was Erik jedoch nicht zu stören schien, dem hauptsächlich daran gelegen war, dass ich Fotos seiner Mahlzeiten auf seinem Smartphone bewunderte: ein fettig-glänzendes Roastbeef-Sandwich von der Größe eines Neugeborenen. Es gab ein Video eines ganzen Riesensandwichs, das auf einmal verzehrt wurde. »Ich war mal nach 'nem Kampf im Panchero's«, sagte er, stand auf, schloss sein Handy an den Adapter an und setzte sich wieder, »und da hab ich mir 'nen Burrito bestellt, der aus vier Tortillas bestand und so groß war wie vier normale Burritos. Ich hatte ihn in acht Minuten aufgegessen und war immer noch nicht satt. Nicht mal annähernd. Hier ist ein Video davon, wie ich ihn esse.«

Erik stand auf und stöpselte sein Handy mit geschmeidigen Bewegungen wieder aus. Er war groß für einen Kämpfer, weiß, haarlos und sauber. Ich beugte mich vor, als er mir den winzigen Bildschirm vor die Nase hielt. Der Burrito war tatsächlich gewaltig. »Das Geilste, das, worauf ich immer Bock hab – ich bin ein großer Brotfan –, sind Bagel. Ich gehe zu Whole Foods – kennst du Whole Foods, den Biosupermarkt? – Oh, mein Gott, der ist so cool. Also, ich hol mir wirklich guten Aufschnitt. Sie geben mir fünfhundert Mäuse für Essen, ich muss also nicht selbst dafür zahlen. Ich hol mir also nur das Beste vom Besten, klar? Und dazu ein paar richtig gute Weizenbagel.«

Damals kannte ich Erik noch nicht gut genug, um zu begreifen, dass ich ihn vor einem seiner seltenen, beängstigenden Momente der Einsamkeit gerettet hatte, und wertete seinen Monolog als großzügige Bestätigung meiner neuen Platzfüllerrolle, und so machte ich an diesem Punkt Anstalten, mich abzusetzen, aus Angst, aufdringlich zu erscheinen, aber Erik redete und redete, wanderte rastlos auf und ab und fuhr mit dem Daumen über sein Smartphone, um es nach Bildern zum Thema Essen zu durchsuchen. Er wollte unbedingt, dass ich bleibe. So ging es eine ganze Stunde lang weiter, ich, er, die Bilder und der Cedar River, der zehn Stockwerke unter uns vorbeirauschte.

Er war so unglaublich *neu*. In Sean hatte ich einen unverwüstlichen Veteranen, knallhart und schwerfällig; hier dagegen war ein schlüpfrig-schnelles, aufblühendes Wunderkind. Nicht eine angerissene Sehne in seinem beweglichen Körper. Gerade Nase, keine Ringe unter den Augen, straffe, ungeprellte Haut. In Kalenderjahren war er nur ein Jahrzehnt jünger als Sean, was aber in Kämpferjahren weit länger ist, weil ein Kämpfer in einem Jahr mehr Verschleiß erleidet als Sie oder ich in fünf. Doch es war nicht nur seine Jugend; vielleicht hatte es damit zu tun, dass er nicht aussah wie ein Kämpfer, ihm fehlten der kurze Hals, die wulstigen Brauen, der massige Rumpf. Die Kompaktheit der meisten Kämpfer ging ihm völlig ab; er ragte zu weit über dem Boden auf. Als ich ihn zum ersten Mal sah, packte mich angesichts seiner Zerbrechlichkeit die nackte Angst. Was würde passieren, überlegte ich, wenn irgendein beinharter Schlägertyp diesen federleichten Kolibri von einem Mann in die Finger bekam? Vielleicht nicht viel; wenn man nach einer Feder schlägt, schwebt sie einfach weiter. Aber vielleicht würde er mit gesplitterten Knochen am Boden liegen, und das Quecksilbrige wäre verschwunden.

Ein Mädchen in Jeansshorts und einem strassverzierten Top kam herein.

»Deine Freundin?«, fragte ich.

»Nö«, sagte er. Dann: »Hol mir 'ne Limo, KayLee«, was sie auch tat.

»Um ganz ehrlich zu sein«, wechselte Erik das Thema, als KayLee die Limo holen ging, »ich glaube, ich bin einer der Besten der Welt. Guck dir José Aldo an. Oder Urija Faber. Ich kann's mit beiden aufnehmen. Ich bin ziemlich groß für einen Hundertfünfundvierzig-Pfünder. Im Fernsehen sieht man diese kleinen Kerle, und der Käfig wirkt riesig. Als ich das erste Mal einen Käfig betreten habe, war ich echt eingeschüchtert, bis ich gemerkt habe, dass ich drübergucken kann. Ich dachte so: Meine Fresse, diese Typen sind winzig.«

Ich spreche mit dem allergrößten Respekt von Erik und hatte zum damaligen Zeitpunkt geraume Zeit versucht, ihn abzufangen, was Ihnen eine Vorstellung von der Achtung vermitteln sollte, die ich für ihn empfand. Aber sein Gerede, er könne es mit dem Brasilianer José Aldo aufnehmen, kann man nur als haltloses Bramabarsieren bezeichnen – auch wenn ich eine gewisse Arroganz durchaus nicht missbillige –, denn Erik ist außerhalb von Cedar Rapids ein unbekannter Neuling und José Aldo der beste Hundertfünfundvierzig-Pfund-Kämpfer in diesem und jedem anderen bekannten Universum, der seinen Gürtel bereits einmal verteidigt hat und dazu bestimmt ist, es wieder und wieder und wieder zu tun. Allein die Vorstellung, jemand aus Cedar Rapids könne gegen jemanden aus Rio de Janeiro antreten, der größten Kämpferstadt der Welt, amüsierte mich. Obwohl man natürlich zugeben muss, dass Erik José um knapp fünf Zentimeter überragt.

Erik fragte mich weder nach meinem Namen noch nach meiner Adresse noch nach meinem Sternzeichen (Skorpion), und selbst wenn, hätte ich ihm nicht erzählt, dass mein Verlangen nach einem kampfinduzierten Daseinszustand – jener allumfassenden Explosion der Klarheit – in den vergangenen Monaten so sprunghaft angestiegen war, dass ein Kämpfer allein mir nicht mehr genügte. Und so hörte ich Erik einfach nur zu, bis der schattenboxend sagte: »Tja, ich ziehe Ende der Woche sowieso nach Milwaukee, also …«

Ich bemühte mich, die Fassung zu wahren. Nun, da ich endlich Eriks Bekanntschaft gemacht hatte, er mich bei sich zu Hause willkommen geheißen hatte, musste ich erfahren, dass er sich anschickte, dreihundert Meilen weit weg nach Wisconsin zu ziehen, jenen der fünfzig Bundesstaaten, der mir der unliebste war und in dem ich (was kein Zufall war) geboren wurde.

Ich muss erschüttert ausgesehen haben, obwohl Erik, der jetzt damit beschäftigt war, zu texten, es nicht bemerkte. Und es war sicherlich seltsam für einen Kämpfer von gewissem Renommee, hier in Cedar Rapids zu leben, einer kleinen grauen, unkämpferischen Stadt achtzig Meilen westlich von Davenport, die hauptsächlich für den süßlich-verbrannten Geruch bekannt ist, der aus der Quaker-Oats-Fabrik wabert. Tatsächlich war es vernünftig für einen Kämpfer, von zu Hause wegzuziehen, speziell nach Milwaukee, wo sich die richtig großen Kämpfer um einen gewissen Duke Roufus versammelt hatten, um in seinem fürstlichen Camp zu trainieren. Duke, ein massiger Kickbox-Champion, hatte Erik vor sechs Monaten entdeckt, gesalbt und ihm Zutritt zu den Großen Shows und damit auch zum Fernsehen verschafft; dank Dukes Beziehungen war Erik zweimal im Pay-TV zu sehen gewesen. Aber wenn man seinen Wohnsitz in Cedar Rapids hatte, konnte man nicht einmal im Traum daran denken, gegen die Besten der Welt anzutreten, ganz gleich, wie zwergenhaft sie waren. Hier gab es keine Dukes, nur vereinzelte freie Männer, die ihre Schlägereien in den versifften Kellerbars der Innenstadt austrugen.

Am Ende zog Erik dann doch nicht nach Milwaukee, aus Gründen, die ich noch nicht ganz nachvollziehen konnte, und so tat ich in der nächsten Woche mein Bestes, jenes Publikum zu sein, von dem ich annahm, dass Erik es brauchte. Seine acht oder neun Platzfüller waren überwiegend Kämpferkollegen und somit höchstwahrscheinlich keine Champions im Zuhören. Darin sah ich meine Chance; denn obwohl ich mich nicht über den Boden wälzen mochte und es vorzog, unsichtbar zu bleiben, konnte ich Zugehörigkeit zur Gruppe der aktiven, kopfnickenden, mitfühlende Geräusche von sich gebenden Zeugen vortäuschen. Ich wusste, wann ich die richtigen Fragen stellen – *Wie groß war der Burrito?* – und wann ich meine Augen erstaunt aufreißen musste. Und tatsächlich, noch am selben Wochenende, als ich Erik anrief, um eine einschmeichelnde Zuhörsitzung zu vereinbaren, bat er mich, ihn zum Valhalla zu fahren, jenem Fitnessstudio, dessen Adresse ich nicht zu kennen vorgab. Ich ließ mich von ihm durch den Norden von Cedar Rapids lotsen, während heiße Luft durch die offenen Fenster in den Wagen strömte, und wir fuhren vorbei an einem Krankenhaus, einem Obdachlosenasyl und einer Reihe heruntergekommener Wohnhäuser mit verwildertem Rasen. »Hier«, sagte Erik vor einer kleinen Ladenfront zwischen einem Pflegeheim und einem Haus, in dessen Vorgarten Spielzeug verstreut lag. Das Gebäude hatte nur an einer Seite Fenster; so weit war ich schon gekommen, hatte durch besagte Fenster ins Innere geblickt, aber nie darüber hinaus. Auf der Scheibe kräuselten sich durch die Hitze vergilbte Buchstaben, die abzublättern und auf den Gehsteig zu rieseln drohten:

VALHALLA COMBAT CLUB
WO TRÄU E AHR WERDEN

Erik war schon dabei, sich auszuziehen, als er durch die Tür ging, streifte sich das T-Shirt und die Schuhe ab, ging eine Treppe hinunter, eine Treppe hoch, zu dem mit blauen Matten ausgelegten Raum an der Hinterseite des Gebäudes, wo wir den Rest des Teams fanden; es war so still, dass wir die Autos vorbeiholpern hören konnten. Draußen herrschten siebenundzwanzig Grad, eine Konstante, auf die man sich verlassen konnte, aber wenn man durch die Tür trat, war es mindestens siebenunddreißig Grad heiß. Der erste Raum war feucht vor Schweiß, aber völlig leer; ein improvisierter Boxring, ein pinkfarbener Plastikstuhl, der der Tochter von irgendwem zu klein geworden war, ein Baumstumpf, auf dem man sitzen konnte, und an die Wand genagelte Schlagringe. Teile der Deckentapete flatterten wie die Seiten eines aufgeschlagenen Buchs über unseren Köpfen. Ein großer vergoldeter Spiegel, in dem Erik sich gern selbst betrachtete, lehnte an einer pockennarbigen Wand aus zerbröselndem Gips. Wir schoben uns seitwärts an dem Boxring vorbei und betraten den zweiten Raum, das Allerheiligste des Studios. In einem Zimmer von der Größe eines Heizungsraums drehten sich sechs Paar Männer wie Zahnräder im Dienste irgendeiner größeren Maschine. Ein Paar verharrte, unfähig, sich zu bewegen, zwei weitere Männer rollten unablässig über den Boden, bis auch sie festsaßen. Ein dumpfer Aufprall war zu hören, dann ein Keuchen, als das Gewicht des einen Mannes die Luft aus der Lunge des anderen presste, dann das Geräusch zweier ineinander verkeilter Körper, die sich drehen. Am anderen Ende des Raums, an der Wand, die gleichzeitig das

Fenster bildete, schraubte sich ein Mann unter den Knien seines Gegners hervor. Erik suchte sich einen Partner aus, fand einen Rhythmus.

Die Männer nannten ihr Kollektiv »Hard Drive«, und die meisten trugen irgendwo auf ihren wie gemeißelt wirkenden Körpern ein »HD«-Tattoo. Vielleicht lag es an der Art, wie die Hitze auf meiner Lunge lastete, doch ich hatte das Gefühl, in die Katakomben einer häretischen Sekte geraten zu sein. Sie gingen rücksichtsvoller mit den Körpern ihrer Gegner um als Sie oder ich, vielleicht weil sie genau wussten, wie man einen Körper zerstörte. Wenn die Zeit kam, einen Choke anzuwenden oder Druck auf Gelenke auszuüben, taten die Männer lediglich so, mit weitausholenden theatralischen Gesten. Ich zog mich auf eine Holzbank neben einem Boxsack zurück und sah den zwölf Männern beim Spielen zu.

Erik scheint fast nur aus geschmeidigen porzellanweißen Gliedmaßen zu bestehen, ganz blutarme Anmut, ein Körper, der sich anders bewegt, als man es von einem Körper erwartet. Stellen Sie sich saubere weiße Arme vor, die vor- und zurückschnellen, zierliche Muskeln, die sich für Sekundenbruchteile unter der Haut abzeichnen, ein langer Torso, der sich bei jedem Schlag dreht und schneller in die Ausgangshaltung zurückkehrt, als man mit bloßem Auge erkennen kann. Erik gehört einer Generation von Kampfkünstlern an, die alles gut können, und unter denen ist er einer der wenigen, die ein so natürliches Gespür dafür haben, im Fluss zu sein – und »natürlich« meine ich hier im etymologischsten Sinn; der Fluss, den er kanalisiert, ist *Teil der Natur* –, dass es scheint, als wären seine Bewegungen im Jump Cut geschnitten, als hätten wir, sein Publikum, irgendeine Übergangsbewegung, irgendeine kinästhetische Vorposition verpasst.

Durch sorgfältige Beobachtung kam ich zu dem Schluss, dass die talentiertesten Kämpfer diejenigen sind, die nahtlos von einer Kampfkunst in die andere wechseln können. Sie beginnen den Kampf als Boxer, hochaufgerichtet, bis der Mann mit den besseren Judokenntnissen seinen Gegner zu Boden wirft und ihn mit den überlegenen Hebeln des kunstfertigen Wrestlers am Boden fixiert. Der Festgesetzte windet sich dann vielleicht aus seinem Griff, springt auf, verlagert das Gewicht auf ein Bein und tritt mit dem anderen im Muay-Thai-Stil nach seinem Gegner. Sie straucheln und umklammern sich wie ein zankendes Liebespaar; ein Mann rammt auf der Suche nach der besten Position dem anderen die Stirn gegen die Brust, als wollte er seinen Herzschlag abhören. Nicht nur der Stil, auch die Atmosphäre des Kampfes wechselt; von spielerischen Hüpfern über die Matte und minutenlanger Stille, wenn die Kämpfer sich auf der Suche nach einem Vorteil an der Käfigwand umklammern, bis zu dem erschreckenden Augenblick, in dem einer der Kämpfer einen Schwachpunkt beim anderen findet. In dem Moment, in dem ein guttrainierter brasilianischer Jiu-Jitsu-Kämpfer mit zwanzig gut gewählten Bewegungen einen anderen Mann sicher unter sich fixiert hat, werden die Windungen zu Schlägen, die spielerischen Klapse zu brutalen Punches, Ellbogen ins Auge. Es hagelt weiter Schläge, bis das Opfer sich durch Abklopfen ergibt oder ein Schiedsrichter sich zwischen die Männer wirft, von denen einer zu diesem Zeitpunkt vielleicht schon das Bewusstsein verloren hat. Und gegen Ende eines wirklich gewalttätigen Kampfes, bei dem ein Mann einen anderen geschlagen und gebrochen hat, verändert sich die Stimmung abermals. Sekundenbruchteile, nachdem der Schiedsrichter sich zurückgezogen hat, lächeln die Kontrahenten sich breit an und klatschen sich ab, als hätten sie gerade gemeinsam einen Dämon ausgetrieben und könnten jetzt in Frieden ihrer Wege gehen.

Zu seinem Glück war Erik nicht nur in allen notwendigen Kampfkünsten begabt, sondern auch darin, von der einen in die andere überzugehen. Und wie jeder große Kämpfer verließ er sich am meisten auf die überlegensten von ihnen.

Die in den vielen Kampfkünsten der MMA weniger Bewanderten haben Schwierigkeiten, die Experten im brasilianischen Jiu-Jitsu von den Novizen zu unterscheiden; winden sie sich nicht alle auf dem Boden wie sich ringelnde Tausendfüßer? Aber der Punkt, woran ich einen echten Jiu-Jitsu-Meister von einem falschen unterscheiden kann, ist folgender, und er hat nichts mit Gürteln zu tun, die nur eine angeberische Art sind, die Hose oben zu halten. Der gut ausgebildete Jiu-Jitsu-Kampfkünstler wirkt verloren, wenn er auf den Füßen steht. Er geht mit einer Art trauriger Resignation, allzeit bereit, sich rücklings auf den Boden zu werfen, die Beine in die Luft gereckt, weil der wahre Jiu-Jitsu-Künstler seinen Körper neu gepolt hat, so dass seine Beine zu einem weiteren Paar Arme werden, sein Kreuz zu einer Rotationsachse. Wie seltsam sieht es aus, wenn all diese Männer nach dem Training wieder auf die Beine kommen und ihre ganze Muskelmasse auf diesen beiden kleinen, erbärmlichen Säulen ruht. Was für eine schwache Basis, die die meisten von uns – die torkelnden Untrainierten – gedankenlos akzeptieren.

Ein untrainierter Mann – der immer ein trauriger Anblick ist – steht ganz natürlich auf seinen Füßen und weiß, einmal am Boden, nicht, was er tun soll, so dass er sich meist auf alle viere begibt wie ein Hund, der ein Eichhörnchen jagt.

Dort wartet der Anfänger einfach ab, bis der bessere Mann ihm auf den Rücken springt, ihm die Beine um die Taille oder einen Unterarm um den Hals schlingt und zudrückt. Oder er liegt rücklings auf der Matte, bis der Gegner ihn mit zu Boden presst, die Knie zu beiden Seiten seiner Brust, sich am Arm des Anfängers vergreift und den Ellbogen des Unglücklichen zurückbiegt. Schließlich lernt der Anfänger, dass Jiu-Jitsu teilweise aus der Suche nach verletzlichen Winkeln besteht; wenn der Schwarzgurt geschickt einen Arm vom Körper isoliert hat, biegt er das Ellbogengelenk nach hinten; oder, wenn er sich stattdessen ein Bein vornimmt, das Knie. Der Hals ist ein weiterer Schwachpunkt, alle Jiu-Jitsu-Künstler sind Amateur-Anatome, die mit medizinischer Präzision Halsschlagadern ausfindig machen und zudrücken.

Und doch wird all die aderpressende Anspannung beim Training zu einem Spiel zwischen Freunden abgemildert. Ich sah zu, wie Erik, der die Beine über die Brust eines Mannes namens Jared gelegt hatte, dessen Handgelenk umklammerte und dessen Arm sanft drehte, bis Jared abklopfte. Nichts sieht hier brutal oder erzwungen aus; die Männer achten darauf, sich gegenseitig vor Knochenbrüchen, Platzwunden und Bänderrissen zu schützen, und kämpfen mit spielerischer, vergeistigter Friedfertigkeit. Die Vorbereitung zu diesem Armhebel bestand aus zwanzig Bewegungen, die ausprobiert und abgewehrt wurden, zwanzig Täuschungsversuchen, bis einer funktionierte und Jared sich in die raffinierte Falle hinein entspannte, die man ihm gestellt hatte. »Wie Schach« lautet die öde Analogie der Einfallslosen, dabei hat es eher etwas von Schlangenbeschwören, denn die Aufgabe besteht darin, einen Körper aus der Reserve zu locken, ihn dazu zu verführen, sich von einem fest zusammengerollten Knäuel in eine nachgiebige, langgestreckte Linie zu verwandeln.

Als Jared und Erik sich trennten, nur um sich gleich wieder ineinander zu verkeilen, fiel mir ein Mann mit seltsam weißem Teint auf, der mir bekannt vorkam und der den Raum nach Erik absuchte, und ich sah, dass die beiden aus dem gleichen Stoff gemacht waren. Erik und Keoni sind nicht weiß im Sinne von blassrosa, sondern schneeweiß wie Porzellan oder Alabaster, ohne einen einzigen Makel auf der gesamten sichtbaren Fläche der Haut. Man hat in Gegenwart der Brüder einen Eindruck von unnatürlicher Sauberkeit, einer fast überirdischen Reinheit. Zu Beginn interpretierte ich die Tatsache, dass sie nie miteinander sprachen, in meiner Naivität als Beweis für brüderliche Telepathie.

»Pause!«, rief jemand nach zwanzig Minuten, und an diesem Punkt waren die Räumlichkeiten des Valhalla gesättigt mit etwas, das Keoni, das poetischste Mitglied von Hard Drive, später in meinem Beisein einmal als »Schweißsuppe, die so dick ist, dass man durchschwimmen könnte« bezeichnete.

Sie brauchten lange, um ihre Arme und Beine zu entwirren, ihre Schenkel von den Torsos ihrer Gegner zu lösen, außer natürlich Erik, der quirlig wie ein Eichhörnchen aufsprang und zu schattenboxen anfing, während alle anderen nach draußen strömten, wo die Luft marginal kühler war. Er folgte ihnen, ging an ihnen vorbei, als sie sich auf dem Bordstein breitmachten, und begann erneut zu schattenboxen. Einer der Männer tauchte ganz in einer verbeulten Mülltonne unter, die Eriks Bruder mit Eiswasser gefüllt hatte.

»Man muss auf dicke Hose machen«, erklärte Erik mir

in belehrendem Ton, während die anderen sich ausruhten, und nahm einen alten Gesprächsfaden über seinen letzten Kampf wieder auf. Er hüpfte beim Sparring mit seinem geisterhaften Gegner von einem Bein aufs andere. »Na ja, alle in meiner Gewichtsklasse sind verglichen mit mir ziemlich klein, stimmt's?« – Gerade, Gerade, Haken – »Also nenne ich sie Zwerge. Zu meinem letzten Gegner habe ich gesagt: ›Bei dir kann ich keinen Highkick benutzen, der geht glatt über deinen Kopf weg. Ich knock dich lieber mit 'nem Midkick aus.‹ Da stehen die Leute drauf. So, wie ich das sehe, muss man als Kämpfer auch ein Entertainer sein.«

Die Männer lagen schnaufend flach auf dem Gehsteig, die Hände auf die Brust gelegt. Der Mann in der eisgefüllten Mülltonne rief: »Erik ist eine harte Sau«, und etwas Eiswasser spritzte auf den Bordstein. Erik lächelte.

»Erik ist ein Wunderkind«, sagte ein anderer.

»Er telegraphiert nicht.«

»Er ist eine Bestie.«

»Ein Krieger.«

»Eine Kriegerbestie.«

Wenn Erik sich auf den Käfig vorbereitete, hungerte er sich sein Übergewicht so dramatisch ab, dass er ernstlich unterernährt aussah und nur noch aus Haut, Knochen und Schatten zu bestehen schien, bis sich sein Schädelknochen unter seiner Stirn abzeichnete. Er verbrauchte enorme Mengen an psychischer Energie damit, ausgeklügelte kulinarische Phantasien zu unterdrücken, so dass er, wenn er schließlich wieder anfing zu essen, mit atavistischem Heißhunger alles in sich hineinschlang. Nach seinem letzten Kampf hatte er fünfunddreißig Pfund zugenommen und die Figur eines schlanken, großen Erste-Welt-Einundzwanzigjährigen zurückgewonnen. Er streckte sein winziges Bäuchlein vor wie andere einen wabbeligen Bierbauch, und die harten Kurven seiner Muskeln verschwanden fast.

»Ich bin ein strammer Bursche!«, rief er und schlug sich auf Haut, die auf seinen Bauchmuskeln lag wie Moos auf einem Stein.

»Sei stramm und steh dazu!«, sagte ein Kämpfer namens Lonnie.

Im Leben, wenn auch nicht im Mythos, werden wir uns unserer selbst bewusster, nicht unbewusster, wenn wir in den Bann einer bestimmten Sache geraten; wir vergessen es nicht, sondern spüren, wie es uns von unseren ursprünglichen Zielen wegzieht, hin zu welcher Sirene es auch sein mag, die uns ruft, und wir sind uns jedes Fehltritts so bewusst, wie wir nur sein können. So war es auch mit Erik und der Anmut seiner Bewegungen. Ich hörte ihm zu Anfang fast theatralisch zu, doch dann nickte mein Kopf, und ich sah mit authentischer Faszination diesem Körper zu, der sich mit so vollkommenem Gehorsam seinem Willen beugte. Eriks Körper in Aktion zu erleben war, als würde man Zeuge, wie der cartesianische Dualismus widerlegt wird.

»Cartesianischer Dualismus«, schrieb ich in mein Notizbuch. »Widerlegt.«

»Bist so ’ne Art Schriftstellerin?«, fragte ein Kämpfer.

»Nicht ganz«, sagte ich, als sich ein anderer einmischte.

»Sie ist April O’Neil!«, rief ein anderer Kämpfer, was, wie ich später herausfand, eine Anspielung auf die Teenage Mutant Ninja Turtles war.

»Kommt April mit zu Rocky?«, fragte jemand Erik.

Der Freitagabend bei Rocky gehörte zu den Hard-Drive-Ritualen. Andere Kämpfer stellten Mutmaßungen darüber an, was dort geschah; es wurde gemunkelt, es handle sich um eine Art geheimes Hardcore-Trainingsprogramm.

»Ich weiß nicht«, sagte Rocky, kniff die Augen zusammen und lehnte sich ans Fenster, »Frauen sind eigentlich nicht eingeladen.«

Rocky war ein schwer muskelbepackter Irak-Veteran und Vorschullehrer, der nicht kämpfen wollte, weil er einmal ins Gesicht geschlagen worden war und es ihm nicht gefallen hatte. Er war in jenem Sommer Eriks bester Freund.

»Tja«, sagte Erik. »Sie ist anders.«

Das Herz flatterte mir so hart in der Brust, dass ich befürchtete umzukippen. Ich hörte aus jenen Worten das Recht heraus, an seiner Seite zu bleiben, in der Umkleide zu warten, so nah am Kampfgeschehen zu sitzen, dass ich meine Finger durch die Käfigmaschen stecken konnte.

»Der Grund, warum ich so gut bin«, sagte Erik später an jenem Abend, als wir zu acht in Rockys Keller saßen, »ist, dass ich buchstäblich … ich bin verrückt. Ich habe keinen Job. Keine Möglichkeit, Geld zu verdienen. Ich habe einfach beschlossen, sechs oder sieben Stunden pro Tag zu trainieren.«

Während Erik mir das erzählte, trat er gegen einen Punchingball, der vom Boden aufragte. »Die meisten Leute tun das nicht«, sagte Erik. *Zack.* »Die sagen sich so: ›Du brauchst einen Plan B, du brauchst eine Rückversicherung.‹ Aber wenn ich einen Plan B habe, ist es zu leicht für mich, auszusteigen.« *Zack.* »Meine Eltern meinten: ›Geh weiter zur Schule.‹ Tja, wenn ich weiter zur Schule gehen würde, könnte ich mir sagen: ›Hm, dann mache ich doch lieber das.‹ Auf Nummer sicher gehen. Nicht mit mir. Also, vielleicht«, – *Zack* – »ende ich irgendwann in der Gosse. Aber das Risiko geh ich ein.«

Rocky und Erik halten sich von Rauschmitteln fern, aber die übrigen Männer reichten einen Cannabis-Blunt herum, an dem ich nur aus Gründen der behavioristischen Tarnung einen Zug nahm. Das Gespräch kam auf einen legendären Kämpfer namens Mauricio Rua, der unter dem Namen »Shogun« bekannt war.

»Lonnie ist total besessen von Shogun«, sagte Rocky. »Lonnie glaubt, Shogun könnte sogar Jesus schlagen.«

»Nein«, sagte Lonnie. »Ich sagte, wenn jemand Jesus schlagen könnte, dann *wäre* es Shogun.«

»Jesus gab's doch gar nicht«, sagte Rob und atmete Rauch aus. »Ich hab da so 'ne Sendung auf dem History Channel gesehen; es gibt keine Beweise für seine Existenz.«

»Komm schon«, sagte Rocky, der einzige Gläubige in der Gruppe.

»Sie haben nicht mal …«

»Klar haben sie«, sagte Rocky. »Dokumente und so 'n Scheiß.«

»Welchen Film sollen wir uns angucken?«, fragte Keoni mehr aus einem Gefühl für Tradition, denn es gab nur einen Film, den sie sich freitagabends ansahen. *»Pumping Iron«*, sagte Erik. *Zack.*

Wir marschierten in Reih und Glied nach oben, ließen uns auf das Sofa, den Boden und eine lange fusselige Couch sinken. Erik lag quer in einem Sessel, die Beine über die Armlehne gelegt. Die untere Hälfte von Eriks HD-Tattoo war unter seinem T-Shirt-Ärmel sichtbar. Demians Tätowierung lugte unter dem Saum seiner Shorts hervor. Jared ließ die Videokassette in den Recorder gleiten, der summte, bis etwas klickte und Schwarzenegger auf dem Bildschirm erschien.

»K-können wir hier rauchen?«, fragte Jared. Er hatte ein

gravierendes Stotterproblem, das nur von Cannabis gelindert wurde.

»Nein, nur unten«, sagte Rocky.

»Hast du schon mal Blueberry Muffin Tops probiert?«, fragte Keoni Demian und reichte ihm die Schachtel.

»Nein«, sagte Demian.

»Dann hast du noch nicht gelebt.«

Auf dem Bildschirm standen Arnold Schwarzenegger und seine Konkurrenten auf einer Bühne und verwandelten sich in griechische Statuen auf Anabolika. Sie starrten in die Ferne und pumpten ihre Sehnen und ballonartigen Muskeln auf, die fast vom Fasergewebe erstickt wurden. Aderstränge dick wie Elektrokabel quollen hervor. Schwarzenegger sah aus, als hätte man ihn gehäutet und orange angemalt.

»Sagen wir, du trainierst deinen Bizeps«, sagte Schwarzenegger in der Lieblingsszene aller, »und das Blut wird in deine Muskeln gepumpt, und das nennen wir die Pumpe.«

»Die Pumpe«, sagte Erik.

»Das nennen wir die Pumpe«, sagte Keoni.

»Deine Muskeln«, sagte Schwarzenegger und schaute direkt in die Kamera, »sind voll angespannt, als würde deine Haut jeden Moment explodieren, also wirklich voll angespannt, und es ist, als würde dir jemand Luft in die Muskeln pusten, und sie schwellen immer weiter an, und sie fühlen sich anders an, sie fühlen sich phantastisch an. Es ist so befriedigend, als würde ich kommen, weißt du, als hätte ich Sex mit einer Frau und würde kommen.«

Erik krümmte sich vor Lachen.

»Kannst du dir vorstellen, dass das für mich der Himmel ist?«, fuhr Schwarzenegger fort. »Im Fitnessstudio fühle ich mich, als würde ich kommen. Zu Hause fühle ich mich, als würde ich kommen; und backstage, wenn ich aufpumpe, fühle ich mich, als würde ich kommen, wenn ich vor fünftausend Leuten posiere, habe ich dasselbe Gefühl, also komme ich Tag und Nacht. Wahnsinn, oder?«

Erik lachte so heftig, dass er sein Gatorade verschüttete. Die Männer hatten diese Szene schon Dutzende, vielleicht Hunderte Male gesehen. Rocky spulte zurück, und sie schauten sie sich noch einmal an.

Auf der Couch, umgeben von diesen Männern, durchströmte mich ein seltsames Gefühl von Wärme. Selten habe ich eine Gruppe von Menschen gesehen, die sich so wohl miteinander fühlen, so locker und vertraut miteinander umgehen. Sie saßen den ganzen Abend nebeneinander, lachten, teilten sich Muffin Tops und tauschten Filmzitate aus. Ich gebe ohne allzu große Scham zu, wie sehr ich mich danach sehnte, mich unter ihnen sicherer zu fühlen – mit einem Dutzend Leute dasselbe Tattoo, dieselben Geschichten, dieselben heißen, schweißtreibenden Tage voll körperlicher Anstrengung zu teilen. Sie hatten sogar den gleichen Körperbau, obwohl einige von ihnen schwarz waren, andere braun und einige, wie Erik, blendend weiß. Bis auf Rocky war niemand auffallend muskulös, weil Schwarzenegger'sche Muskeln in einem Kampf schlimmer als nutzlos sind; sie rauben dem Rest des Körpers den Sauerstoff. Niemand im Raum sah aus wie ein typischer Kämpfer – keine gebrochenen Nasen, keine plattgedrückten Gesichter, kaum Blumenkohlohren –, am allerwenigsten der schlaksige, langhalsige Erik. In Jeans, allein in einer Bar, wären sie alle nicht mehr als Jungs, die für Football zu klein waren.

»Kommst du morgen mit ins Adventureland?«, fragte Rocky Erik nach der zweiten Filmvorführung. Rocky und Erik verbrachten die wenigen Stunden außerhalb des Fitnessstudios entweder mit Abstechern ins Casino oder in den Vergnügungspark.

»Nein«, sagt Erik. »Da bin ich schon in Milwaukee.«

Das war der einzige unbehagliche Moment des Abends, eine leichte Anspannung, ein kollektives Einatmen abgestandener Luft; und da begriff ich allmählich, das Eriks Gerede darüber, wegzuziehen, eine Quelle großer Frustration für diese Männer war, die ihn als ihr Eigentum betrachteten. Wenn er in Cedar Rapids blieb, der ihre blieb, würde er immer ein Anfänger sein und weiterhin absurde, ungeprüfte Behauptungen darüber aufstellen, es mit José Aldo aufnehmen zu können. Das Schweigen zwischen Erik und Rocky dauerte an.

Erik war wieder auf den Beinen und beim Schattenboxen. Steve bestellte eine Pizza mit Rinderhack und Rahmkäse, dann sammelte er von allen außer Erik Geld ein, der gerade von einigen großmäuligen Schatten in einer Bar in Iowa City erzählte. »Neulich sind Wes und ich im Union«, erzählte er allen, »und Wes unterhält sich mit ’nem Mädchen, und plötzlich kommen diese Typen und mischen sich ein, labern rum, dass sie Kämpfer sind und mit Erik Koch zusammen trainieren, bla, bla, bla.«

»Ja, klar«, sagte Demian, nahm sich ein Stück Pizza und hielt es hoch über seinen Mund, um einen baumelnden Käsefaden aufzufangen.

»Wes kommt also zu mir und meint so, ›Hey, diese Typen sagen, sie trainieren mit dir.‹ Also geh ich mit, und was ist, als ich auftauche? Hab sie nie im Leben gesehen. Die so: ›Oh, mein Gott! Erik Koch. Du bist so was von genial, bla, bla, bla.‹ So ein Scheiß regt mich auf. Ich bin überall von Arschkriechern umgeben. Und solche Typen will ich nicht in meinem Arsch.«

Ich kann nicht sagen, dass ich »Arschkriecher« wie diese oft mit eigenen Augen gesehen habe, denn solche Männer wagen sich selten in die Öffentlichkeit, und wenn doch, wie in der Bar, dann treten sie als geschlossenes Rudel auf und haben kein Interesse daran, sich mit rangniederen Mitgliedern leichtgewichtigerer Rudel abzugeben. Es kam weit öfter vor, dass ich mich zwischen zwei oder drei Kämpfern wiederfand, die sich auf einen Kampf vorbereiteten, so wie am darauffolgenden Tag, als ich zwischen Rob und Erik eingezwängt in Lonnies Truck saß und wir zu einem Ort unterwegs waren, den Erik kannte. Unsere Knie berührten sich, während wir holpernd dahinfuhren. Es war zwei Wochen vor einem Kampf; Lonnie und Rob fühlten sich ausgehungert und elend und sprachen fast nur darüber, dass sie sich in naher Zukunft noch ausgehungerter und elender fühlen würden.

»Guck dir meine Bauchmuskeln an«, sagte Lonnie, zog sein Shirt hoch und entblößte vom Nahrungsentzug flache Bauchmuskeln. »Ich hasse meine Bauchmuskeln. Meine Bauchmuskeln bedeuten, dass mein Leben Kacke ist.«

»Am 14. Juli bin ich garantiert so was von angepisst«, sagte Rob. »Wenn du jemand sehen willst, der 'nen Depri schiebt, schau mich an.«

Erik deutete auf ein Feld neben dem Highway, das von einer Reklametafel überschattet wurde. Lonnie lenkte den Firmen-Pick-up auf das Gras, wobei er Reifenspuren in der regenfeuchten Erde hinterließ.

Wenn Rob und Lonnie kämpften, war Erik dabei; alle Mitglieder von Hard Drive waren dabei, denn alle Kämpfer kamen zu jedem HD-Kampf in Fahrweite und begleiteten den Kämpfer in einer Fäuste reckenden Entourage bis zum Käfigtor, und keiner von ihnen würde je gegen einen der anderen kämpfen, ganz egal, unter welchen Umständen; eine derart eindringliche Intimität mit seinen Brüdern zu suchen hieße, ein Verbrechen zu begehen, das so alt war wie das Verbrechen selbst. Und so kämpfte Hard Drive gegen Miletich, und Miletich gegen Miletich, aber Hard Drive kämpfte niemals gegen Hard Drive. Es gab auch die katholischen Jungs aus Dubuque und die Tai Dam in Des Moines, Nachkommen von Vietnamflüchtlingen. Die Tai Dam veranstalteten die Kämpfe, die Lonnie und Rob bevorstanden, in einem Tanzsaal im Westen von Des Moines.

Obwohl es an jedem Samstagabend in jedem amerikanischen County inszenierte Kämpfe zu sehen gibt, von Küste zu Küste und ganz besonders in den gemäßigten Prärien dazwischen, sind die Kämpfe, von denen konventionell gesinnte Kämpfer träumen, nicht die, die in Tanzsälen in West Des Moines stattfinden, sondern die, die in Großstädten abgehalten und im Bezahlfernsehen gesendet werden. Sosehr wir auch hoffen, dass die Träume der Kämpfer rein und unverfälscht bleiben, so werden sie doch in Wirklichkeit von den Bedürfnissen des Kabelfernsehens befeuert. Man beginnt vielleicht, wie Erik, mit einem Kampf in einem Konferenzzentrum, aber man tut es in der Hoffnung, dass ein Schutzengel auf einen wartet, jemand, der einen der Unbekanntheit entreißt. Genau das hat Duke für Erik getan. Und an dem Punkt – es sei denn, man sitzt fest, so wie Erik – gibt man seiner Mutter einen Abschiedskuss, zieht weg (so wie kämpferisch gesinnte Männer einst nach Davenport gezogen sind), und begibt sich in eins von drei zurzeit im Aufstieg begriffenen Trainingscamps in Albuquerque, Miami oder Milwaukee, aus denen man in die Großen Shows aufsteigen kann. Dann, vorausgesetzt, man ist konventionell gesinnt, träumt man von seiner Titelchance, von dem Tag, an dem sie einen für reif halten, den Kämpfer mit dem höchsten Status herauszufordern. Selbst Lonnie und Rob träumten davon, obwohl Lonnie weiterhin Häuser anstrich, Rob Rechtsanwaltsfachangestellter blieb, beide ihre Kämpfe gegen die Tai Dam verloren und sie danach, wie immer, Trost bei Keoni suchten, der stets die passenden Worte fand.

Natürlich wissen wir, selbst während wir träumen, dass es Träume gibt, die unsere Fähigkeiten übersteigen; und die Kämpfer von Hard Drive, besonders intellektuelle Männer, von Keoni handverlesen, neigten dazu, eine klarere Sicht auf die Dinge zu haben als die meisten von uns. Rob war ein alleinerziehender Vater, der jeden Tag nach der Arbeit eine ganze Stunde zum Valhalla fuhr. Nichts fiel ihm leicht, und niemand würde ihm vorschlagen, bei größeren Veranstaltungen als denen im Tagungszentrum von Cedar Rapids anzutreten. Was er bei Hard Drive hatte, war das Recht, jedem zu erzählen, dass Erik Koch sein bester Freund und Coach war; dass, wenn er kämpfte, Erik Koch auf seiner Seite war, und dass, wenn er verlor, Erik Koch ihm half, sich für den nächsten Kampf aufzubauen.

Erik zog die Kugelhanteln von der Ladefläche des Trucks. Er stellte sich mit dem Rücken zur Sonne zwischen Rob und Lonnie, machte einen großen Schritt nach vorn und hob das Gewicht hinter seinen angespannten Körper, dann schwang er den Arm nach vorn, drehte gleichzeitig die Hüfte, und die Kugelhantel flog fünfzehn Meter über das Gras, ehe sie ausrollte und leicht geneigt liegenblieb wie ein Planet. Er rannte auf die Kugel zu, hob sie wieder auf und warf sie erneut. Rob versuchte dasselbe mit seiner Hantel – anheben, schwingen, schleudern –, ließ sie jedoch etwas zu spät los. Lonnie ließ seine zu früh los; die beiden

Hanteln plumpsten ins Gras und blieben liegen. »Seine versinkt nicht«, sagte Rob, als er nach links joggte. »Ja, sie rollt einfach weiter«, sagte Lonnie schwer atmend. Rob und Lonnie rannten kreuz und quer, rechts und links über das Feld hinter ihren Hanteln her, während Erik eine vollkommen gerade Landebahn ins Gras pflügte.

Ich kann nicht genau sagen, wann mich das Unbehagen befiel, aber es muss etwa zu der Zeit gewesen sein, als mir auffiel, dass etwas, das ich bei Sean als selbstverständlich erachtet hatte, hier, bei Hard Drive, fehlte. Sean war von einer Aura kontinuierlicher Verwirrung umgeben; er war willens, sich verloren und allein zu fühlen. Bei Erik konnte ich keine solche Verwirrung, keinen solchen Mut spüren. Man musste bereit sein, das Octagon überall zu empfangen, egal, wo es auftauchte; und Erik schien nicht dazu bereit zu sein, es zu empfangen, so sicher war er in das Gewebe von Hard Drive eingeflochten, so offensichtlich unwillig war er, die Wunde zu tragen und sein Zuhause zu verlassen. Was ich sagen will, ist, dass ich mir im Sommer 2010 zwar sicher war, dass Erik Koch ein Objekt von großer und seltener Schönheit war, dass ich aber nicht genau wusste, ob er im Herzen ein Kämpfer war. Und so begann ich, anstatt zu versuchen, ihn in Cedar Rapids zu halten, wie Hard Drive es tat, ihn dabei zu unterstützen, sich davon zu befreien.

Erik – Herbst 2010

Im Hinblick auf die vorliegende Erzählung sehe ich mich gezwungen, mich gegen eine gewisse Art Vorurteil zu verteidigen, das in unserer Zeit umgeht. »Sie«, werden meine geschätzten Kritiker sagen, »die Sie vorgeben, diese Geschichten über echte Männer zu erzählen, sind nicht mehr als eine *Fiktion.*« Das will ich gar nicht leugnen: Hier stehe ich vor Ihnen, ebenso fiktional wie die Längen- und Breitengrade, wie der römische Kalender, wie die Sechzig-Sekunden-Minute, und ich ermutige Sie nachdrücklich, sich all dieser Dinge zu entledigen, insofern sie Ihr Missfallen erregen. Der Nullmeridian, ein Werk reiner Einbildungskraft, verläuft über das arktische Packeis, das Wasser des Mittelmeers, den Sand der Sahara. Bezweifeln Sie den Sand, weil Sie die Linie bezweifeln? Denn seien Sie versichert, in der Welt, die ich beschreibe, *wurden* Plätze gefüllt. Kämpfer wurden von menschlichen Ohren gehört, jedes Wort getreulich aufgezeichnet. Echte Finger fuhren über die Naht auf Seans Stirn. Echte Tränen flossen aus den Augen, die ihn stürzen sahen.

Diejenigen, die fragen, ob ich so real bin wie Sean, haben ein kurioses Vertrauen in die Fähigkeiten von Menschen mit Geburtsurkunden und Steuernummern, sich von den

Fesseln der Täuschung zu befreien. Meine (zugegebenermaßen neurotische) Schöpferin dagegen ist sich ihrer Tendenz zur Selbst-Konfabulation so bewusst, dass es ihr widerstrebt, irgendetwas, das sie über sich preisgibt, als Tatsache zu bezeichnen. Sie hat noch nie einen Menschen getroffen, der einen auch nur annähernd klaren Blick auf sich selbst gehabt hätte, kennt keinen Geschichtenerzähler, der ohne die selbstsüchtige Sünde der Auslassung von einem Abstecher in den Supermarkt erzählen konnte. Alle Erzähler, sage ich, sind Fiktion. *Alle.* Die zuverlässigen unter uns haben wenigstens den Anstand, es zuzugeben.

Als der Sommer zum Herbst wurde, war ich, Kit, gerade erst im Begriff, die Geschichten zu verstehen, die Erik und Sean sich selbst erzählten, damit sie weiterhin Künstler der Hingabe sein konnten. Ich pendelte zwischen Cedar Rapids, Iowa City und Davenport, von der Textilstadt zur Universitätsstadt zur Flussstadt, von Erik, nach Hause und zu Sean. Durch die Kämpfer hatte sich mir ein neuer Weg eröffnet, mit der natürlichen Welt zu kommunizieren, und während ich durch das bukolische Iowa fuhr, stellte ich mir vor, in der besonderen Gunst der Felder zu stehen, weil ich eine höhere Beziehung zu ihnen erlangt hatte. Im September verschwanden die zwei Meter hohen Wände aus Mais über Nacht, als hätte der Himmel sie verschluckt, der Horizont senkte sich südwärts, um der Erde zu begegnen, und ich sah mich mit einem Extrastück Firmament gesegnet.

Ich beabsichtigte, meine Zeit so umsichtig wie möglich aufzuteilen und keinen der Kämpfer vor dem anderen zu erwähnen, es sei denn, mein Schweigen würde die Art von Täuschung nach sich ziehen, die kein aufrechter Platzfüller verantworten kann. Wenn Sean mich fragte, wo ich gewesen sei, und ich erwiderte, »bei Erik Koch«, lächelte Sean, kniff die Augen zusammen und sagte: »Du weißt, dass er noch nie einen ernstzunehmenden Kampf hatte, oder?«, und manchmal auch nur »Cedar Rapids?«, gefolgt von einem lauten, reizenden »Ha!«. Wenn Erik mich fragte, wo ich gewesen sei, und ich entgegnete, »bei Sean Huffman«, tat Erik so, als hätte er es nicht gehört, wechselte das Thema und unterhielt sich einige Zeit mit jemand anders.

Letztere Reaktion sagte etwas über die unterschiedliche Bedeutung aus, die Platzfüller in Eriks und in Seans Welt hatten, denn Erik hatte immer andere Leute, mit denen er reden konnte. Er hatte stets zwei oder drei Freunde um sich und polsterte außerdem die Pufferzone zwischen sich und der Einsamkeit noch mehr aus, indem er gleichzeitig textete. Und während sich all diese Männer um Erik versammelten, um gleichsam in seiner kämpferischen Aura zu baden, dämmerte mir allmählich, dass es Keoni war, nicht Erik, der sie zusammenhielt.

Wenn Keoni Koch einen Raum betrat, wurde es still; wenn er einen Witz erzählte, brachen alle in raues Gelächter aus. Während ich das Gefühl hatte, ich könnte unter den Männern von Hard Drive bequem als unsichtbar durchgehen, brachte mir Keoni eine ernste Aufmerksamkeit entgegen, die ich manchmal verunsichernd fand. An unserem zweiten Abend bei Rocky fragte mich ein Kämpfer namens Rob, der gerade ein Videospiel spielte, nicht unfreundlich, warum ich ihre Gesellschaft der der anderen Wissenschaftstypen in Iowa City vorzog. Ich dachte kurz nach und antwortete dann, ich respektierte »die Weigerung des Kämpfers, den abstumpfenden Impulsen des Selbsterhaltungstriebs nachzugeben«. Rob spielte weiter, wie erwartet, und Erik tippte weiter auf seinem Smartphone herum, wie erwartet, und die anderen Kämpfer führten ihre Unterhaltung über Nahrungsergänzungsmittel fort. Keoni, der eine Bong befüllte, sah mich direkt an, nickte weise und sagte: »Ich finde es interessant, dass so viele Menschen den Kontakt damit verloren haben, was es heißt, am Leben zu sein.«

Da wurde mir klar, dass ich mich mit Keoni unterhalten musste, wahrscheinlich sogar ausführlich, aber ich sagte nichts, denn ich wusste, dass es seinen sensiblen Bruder verunsichern würde, wenn ich ein unangemessenes Interesse für Keonis Gesellschaft an den Tag legte. Erst, als Erik nach unten ging, um gegen einen Standboxsack zu kicken, und sich die anderen in der Küche um eine Pizza versammelten, fragte ich Keoni – leicht nervös, weil ich mir bewusst war, mit welcher Hochachtung ihn die anderen behandelten – ob wir uns vielleicht einmal allein treffen könnten, um über seine Bemerkung von vorhin zu sprechen. Aus dem Wohnzimmer ein Stockwerk tiefer hörten wir das dumpfe Geräusch von Kicks gegen einen Boxsack. Keoni, der erfreut aussah, stimmte Zeit und Datum zu.

Jeder dionysische Stamm braucht einen Apollo. Der Apollo von Hard Drive war durchschnittlich groß, was heißt, kleiner als sein Bruder, hatte ein markantes Kinn, blaue Augen und ein HD-Tattoo auf dem Bizeps. Wir sprachen ganze drei Stunden in seinem Vorgarten über seine Vergangenheit, während seine beiden kleinen Kinder zu unseren Füßen spielten. Wenn er sprach, nahm er einen Blickkontakt auf, den ich nicht halten konnte, darum schaute ich auf seine sauberen porzellanartigen Fingernägel hinunter, die sorgfältig gepflegt waren und nicht die geringste Spur von Nagelhaut aufwiesen. Ich weiß, es klingt sonderbar, verehrter Leser – aber es ist ungewöhnlich für einen Mann von neunundzwanzig Jahren, perfekte Nagelbetten zu haben, und ich glaube, auch Sie würden es frappant finden.

Wie bereits festgestellt, halte ich nichts von Epiphanien oder unerwarteten narrativen Wendungen; selbst die größten, wahrhaftigsten Augenblicke, Momente voll ekstatischer Glückseligkeit, lassen die Schichten des Schicksals, insoweit ich es beurteilen kann, größtenteils unberührt. Doch es gibt einen Moment, den ich unter Umständen für würdig befinden könnte, all die muskulösen Körper, all die glatten Wölbungen, all die straffen Sehnen, die ich im Valhalla zu Gesicht bekam, hervorgebracht zu haben.

Stellen Sie sich Keoni Koch im Alter von vierzehn Jahren vor, ein kleiner, intelligenter Junge, Sohn eines evangelisierenden, pazifistischen Vaters – sogar ausgerechnet ein Baha'i-Prediger, derart vernarrt in die friedliche Synthese, dass er glaubte, im nächsten Leben würden der Buddha, Mohammed und Jesus händchenhaltend umherwandeln, oder was auch immer das göttliche Äquivalent für Händchenhalten ist. Keoni glaubte zwar jedes Wort seines Vaters, aber er glaubte auch, zu dessen ständiger Irritation, dass der Kampf Mann gegen Mann das einzige Fach sei, das ein gründliches Studium wert ist. »Was hat es nur mit all dieser *Gewalt* auf sich?«, fragte Doug Koch immer, wenn er die Treppe herunterkam, die Hand auf dem Geländer, und seinen merkwürdigen, einsamen, kleinen Sohn dabei entdeckte, wie er sich einen weiteren blutigen Film im Fernsehen ansah.

Nun ist das Martial-Arts-Genre kein ganz unheikles Thema unter Ausübenden der Kampfkünste, da solche Filme peinliche Mythen reproduzieren, die besonders gern von unternehmerischen Schatten übernommen werden. Ich spreche hier von *Bloodsport, Karate Tiger 3 – Der Kickboxer,*

Der Mann mit der Todeskralle und dergleichen. Man muss nur an echte Dojos denken und die Fiktionen, die sie ausschlachten – Senseis, die nur in Aphorismen reden, große Kämpfer-»Geheimnisse«, die über Generationen weitergereicht werden, die angeblich mystische Kunst der vielbeschworenen tödlichen Berührung. Wahrhaft absurd; eine Peinlichkeit. Nach dem Kampf, der den Höhe- und Endpunkt jedes dieser Filme bildet, geht immer eine Kampfkunst als Sieger hervor, und zwar, wie Sie sicher bemerkt haben werden, immer die, die im jeweiligen Land beheimatet ist, welches das Drehbuch produziert hat. Keoni hatte die plumpen Plots dieser Filme schon in seiner Jugend als Propaganda durchschaut, da er von Natur aus skeptisch veranlagt ist, trotzdem sah er sie sich weiterhin an. Erik zog es mit sechs Jahren vor, draußen zu spielen, wie es Kinder tun, die die Welt als gut angepasst betrachtet.

1994 schob ein pummeliger, vierzehnjähriger Keoni etwas, das er für einen weiteren solchen Film hielt, in den Videorecorder – einen Film, der einen weiteren Wettkampf verkündete, eine weitere chauvinistische Werbeaktion für eine einzige Kampfkunst. Boxer kämpfen gegen Sumo-Ringer kämpfen gegen Muay-Thai-Meister, versprach der Text auf der Plastikhülle. Der Moment, von dem ich rede, jener Moment, der sich als Moment von schicksalhafter, Weltsicht verändernder Wichtigkeit anbietet, ist der Moment, in dem Keoni auffiel, dass etwas in diesem Film fehlte. Die Pausen zwischen den Szenen waren von seltsamer, variabler Länge, die Graphik erinnerte an Clipart, die Ansager waren verwirrt, und, weil noch niemand in diesem Land mit der Kampfkunst vertraut war, die diesen Wettbewerb gewann, waren sie dem Publikum auch nur eine sehr begrenzte Hilfe. Es gab keine Hintergrundgeschichte, und die Kämpfer, die um einen Kommentar gebeten wurden, sagten Dinge wie: »Ich bin nicht besonders gut mit Interviews.« Ein schlanker Brasilianer – kein Sensei aus Japan, kein Kung-Fu-Meister aus China und kein Playboy-Bodybuilder aus Belgien – gewann jeden Kampf.

Dieser grandiose Wettkampf wurde 1993 von Jiu-Jitsu-verrückten Brasilianern in Las Vegas veranstaltet, und das, was Keoni sich anschaute, war eine authentische audiovisuelle Aufzeichnung davon. Auf der Suche nach Fiktion war Keoni auf ein historisches Dokument gestoßen. Es war, als hätte ein Pärchen, das sich eine romantische Komödie ansehen wollte, aus Versehen unbearbeitetes Material über menschliche Kopulation in die Finger bekommen. Dies war die Anwendung wissenschaftlicher Prinzipien auf jahrtausendealte, leere Kampfkunst-Versprechungen. Wenn irgendein Meister seine Kampfkunst für die überlegene erklärte – wie es seine Vorgänger unhinterfragt seit Jahrhunderten getan hatten –, forderte man in diesem Wettkampf Beweise dafür ein. »Kann ein Sumo-Ringer einen Kickboxer besiegen?«, fragte der Ansager, und am Ende blieb ein Sumo-Ringer, dem zwei Zähne fehlten, von denen einer im Fuß des Kickboxers steckte, weinend im Käfig zurück. Konnte ein Shootfighter einen Karate-Meister niederringen? Konnte ein Submission Artist einen Jiu-Jitsu-Champion zur Aufgabe zwingen? Während die Kämpfe weitergingen, spulte Keoni vor, vorbei an den unbeholfenen Graphiken und interviewten Kämpfern mit unstetem Blick, und drückte auf Play, um die verzweifelte Miene eines massigen olympischen Ringers zu sehen, der zwischen den gekreuzten Beinen eines kleinen Brasilianers gefangen war. Er spulte noch weiter vor, stoppte und sah zu, wie ein mit Anabolika aufgepumpter Schläger das Bewusstsein verlor, den Kopf schräg im Griff desselben Brasilianers. Während er Royce Gracie, Meister einer Kampfkunst namens Jiu-Jitsu, zuschaute, wurden schließlich die wahren Grenzen von Keonis Welt gesteckt. Royce Gracie besiegte all diese Männer, indem er eine Kunst meisterte, die der ihren überlegen war. Und so flößte diese Begegnung mit der Realität den alten Fiktionen neues Leben ein; denn es gab sie tatsächlich, jene Geheimlehren, die über Generationen hinweg vererbt wurden und mit der kleine Männer große Männer vernichten konnten.

Diese Kämpfe, die Vorläufer der Großen Shows, zu denen Erik letztlich aufsteigen würde, gingen sogar noch jenen klassischen Fights in den Stripclubs von Davenport voraus, die miterlebt zu haben ich mir so sehr wünschte; so früh und wegweisend waren sie damals, dass die Bezeichnung »Mixed Martial Arts« gerade erst im Entstehen begriffen war und dass man gewisse Gewalttätigkeiten gestattete, die selbst in den Stripclubs verboten waren. Es waren Zeiten, in denen man einen Gegner noch an den Haaren ziehen, ihm die Zeigefinger in die Mundwinkel stecken oder den Ellbogen in die Wirbelsäule rammen durfte. Aber mochte es diesen Kämpfen auch an einer gewissen Würde mangeln, hier war eine Kunstform, die noch in den Kinderschuhen steckte, und Kindern muss man ihre unbeholfenen Erkundungen erlauben, sie müssen sich verletzen, um zu lernen, wie weit sie gehen können. Die meisten Zuschauer hätten in diesen frühen Schauspielen nicht mehr gesehen als in einen Käfig verpflanzte Barprügeleien, etwas, das nur die ungebildetsten Schichten anzieht, was selbst heute noch einige, wie etwa tragisch unwissende Epistemologen in Iowa City, über Mixed Martial Arts behaupten. Keoni, der von feinerer Natur ist, konnte verschwommen sehen, wie die

Geschichte dieser Kampfkunst bis in biblische Zeiten zurückreichte und wie sie sich auch in seine Zukunft erstreckte.

Und so nahm Keonis folgenschwere Begegnung mit der brasilianischen Kultur ihren Anfang; dieselbe Obsession, der Pat Miletich in Davenport, Chuck Liddell in Nevada und Frank Shamrock in San José erlagen. Royce Gracie, der das Jiu-Jitsu-gesättigte Rio verlassen hatte, um sein Glück in den USA zu suchen, wagte sich in den Mittleren Westen vor. In jeder Stadt forderte er die prahlerischsten und selbstverliebtesten Muskelprotze zum Kampf heraus; er schlang sich um ihre Körper, hielt sie hilflos in seinem Griff und stürzte sich dann mit einem Choke auf sie, der ihnen nur zwei Möglichkeiten offenließ: entweder abzuklopfen oder das Bewusstsein zu verlieren. Er bot ihnen an, sie gegen Bezahlung zu unterrichten, und die Männer, die anschließend die Großen Shows dominierten, waren jene, die zugestimmt hatten.

Royce veranstaltete weitere primitive Shows und trat auch selbst darin an, und nach jedem Wettkampf gab es ein neues Video im Cedar Rapids Blockbuster. Wie Sie mittlerweile sicher bemerkt haben, ist die fließende Formlosigkeit des brasilianischen Jiu-Jitsu in einer statischen Abfolge von Wörtern nicht so leicht zu beschreiben; und es ist auch nicht einfacher, ihn durch bloßes Zusehen zu erlernen, so wie Keoni es heroisch anhand der Videos versuchte, die er abspielte und zurückspulte, bis das Band vor Abnutzung durchsichtig geworden war und das Bild verwackelt und unscharf. Der Brasilianer, dem Keoni zuschaute, entstammte einer fruchtbaren Kämpferdynastie, und jede Dynastie war von einem japanischen Kämpfer aus einer langen japanischen Ahnenreihe trainiert worden, Keonis Vater dagegen war ein pazifistischer Prediger, seine Mutter

Chemikerin an der Universität. Aber das Problem, vor das Keoni sich gestellt sah, bestand nicht nur in einem Mangel an Unterweisung, sondern auch in einem Mangel an Trainingspartnern; ihm fehlte es an geeigneten Körpern zum Üben; es war, als wäre er ein Student der Chirurgie in einer Welt immaterieller Geister. Er füllte ganze Notizbücher mit winziger Schrift, in denen er Schritt für Schritt beschrieb, was er aus den Videos gelernt hatte, bis die Quelle des Videonachschubs irgendwann versiegte.

Keoni, der für traditionellen Unterricht zu intelligent war, verließ mit siebzehn die Schule, woraufhin sein ratloser Vater ihn vor die Tür setzte. Die Koch-Brüder würden nie wieder unter einem Dach wohnen. Gezwungen, eine Arbeit zu finden, wandte sich Keoni einer Telekommunikationsfirma zu. Die Herausforderung zu Beginn seines jungen Erwachsenenlebens bestand nicht darin, eine Stelle zu finden, sondern Spielgefährten, weil Menschen, die willens sind zu spielen, schwerer zu finden sind als solche, die willens sind zu arbeiten, denn bezahlte Arbeit ist die Domäne der Ängstlichen, Routinesüchtigen, die hinter einem statischen Holzschreibtisch einen sicheren Hafen suchen. Selbst das Wort, mit dem Keoni die Praxis des Jiu-Jitsu beschreibt – *rollen* –, suggeriert das Gegenteil von Festigkeit, Offenheit für das Universum, Verwundbarkeit. Das ziellose Ziel des Rollens ist es, niemals still zu stehen, denn nur an einem Ort zu bleiben bedeutete das Ende des Spiels, und Keoni wusste, dass kein Augenblick als Selbstzweck gedacht war, dass jede Position – ob Guard, Mount oder Half-Guard – nur eine Übergangsphase auf dem Weg zu einer neuen darstellte, eine Selbst-Verrenkung, die ihm nicht einmal auffiel, bis er merkte, dass sein Körper sich daraus löste und in eine neue Form überging, für die er vielleicht einen Namen hatte, vielleicht aber auch nicht. Positionen waren Haltungen, zwischen denen man sich bewegte, kurze Momente, die sich ereigneten, um semantische Kategorien zu besetzen.

Aber glauben Sie, die Organe der gesellschaftlichen Ordnung, die Verfasser schriftlich niedergelegter Regeln in ihrer unendlichen Liebe für alles Verbindliche, wüssten diese ungreifbare Ambiguität zu schätzen? Ich persönlich halte zwar nichts von Zeitungen und ihrer traurigen Besessenheit vom Tagesgeschehen, aber hätten Sie im Jahr 1998 eine zur Hand genommen und wären über Ausdrücke wie »Untergang des Abendlandes«, »alles, was mit Männern nicht stimmt« oder »schwachsinnige Kinder idiotischer Eltern« gestolpert, hätten Sie vermutlich einen Artikel über diese frühen Kämpfe vor sich gehabt. Und hätten Sie weiterhin, einen tristen Tag nach dem anderen, die Zeitung gelesen, hätten Sie erfahren, dass ein Senator aus Arizona namens John McCain Royce Gracie und all jene Männer, die dieser mit schöner Regelmäßigkeit besiegte, aus dem Pay-TV verbannte und ihr nobles Unternehmen ruinierte. Die Sendepause dauerte Jahre an, bis einige zigarrenrauchende Medienmoguln aus Las Vegas Royces Promotionen kauften und einen Weg fanden, sich mit der herrschenden Klasse zu arrangieren. In der langen Zeit dazwischen, als Keonis Wissensdurst am größten war, gab es keine neuen Videos im Blockbuster im Westen von Cedar Rapids. Und Keoni, in seiner Naivität, hatte keine Ahnung, warum.

Aus dem Büro in Cedar Rapids, in dem er Telekommunikationsdienste vertrieb, fuhr er zu dem Haus, das seine schwangere Freundin erst vor kurzem für sie gefunden hatte, ein zweistöckiges, eingezäuntes Einfamilienhaus an der Kreuzung zweier verkehrsberuhigter Straßen. Im Haus gab es einen kleinen Keller mit einer Waschmaschine, einem Trockner, einer verrosteten Gartenschere, einer leeren Plastikflasche für Unkrautvernichtungsmittel und einem zerbeulten Propangastank. Der Weg nach draußen führte über eine Holztreppe mit fehlender Stufe und halbem Geländer. Keoni gab all sein Geld für eine Ringermatte aus, verlegte sie rings um eine Metallstange, so dass sie drei der Betonwände berührte, und befestigte sie mit Holzleisten am Boden.

Am Tag war er seriös, professionell und unfehlbar pünktlich, und da er dazu bestimmt schien, Menschen zu führen, gab die Firma Keoni drei Untergebene.

»Willst du bei mir im Keller trainieren kommen?«, fragte Keoni einen Jungen namens Devon.

»Was trainieren?«

»Ultimate Fighting Championship. UFC.«

Ein paar Monate später bekam Devon einen eigenen Untergebenen.

»Willst du mit uns trainieren?«, fragte Devon Beau.

»Was trainieren?«

Und so kam es, dass Keoni bei der Arbeit Männer fand, mit denen er spielen konnte. Als Devon und Beau ein paar Dinge wussten, verwandelten sich, wie man mir erzählte, die Augenblicke der Unterweisung in Stunden blutiger Schwelgereien. Der Schweiß hing so schwer in der Kellerluft, dass die Matten nie trockneten und Stücke des Vinyls zerbröselten wie Pastetenkruste. Keoni spielte dröhnende House Music; zwischen den Songs hörte man schweres Atmen, das Aufreißen von Klettverschlüssen und das Schlurfen seiner Frau ein Stockwerk über ihnen. Die Milchglasscheibe beschlug. Haare sammelten sich in den Matten-Zwischenräumen. Die pockennarbigen Wände schwitzten Wasser. Köpfe und Zehen stießen gegen die Metallstange.

Sie kämpften mit dem sanften, aufmerksamen Respekt von Männern, die keinen Partner an eine Verletzung verlieren wollten – niemand brach sich auch nur einen Finger –, aber sie umklammerten sich hart an der Wand und schrammten sich am Betonboden die Finger auf, wenn sie einander zu Boden zerrten. Wenn Keoni etwas brauchte – Eis oder Wasser –, stieg er die Treppe hinauf, öffnete die Tür, und frische kalte Luft schlug ihm entgegen. Dann eilte er wieder nach unten. Devon und Beau, die ihm mittlerweile völlig ergeben waren, kamen an drei, dann an vier Abenden die Woche und brachten ihre Freunde mit.

Wie schnell einige Männer durch die Kraft und Reinheit ihrer Vision ein bloßes Hobby zur Institution machen können. Diese Männer verschwendeten keinen Gedanken daran, bei Spektakeln im Käfig aufzutreten; sie sehnten sich nur nach dieser spielerischen Versunkenheit, dieser Atempause von der undionysischen Welt der Geschäftsberichte und Schulungen zur Prävention sexueller Belästigung. Und so spielten sie drei Jahre lang, sieben Nächte die Woche, zwei Stunden pro Abend. Ich wollte diese Sieben-Abende-die-Woche-Geschichte zunächst nicht glauben, als Keoni sie mir erzählte, und hielt sie für die Art von Übertreibung, die seiner angeborenen Intensität entsprang, aber Devon, Beau und Erik bestanden unabhängig voneinander darauf, diesen Zeitplan befolgt zu haben. Jahrelang waren sie verschorft vom Beton, ein fast semipermanenter, körperlicher Zustand, den Keoni als »wie zerkaut und ausgespuckt« bezeichnete.

Während jener Zeit, die wir im Interesse kategorischer Präzision »frühe Kellerperiode« nennen können, sah Keoni seinen Bruder an Familienfeiertagen. Eine solche Entfernung lässt die Bewunderung ungehindert wachsen, und als sechzehnjähriger Schulabbrecher betete Erik seinen älteren Bruder an, den er als unangreifbar taff betrachtete. Es war Thanksgiving, und die ganze Familie hatte sich im Haus ihrer Eltern versammelt, als Erik den Mut aufbrachte, zu ihm zu sagen: »Ich will es versuchen.« Kurze Zeit später erlaubte Keoni Erik, seiner Gruppe beizutreten. Vor aller Augen hielt er Erik drei demütigende Minuten lang fest, ließ ihn sich winden, bis er erschöpft war. Zur Überraschung aller kam Erik am nächsten Tag wieder.

In den ersten Monaten unterschied sich Erik in nichts von Beau, Devon oder Jessie – besonders Jessie, dem geborenen Sportler –, er war nur ein weiterer Körper, mit dem man sich herumwälzen konnte und der von seinem Vater jeden Abend um neun hergebracht und um elf wieder abgeholt wurde, das jüngste Mitglied einer wachsenden Clique aus von Keoni trainierten Spielgefährten. Sein auffallendstes Merkmal war vielleicht die Art, wie sein spielerischer Aspekt sich in einem Moment der Unterlegenheit in zornigen Trotz verwandeln konnte. Drei Mal in drei Kämpfen schachmattgesetzt, stürmte Erik manchmal die kaputte Treppe hinauf, knallte die Tür zu und saß draußen, bis sein Vater kam, um ihn abzuholen.

In den ersten fünf Monaten hatte er sich wie die anderen anstrengen müssen, um die Choreographie für jede komplizierte Submission-Technik zu lernen; wo genau man Druck ausüben musste, wenn man seine Beine um einen anderen Körper schlang, wie man die Knöchel kreuzen musste, damit der Hals zwischen ihnen sich nicht herauswinden konnte. Einige Techniken erforderten das Auswendiglernen von zehn, zwölf Schritten, von denen jeder perfektioniert werden musste; und ein vernünftiger Kampfkünstler weiß, wie man so tut, als wolle man einen bestimmten Choke,

Arm- oder Beinhebel anwenden, obwohl er in Wirklichkeit zu einem anderen ansetzt, oder wie man zu einer neuen Strategie übergeht, wenn der Körperbau oder die Gewichtsklasse eines Gegners eine bestimmte Submission-Technik unhaltbar macht. Im sechsten Monat gelang es Erik plötzlich, eine Bewegungsabfolge nach nur einmaligem Sehen aufzuschnappen, genau wie ein Posaunen-Wunderkind eine Melodie nur einmal zu hören braucht, um sie für immer perfekt spielen zu können. Keoni hatte vielen Männern mit endloser Geduld beigebracht, wie man der langen Kette von Bewegungen folgte, die zu einem Choke führten, aber nur Erik lernte die gesamte Kette, als gäbe es keine feineren Punkte, in denen man sich verlieren konnte. Und als Erik sein sonderbares Muskelgedächtnis entdeckte, entwickelte er sich zum größten Arbeitstier von allen, war der Erste im Keller und der Letzte, der ihn wieder verließ. Bis zum heutigen Tag und trotz all der Dunkelheit, die Erik hinterlassen hat, sind alle Mitglieder von Hard Drive sich darin einig, dass Erik härter trainiert als sie.

Und so kam es, dass er in Keonis Keller trainierte, und später im Gemeindesaal der säkularisierten Lutheranischen Kirche. Die Einheimischen, die die Wochenblatt-Werbung gesehen hatten und vielleicht ein gesundes Aerobic-Workout erwarteten, kamen nie wieder. Fünfzig oder sechzig Leute besuchten den Gemeindesaal, aber nur Rob und Erik blieben. Manchmal fühlte sich Keoni inspiriert, eine neue Übung auszuprobieren; dann stellte er vielleicht acht Männer im Kreis auf, die sich gegenseitig in den Magen schlagen mussten. Am nächsten Tag hatte er nur noch zwei Anmeldungen.

Erst, als sie das Valhalla, diese leere Hülse von einem Gebäude, anmieteten, fand sich mehr als eine Handvoll Leute, die willens waren, sich einer intimen, athletischen Sekte anzuschließen. Damals war Jiu-Jitsu keine Geheimkunst mehr, für die Keoni missionieren gehen musste, und die Männer, die er trainierte, wollten in achteckigen Käfigen auftreten. Er brachte sie zu Kämpfen auf Rummelplätzen oder Viehkongressen, wo die Matte der Sonne ausgesetzt war und ihnen die empfindlichen Fußsohlen verbrannte. Er brachte sie in Kontakt mit seinem Bruder. Wenn Leute außerhalb von Hard Drives vertrautem Kreis vom Valhalla gehört hatten, dann nur wegen Erik, und auch wenn diese Anerkennung recht begrenzt war, bereitete sie Keoni nicht wenig Befriedigung. Er hatte Erik die Gabe der Kampfkunst gegeben, und indem Erik in Cedar Rapids blieb, verschaffte er im Gegenzug Keonis kleinem Fitnessstudio eine Aura der Legitimität.

Andere, die sahen, dass Erik so tat, als hörte er es nicht, wenn Keoni zur Gruppe sprach, oder dass Keoni, immer, wenn Eriks Name fiel, laut aufseufzte, glaubten sich im Bilde. Sie hatten Filme gesehen, in denen ein jüngerer Bruder seinen älteren Bruder an Talent übertraf und der minderbegabte Bruder traurig und allein zurückblieb, vielleicht sogar in den Fängen einer Crack-Sucht. Doch Keoni fand keinen Gefallen an solchen Ekstasen. Er war ein Zivilist der ruhigeren Klasse, ein Gefäß, um Brasilien nach Iowa zu bringen. Keoni liebte es, im Zentrum einer Gruppe von Männern zu stehen, die sich abhärteten. Er liebte es, dass er der Erste war, der diese Männer mit dem vollkommensten Kampfsystem vertraut machte, das je erfunden worden war. Und er liebte das Gefühl, dass man ihm etwas schuldig war.

»Bist du mit ihr zusammen?«, fragte Keoni an einem Freitag nach *Pumping Iron* in jenem Sommer, mit Bezug auf

Ashley, ein Mädchen, das Erik zu Kämpfen fuhr und die Art von Platzfüllerposition anzustreben schien, die wir alle mit KayLee assoziierten. »Nein«, erwiderte Erik zur Überraschung aller, aber das war zu einer Zeit, als er bemüht war, nicht mit irgendwelchen unveräußerlichen Aspekten der lokalen Landschaft in Verbindung gebracht zu werden, weil er schon halb in Milwaukee war. »Ist es okay, wenn ich was mit ihr unternehme?«, fragte Keoni, und Erik antwortete: »Mach, ist mir scheißegal.« Und so kam es, dass der seit kurzem getrennt lebende Keoni, neunundzwanzigjähriger Vater von zwei Kindern, dessen Frau ihn mit einem gemeinsamen Kollegen aus dem mittleren Management im Cedar Rapids Marriott Hotel betrogen hatte, zum ersten Mal seit dreizehn Jahren wieder ein Mädchen zu einem Date einlud. An einem Samstagabend um 20 Uhr klopfte sie an seine Tür. Er hatte schon einen Film für ihr Date ausgesucht. »Können wir nicht was anderes gucken?«, fragte sie sofort, vielleicht, weil der Film *Kapitalismus: Eine Liebesgeschichte* hieß. »Warum?«, fragte Keoni. »Ich weiß nicht mal, was Kapitalismus *ist*«, antwortete sie, und um höflich zu sein, sagte er, »Klar weißt du das«, und sie sagte, »Ich bin erst neunzehn, ich muss das nicht wissen«, was laut Keoni der Moment war, als ihm klarwurde, dass aus der Beziehung nichts werden würde, und so schauten sie sich stattdessen *Hot Tub – Der Whirlpool … ist 'ne verdammte Zeitmaschine!* an.

Am nächsten Morgen, als Keoni allein aufwachte und Kaffee kochte, lehnte er sich ans Fenster und sah im Garten etwas Weißes, Lichtdurchlässiges auf den Nadelbäumen schimmern. Tatsächlich war der gesamte Garten über und über mit weißen Fetzen übersät, als wäre er wie eine Mumie eingewickelt und wieder ausgepackt worden.

Sein erster Gedanke war, dass Erik, aufgebracht über

eine gescheiterte Liaison, für die er Keoni seine ausdrückliche Erlaubnis gegeben hatte, den Garten seines Bruders mit Toilettenpapier verunstaltet hatte. Sein zweiter, dass Erik keinen Job hatte, seine Rechnungen nicht selbst bezahlen konnte und daher einen Wagen fuhr, den Keoni ihm geliehen hatte, was hieß, dass Erik in Keonis Wagen zu Keonis Haus gefahren war, mit Benzin, das sein Vater bezahlt hatte, und sieben von acht Toilettenpapierrollen, die ebenfalls sein Vater bezahlt hatte, über die Bäume in Keonis Garten geworfen hatte.

Das war Keonis Version der Ereignisse, die er uns eines Abends bei Rocky erzählte, als Erik woanders trainierte. Erik und er erwähnten den Vorfall nie voreinander, sie unterhielten sich sowieso kaum. Als Erik beschloss, seine Seite der Geschichte zu erzählen, am Tag, nachdem er den Garten mit Toilettenpapier dekoriert hatte, tat er es vor dem Team, in einer Trainingssession, bei der Keoni nicht anwesend war. Dass er der Schuldige war, galt mittlerweile als gesichert, so dass er gar nicht erst versuchte, es abzustreiten. Er hielt seine Ansprache in der mittlerweile bekannten Form einer Abschiedsrede. »Mein Bruder zwingt mich zu gehen«, sagte er, womit er nur meinen konnte, dass Keoni, indem er ein paar Stunden mit Ashley verbrachte, Eriks Leben so unerträglich machte, dass dieser nicht in Cedar Rapids bleiben konnte.

»Es tut mir leid, ich liebe euch alle«, fuhr er fort, »und ich fang auch nicht wieder davon an, viele von euch haben in letzter Zeit ja schon davon gehört, aber alles in allem respektiert er mich einfach nicht. Also ziehe ich nach Milwaukee, auch wenn ich dieses Fitnessstudio aufgebaut habe, weil ich einfach nicht bleiben kann. Jetzt ist alles anders. Und das ist eine Schande, denn wenn ich weg bin, wird niemand mehr kommen.«

Als mehrere Kämpfer Keoni von Eriks Rede erzählten, erwähnten manche den Teil, in dem Erik ankündigte, dass er gehen wollte, und manche nicht. Erik sei entweder ruhig oder aufgebracht gewesen, habe entweder drei oder fünf Minuten lang geredet und Keoni vielleicht einen Verräter genannt, vielleicht aber auch nicht. Nur sieben Worte in Eriks Rede blieben in den Nacherzählungen gleich, jene Worte, die die Männer am anstößigsten fanden. *Auch wenn ich dieses Fitnessstudio aufgebaut habe.*

Es gab Geschichten, die immer wieder hochkochten, über Dinge, die vor meiner Zeit passiert waren und die Eriks Heuchelei beweisen sollten, wenn er darüber sprach, sein eigenes Team im Stich zu lassen. Man erinnerte sich, was Erik über Jesse Lennox gesagt hatte, als der zuerst vier Tage die Woche kam, dann nur noch drei, dann zwei. Er gestand Keoni, dass er in Miletichs Trainingscamp in Iowa trainiert, von dem die Leute tatsächlich gehört hatten, mit den markengeschützten T-Shirts, den obligatorischen HIV-Tests und etwas, das ziemlich hochtrabend »Sponsoren-Akquise-Programm« genannt wurde. Gelassen wie immer sagte Keoni zu Jesse, als der ihn um Erlaubnis dazu bat, dass »jeder der Autor seines eigenen Buchs ist«, dass »du dir von niemandem sagen lassen solltest, was deine Bestimmung ist«. Erik sagte nichts dazu, bis zu seinem einundzwanzigsten Geburtstag, als die Leute ihm Schnäpse reichten, die zu trinken ihn seine Selbstachtung zwang. Die Männer standen um einen Tisch in einer Bar in der Nähe von Rockys Haus, als das Gespräch auf Jesse Lennox kam, und Erik ließ eine Tirade vom Stapel, an die sich die Kämpfer nun, da Erik zu gehen drohte, wieder erinnerten. »Scheiß auf Jesse Lennox«, begann er eine minutenlange Rede, die die anderen Männer erstarren ließ. Keoni habe Jesse aufgebaut, sagte

Erik, Hard Drive habe Jesse aufgebaut, und trotzdem stand, als Jesse schließlich seine erste Große Show bekam, Miletich in seiner Ecke und »Team Miletich« flimmerte über den Pay-TV-Kanal. Er habe von den Kämpfern genommen, was er konnte, und sie dann vergessen. »Jesse Lennox«, sagte Erik, »ist ein Verräter.«

Vermutlich setze ich mich dadurch, dass ich diese Geschichte hier wiedergebe, die ich aufschnappte, als ich hinter einem Boxsack saß, dem Vorwurf aus, zu meinem fragwürdigen Privatvergnügen provokativen Klatsch zu verbreiten, oder schlimmer noch, eine Art vulgäres Bedürfnis nach melioristisch-moralistischer Belehrung zu befriedigen. Aber da die Männer so isoliert sind und die Buchstaben HD auf ihre Glieder tätowiert sind, ist das, was wie Klatsch erscheint, eher eine Art politischer Aufstand in einem kleineren Inselstaat, ein Singapur am schäumenden Cedar River. Ich konnte die Gedanken dieser Männer nicht lesen, aber ich lernte, was ihre Erinnerungen zu Anekdoten hatte gerinnen lassen und welche Geschichten sie auswendig kannten.

Der August ging in den September über, der September in den Oktober. Erik machte immer noch keine Anstalten zu gehen und weigerte sich, einen Grund dafür anzugeben. Ich für meinen Teil brauchte auch keine Erklärungen. Aus Davenport kannte ich zahlreiche Kämpfer, die ihr Zuhause nie verlassen würden, und ich wusste auch, dass ihre ehrgeizigen Pläne genau das bleiben würden. Erik fühlte sich in Gesellschaft seiner Freunde wohl, lachte bereitwillig über alles und hatte nie etwas anderes kennengelernt als Iowa.

Den ganzen Sommer über fuhr er in Keonis Wagen von Keonis Fitnessstudio zu Wes' Wohnung, wo er lebte, zu einer Pizzeria, in der er nie bezahlen musste. Er konnte das gemahlene Getreide nicht riechen – wusste nicht, wovon die Leute redeten, wenn sie von der klebrig-süßlichen Wolke sprachen, die über der Stadt hing. Die breiten, leeren Straßen erschienen ihm weder breit noch leer, waren einfach nur Straßen, und der Weg, auf dem man den Fluss überquerte und der die Stadt teilte, kam ihm nicht besonders grau vor. In Keonis Wagen fuhr er von der Pizzeria, in der er nie bezahlen musste, zu Wes, zu Keonis Fitnessstudio, zum Kino, wo drei oder vier Männer die Schlange verließen, um ihn zu fragen, wann sein nächster Kampf war, und die Männer, die nicht zu ihm gingen, erklärten ihren Freundinnen, das sei Erik Koch, der Mann, den sie im Fernsehen kämpfen gesehen hatten, dann schaute er sich mit Wes einen Film an, und auf dem Heimweg rief sein Vater an, um ihm mitzuteilen, er habe Geld auf sein Konto überwiesen und sie würden sich am Wochenende sehen, und Erik sagte, »Hab dich lieb, Dad«, was Wes süß fand.

»Du bist ein Schnorrer«, warf Steve ihm eines Tages bei einem Streit in Keonis Haus vor, an dessen Ursache sich niemand mehr erinnern kann.

»Es ist ein Lebensstil«, sagte Erik.

Ich persönlich würde es nicht Schnorren nennen, genauso wenig, wie ich Sean oder Erik die parasitische Abhängigkeit vorwerfen würde, die sie von Diensten entwickelt hatten, die ich bereitwillig leistete. Wie empfindlich unser Ökosystem des gegenseitigen Gebens und Nehmens ist und wie leicht Männer verletzt sind, wenn sich die unausgesprochenen Bedingungen ihres Austauschs verschieben. Noch einmal, Erik war kein Schnorrer, er vollzog einen Tauschhandel. Er war ein überaus großzügiger Lieferant von Nähe zu sich selbst. So lieferte er sich an Rob, der ihn überall hinfuhr. Und an Rocky, der ihm Tag für Tag zu essen gab. Und an KayLee, die ihm wer weiß was gab, wenn wir nicht dabei waren. Und an Wes, der Erik mietfrei bei sich wohnen ließ. Und alles, was sie dafür verlangten, war, dass Erik physisch anwesend war, was niemandem, außer Erik vielleicht, zu viel verlangt schien.

Als Rocky eines Tages zwischen den Trainingseinheiten an seinem Computer herumspielte, fand er eine Dreh-deinen-eigenen-Film-Zeitverschwender-Seite, mit der er dementsprechend seine Zeit verschwendete. Man brauchte nur ein paar Dialogzeilen einzugeben und konnte dann zusehen, wie ein paar vorgefertigte, animierte Welpen sie aufsagten. Einen kleinen Hund im grünen Overall nannte er Erik, einen in einem gelben Kleid Rocky, dann setzte er sie auf eine saftig-grüne Wiese und zeigte seinen Film – dem er den Titel *Milwaukee* gab – am Freitag als Bonus vor der rituellen *Pumping-Iron*-Session.

»Na ja, ich ziehe morgen nach Milwaukee, da dachte ich mir, ich gehe noch eine Runde im Park spazieren«, sagt Erik, der dickbäuchige Welpe mit tonloser Stimme. »Willst du mich verarschen, Alter?«, antwortet Rockys ebenso rundlicher, tonlos sprechender Gegenpart.

ERIK: Verdammte Hacke, Rocky. Diesmal meine ich es wirklich ernst.

ROCKY: Ah, tut mir leid, Mann. Ich wusste nicht, dass du es ernst meinst. Das heißt also, diesmal machst du dich ganz sicher vom Acker, weil du es die letzten achtzehn Male auch ernst gemeint hast.

ERIK: Scheiß drauf, Mann. Morgen früh bin ich auf dem Weg nach Milwaukee, und du siehst alt aus.

ROCKY: Mann, du klingst diesmal viel ernster als sonst. Jetzt glaube ich dir.

ERIK: Echt? Danke, Mann. Weil ich es diesmal wirklich scheiße ernst meine.

ROCKY: Nie im Leben haust du morgen ab.

ERIK: Du schwanzlutschender Hurensohn, ich bin morgen weg. Und außerdem, jetzt ist alles anders. Wenn ich hier wohnen bleibe, kann ich jederzeit KayLees Wagen benutzen.

ROCKY: Da hast du auch wieder recht. Die Schlampe ist so was von zurückgeblieben. Wir sollten auf sie und diese Ashley-Tussi kreiswichsen. Wie wär's mit morgen Abend?

ERIK: Fick dich, Rocky. Du weißt, dass ich morgen nicht mehr da bin.

Rockys Film wurde von allen, einschließlich Erik, als Meisterwerk des Dokumentarfilmgenres aufgenommen. Als er zu Ende war, schüttelte Erik den Kopf, lächelte, entzückt – und, in einem Ausmaß, das ich gerade erst zu erkennen begann, gefangen.

Sean – Herbst 2010

Ich bin kein geborener unbefugter Eindringling, und Sean vermutlich ebenso wenig, aber wenn man seine Tage in einem Betonloch verbringt, entwickelt man eine gewisse Neigung dazu, sich ungebeten an anderen Orten auszubreiten. Und so machte sich Sean das örtliche Sheraton Hotel zu eigen, durchquerte die lange Lobby, starrte auf den Teppich und hoffte inständig, dass niemand den Willen aufbrachte, einen Mann hinauszuwerfen, dessen Ohren so offensichtlich von einvernehmlicher Gewalt entstellt waren. Im Business Center druckte er das Ergebnis seiner Blutuntersuchungen aus, in der Gemeinschaftsküchenmikrowelle formte er sein Mundstück, in der Sauna schwitzte er sich vor dem Kampf Gewicht ab. Einmal, lange nach den Monaten, von denen ich hier erzähle, kam Sean nach einer halben Stunde schwer atmend und mit toten Augen aus der Sauna des Sheraton und legte sich flach auf den Betonboden. Ein Hotelangestellter, der den Poolbereich durchquerte, warf uns einen Blick zu und ging wortlos weiter. Sean streckte die Arme und Beine von sich, starrte an die Decke und ruhte sich aus, bis er schließlich sagte: »Mein Leben hat keine Richtung. Es fließt einfach so durch mich hindurch.«

Wenn Sean sagt, sein Leben habe keine Richtung, höre

ich ihn über eine besondere Gnade sprechen, die seinesgleichen zu eigen ist. Um ein großer Kämpfer zu sein, musste man, wie ich erkannt hatte, vor dem Kampf nackt und bloß sein, was heißt, man durfte sich nicht mit zu vielen anderen Menschen und belanglosen Ablenkungen belasten – einer emotionalen Panzerung, die die gewaltsame Auseinandersetzung erst durchdringen musste. Sean hielt an nichts fest. Und so war er, wenn etwas im Universum passierte, weit offen, ein aufklaffendes Tor, ein Instrument, das bereit war, gestimmt zu werden. Seine Gefühle hatten ihn fest im Griff. Wenn er hungrig war, aß er, und wenn er müde war, schlief er, und wenn er eine Frau brauchte, suchte er sich eine im Internet und nahm sie. Zukünftige Welten wurden im Laufe einer einzigen Unterhaltung aufgebaut und wieder zerstört. »Vielleicht sollte ich Navy SEAL werden«, sagte er, während er eine Bong füllte, dann, einen Augenblick später: »Nee, ich find's nicht gut, was wir in Übersee machen.« Er fischte ein Feuerzeug aus seiner Tasche.

Nach unserer Rückkehr aus St. Louis gab es keine Kämpfe mehr, keine Schlachten zu schlagen, und ich fühlte mich in meiner Position vis-à-vis Sean aufgewertet, denn ich war immer noch sein einziger Platzfüller, und nun, da ein kampfloser Tag auf den nächsten folgte, brauchte sein Status Unterstützung. Es waren diese langen, gleichförmigen Monate, die dieser aus einer Person bestehenden Gefolgschaft ihre Existenzberechtigung verliehen. Ich besuchte so wenige Seminare wie möglich – Sean war mein Yale College und mein Harvard, wie ich ihm zu sagen pflegte –, und gemeinsam erkundeten wir die Stadt, gingen ins Kunstmuseum, ins Paddlewheel, steile Hügel hinauf und wieder hinunter zum Flussufer. Er ging voran, und ich folgte ihm, und selbst an den feuchtesten, nieseligsten Novembertagen haftete dem Ganzen etwas Zeremonielles an. Eine Zwei-Mann-Parade, wenn man so will.

Es ist nicht leicht zu beschreiben, wie es sich anfühlte. Sich in Seans Aura aufzuhalten hieß, sich im permanenten Schwebezustand des Unvorbereitetseins zu befinden; nicht nur, dass alles passieren konnte, wenn etwas passierte, war man leer, nicht gerüstet und bar jeglicher Mittel, angemessen zu reagieren, was letztlich doch wieder eine Art von Vorbereitetsein ist. Seans bloße Anwesenheit an diesem Ort war ein reiner Zufall, der mit einer ganzen Reihe von Missgeschicken verwoben war; als er vor fünf Jahren Mississippi verlassen hatte, trat er dem Team Miletich bei anstatt einem ebenso gefeierten Team in New Mexico, weil er glaubte, es mit seinem 89er Chevy Blazer wahrscheinlich eher nach Davenport als nach Albuquerque zu schaffen; als sein Katalysator in Illinois verstopfte, hatte er nicht genug Geld, um ihn reparieren zu lassen; und als man ihm sagte, der Wagen mache nicht mehr als dreißig Meilen pro Stunde, sagte er »Okay« und fuhr mit neunundzwanzig Meilen die Stunde auf den Highway (»Ob das beängstigend war? Scheiße, und ob das beängstigend war.«), bis er schließlich sein Ziel erreichte. Und so waren selbst die banalsten Ereignisse mit einer Art Nichtwissen verknüpft. Die Welt würde alles bereitstellen oder nicht, einen zerstören oder sich einfach weiterdrehen.

Gelegentlich stiegen ungebetene Gedanken auf, oft spät in der Nacht, wie etwa gegen Ende unserer Zeit in St. Louis die Nachricht, dass er Vater wurde. Bei der Gelegenheit fragte ich nicht weiter nach, hoffte, der Moment würde vorbeigehen, und ich würde nie wieder davon hören, doch am nächsten Morgen im Wagen erzählte er mehr. Wir rasten an Meilen über Meilen von Scheunen vorbei, Vieh und menschenleeren Feldern mit einem Teppich aus grünen Sojabohnen, gefolgt von noch mehr Scheunen, Vieh und gelegentlich einem Zaun mit Lilien an den Pfosten, während wir unsere Arme in der Hitze aus dem Fenster hängen ließen.

»Sie will Geld«, sagte, beziehungsweise schrie er, damit ich ihn über den Wind hinweg hören konnte. »Gleich, nachdem sie mir gesagt hat, dass sie schwanger ist, hat sie Geld von mir verlangt. So, es ist deins, und jetzt gib mir vierzig Dollar.«

Sean hatte zweimal mit der neunzehnjährigen Alexis geschlafen, acht Wochen vor dem Kampf in St. Louis, und nur einen Monat nachdem seine Scheidung rechtskräftig geworden war. Sein Wissen über die grundlegenden Fakten ihres Lebens schien mir recht begrenzt zu sein, auch wenn er ihre Schwester kennengelernt hatte. An irgendeinem Punkt zwischen ihrem skandalösen Tête-à-Tête und dem Kampf in St. Louis war Alexis nach Omaha gezogen und hatte ihn per SMS darüber in Kenntnis gesetzt, dass sie schwanger sei und finanzielle Unterstützung benötige. Eine Geschichte mit der einen oder anderen Ungereimtheit, wie ich fand.

»Hoffentlich kriege ich das Sorgerecht«, sagte Sean. »Zumindest an den Wochenenden.«

»Was?«, fragte ich, entsetzt, dass dieser Fötus, den ich für ein imaginäres Erpressungsmittel gehalten hatte, plötzlich zu einem menschlichen Kind mit Wochenendplänen geworden war.

»Ich will an seinem Leben teilhaben, mit ihm in Tennessee campen gehen und so Zeug.«

Seans eine Gesichtshälfte war mit Blutergüssen übersät.

»Kleine Kinder sind großartig«, sagte er.

»Aber …«

»Der Kleine muss Zeit mit jemandem verbringen, der gebildeter ist als Alexis. Sie macht ständig Grammatikfehler; sie ist einfach nur unwissend.«

»Hast du ihr Geld geschickt?«

»Nur ein bisschen, sie sagt, es reicht nicht.«

Ich bezweifelte, dass die Frau überhaupt schwanger war. Aber meine Strategie, wenn man es denn so nennen will, bestand darin, die Bemerkung im Raum stehenzulassen und zu hoffen, dass sie sich zu einer ominösen Andeutung auswuchs, die Sean irgendwann begreifen würde. Wir schwiegen eine Weile; ich schaltete das Radio ein. Er machte es wieder aus.

»Sie raucht«, sagte er. »Wahnsinn, oder? Das ist doch voll riskant.«

Ich möchte nicht, dass man aus dieser Unterhaltung den Schluss zieht, dass Sean leichtgläubig ist; tatsächlich waren Seans pyrrhonische Skepsis und seine anarchisch-antiautoritäre Haltung von der Art, die sich nur jene leisten können, die stark genug an Körper und Seele sind, dass sie kein Bedürfnis nach fragilen, ausgeklügelten Illusionsgebäuden haben, die, wie fein ausbalancierte Türme aus aufeinandergestapelten Gläsern, auf einem Fundament aus weiteren Täuschungen beruhen. Einer seiner Lieblingsausdrücke war »der und der begeht Beschiss«, ein Vorwurf, den er fast jedem an den Kopf warf, mit einem toleranten Enthusiasmus, der keine Klassen- und Statusunterschiede kannte. Sean hegte nicht nur Zweifel an den Architekten des Krieges, den er gekämpft hatte, sondern auch an der angemaßten Autorität und leichtfertigen Scheinheiligkeit der Männer, mit denen er zusammen kämpfte. Er hegte Zweifel an Frauen, Promotern, Barkeepern, jedem, der auch nur im

Entferntesten mit dem UFC oder dessen Fernsehsendungen zu tun hatte, an Automechanikern, den Angestellten der Prozesskostenhilfe, der Universität von Phoenix sowie seinen Vermietern. Er hegte auch Zweifel am Präsidenten. »Und plötzlich findet und tötet er diesen Typen, und das im Wahljahr?«, sagte er, als Barack Obama die Ermordung Osama bin Ladens verkündete. »Nee. Ist klar. Sehr praktisch.«

Um ehrlich zu sein, hatte ich nicht allzu viel übrig für unsere Gespräche über Alexis und ihre untypische Beständigkeit. Stattdessen richtete ich meine Aufmerksamkeit auf all die Jobs, die Sean nach ein paar Wochen hinwarf, auf die Art, wie er aus dem Büro flüchtete, in dem er Broschüren der Agentur für Sicherheit und Gesundheitsschutz zusammentackerte, oder wie er eines Nachts einfach die Bar verließ, in der er als Türsteher gearbeitet hatte. Einer dieser Jobs wurde recht regelmäßig – auf einer Baustelle, sechs Tage die Woche, sieben Stunden pro Tag für zwei Monate –, und genau diese Regelmäßigkeit brachte Sean eines Tages dazu, seinen allmorgendlichen Pendlerweg abzubrechen. Er hielt den Wagen an. Ließ ihn wieder an. Und fuhr nach Hause. »Ich will kein Zeug bauen, um meinen Lebensunterhalt zu verdienen«, erzählte er mir später am selben Tag.

»Wäre es nicht einfacher, einen Job zu behalten?«, wurde Sean einmal im Paddlewheel gefragt, und er erwiderte, es sei kein bisschen einfacher, weil er ein Kämpfer sei, und so zu tun, als wäre er etwas anderes, hieße, Stunde um Stunde, Tag für Tag, gegen sich selbst anzukämpfen; nichtsdestoweniger zeigte Sean in dieser Zeit kaum Interesse am Training. Sein Fließvermögen hatte eine Art Phantomqualität angenommen; er glitt so schnell zwischen den Gebäuden hin und her, dass man nicht darauf zählen konnte, ihn dort anzutreffen, wo man ihn zuletzt gesehen hatte, obwohl er nach jedem Umzug – aus dem Betonloch in den ersten Stock des Motel 6 in eine Einzimmerwohnung in eine Wohngemeinschaft über dem Fitnessstudio –, sicher sein konnte, dass er, wenn man ihn wiederfand, planlos und nur zu glücklich war, draußen herumzuwandern.

Nichtsdestoweniger fühlte ich mich von seiner Entschlossenheit, sich von seinem Leben nicht in der Ausübung seiner Kunst behindern zu lassen, inspiriert. Inspiriert genug, um dem Direktor der Graduate Studies eine E-Mail zu schreiben, in der ich ihm erklärte, ich sei mit einem aufregenden Projekt in experimenteller Philosophie beschäftigt und hielte meine laufenden Studien der phänomenologischen Grundlagen von Ekstase für wichtiger als ein paar Überblicksvorlesungen eines alles in allem nur mittelmäßigen Philosophieprogramms und sei der Ansicht, man müsse Rücksicht auf meine Belange nehmen. Er antwortete mir in einer recht schroffen Nachricht, die Anforderungen für meinen Abschluss blieben weiterhin in Kraft. Doch gelegentlich besuchte ich meine Seminare, am häufigsten eins über Sprachphilosophie, recht kompetent unterrichtet von einem Professor Knowles, der, als er von meinem Projekt erfuhr, es als »eine möglicherweise interessante revisionistische Untersuchung frankophoner, ästhetischer Theorien des 19. Jahrhunderts« bezeichnete. Ich fasste dies als einen Ausdruck enthusiastischer Unterstützung auf, gedämpft von zwanzig Jahren der Gefangenschaft im Gebäude des Fachbereichs Philosophie, das, da es einer Ära von Universitätsarchitektur entstammte, die hauptsächlich von der Furcht vor rebellierenden Jugendlichen inspiriert war, tatsächlich an ein Zuchthaus gemahnte.

Derart optimistisch gestimmt, reagierte ich auf Knowles' Aufgabenstellungen eher mit der Strenge einer Gelehrten als mit dem feigen Nachgeplapper einer Studentin. Er erteilte uns die Aufgabe, einen Aufsatz über den Antirealismus von Hilary Putnam zu verfassen, der die Auffassung vertrat, die einzige, unabhängig existierende Wahrheit befinde sich außerhalb unserer Wahrnehmungsfähigkeit. Ich sah keinen großen Sinn darin, Putnams diverse kasuistische Manöver wiederzukäuen, und reichte stattdessen zehn Seiten ein, in denen ich erklärte, es existierten selbst in unserer Zeit noch Wege, die armselige Wahrnehmungsfähigkeit unseres Körpers zu intensivieren, und sei es auch nur für einen flüchtigen Moment. Meine Beispiele erforderten Illustrationen diverser Martial-Arts-Techniken, und so fügte ich für Knowles Graphiken ein, die die Bedeutung von »Rear Naked Choke« und »Leglock« erläuterten.

Eines Nachmittags parkten Sean und ich direkt neben dem Mississippi und spazierten zu den Kalksteinfelsen, wo einige skurrile Villen mit Türmchen überdauert haben. Dies ist das Davenport der deutschen Landbesitzer des Gilded Age, die die Hügel mit Häusern, ausgestattet mit überdachten Veranden, Venezianischen Fenstern und Säulen, überzogen hatten, die hoch über dem Fluss thronten. Es war ein frostiger Septembertag, doch als wir die Felsen hochstiegen, zogen wir unsere Jacken aus und hielten sie in der Hand, wo sie im Rhythmus unserer weit ausholenden Schritte baumelten. Es gab einige Orte, an denen es sich seltsam anfühlte, einen Begleiter zu haben, dessen Gesicht von seinem Beruf umgeformt wurde, allerdings waren Davenports Großindustrielle schon lange tot, seine Kämpfer dagegen quicklebendig.

Sean erzählte mir gerade von seinem letzten Job; sein Chef machte alten Damen weis, dass die Erde unter ihren Häusern ein unsichtbares, giftiges Gas verströme, und installierte Rohre, die es aus der Erde saugen und in die Atmosphäre leiten sollten. Danach, erklärte sein Chef den alten Damen, könnten sie wieder beruhigt schlafen: Problem gelöst. Sean wurde in bar bezahlt.

»Ist das denn sicher?«, fragte ich, schwer atmend. Die Kälte ließ meine Fingerknöchel schmerzen.

»Na ja, ich könnte ja jetzt ruhig sterben«, sagte er. »Ich habe meinen Samen schon weitergegeben.«

Die gegenwärtigen Bewohner einer der Villen hatten ihre teuren Wagen in der Kurve ihrer langen schwarzen Auffahrten geparkt, als wollten sie ein Stillleben vor einem anderen positionieren. Die Rasenflächen waren nachgesät, getrimmt, die Kanten sorgsam gestochen. Das Einzige, was sich bewegte, war ein Mann, der den Rand seines Rasens mähte, wo der an den seines Nachbarn grenzte. Er musterte uns von Kopf bis Fuß und erkannte, dass wir nicht hierhergehörten, doch da dies Davenport war, erkannte er vermutlich auch, dass wir der kämpfenden Klasse angehörten. Wir gingen weiter.

»Wenn es etwas gibt, wovor ich Angst habe«, sagte Sean, »dann sind es Rasenmäher.«

Sean textete auf dem gesamten Rückweg und schüttelte den Kopf.

»Was ist?«, fragte ich.

»Die Mutter meines Kindes«, sagte er, »hält Ammoniak für eine Krankheit, die man aufschnappen kann.«

Mittlerweile war klar, dass sie tatsächlich schwanger war, auch wenn niemand genau wusste, von wem, und dass sie mit ihrem Freund, der Chris hieß, in Omaha wohnte. Hätte es eine feinfühlige Art gegeben, anzudeuten, dass Sean sehr wahrscheinlich nicht der Vater war, hätte ich mich vielleicht auf ein derart heikles Gebiet vorgewagt; er schien die skeptischen Elemente seiner kognitiven Fähigkeiten in allem, was Alexis betraf, ausgeschaltet zu haben.

Eine lange, harsche, zunehmend feindseliger werdende Korrespondenz verschlang die kommenden Monate. Jedes Mal, wenn Sean von Alexis anfing, versuchte ich, das Thema zu wechseln, aber er bestand darauf, mir ihre Nachrichten laut vorzulesen. Ich habe zwar keine Aufzeichnungen ihrer Korrespondenz, das war nichts, womit ich mein Notizbuch besudeln wollte, aber was ich anhand jener dramatischen Lesungen rekonstruieren kann, klang in etwa so:

Junge oder Mädchen?
Schick $
Junge oder Mädchen?
Zu früh
Hör auf zu rauchen
Sag mir nicht was ich tun soll
Junge oder Mädchen?
Junge
Schicke $$
60 $? Es ist dein SOHN
Hör auf zu rauchen
Schick $

Am Ende schickte Sean ihr immer Geld. Ich schätze, rückblickend betrachtet, hätte mich die Geburt eines lebendigen Ablenkungsmanövers sogar noch mehr beunruhigen sollen, denn sein Mangel an Bindung gehörte zu den Dingen, die ich an ihm am meisten bewunderte, aber weil sich sonst nichts änderte – es gab keinen festen Job, keine feste Bleibe, kein täglich wiederkehrendes Muster –, konnte ich Alexis' Auftauchen als eine Art Vernarrtheit abtun, die vorbeigehen würde, sobald sie völlig von der Bildfläche verschwand, hoffentlich an irgendeinen dunklen, SMS-losen Winkel der Erde. Doch irgendwann im Dezember kam es sogar so weit, dass jede Unterhaltung mit der Ankündigung der kurz bevorstehenden Geburt eines Kindes in die Obhut einer fordernden Halbwüchsigen endete.

Brauche 80 $ für Arzt
Hab ich nicht
Wie kannst du deinem sohn so was antun?
Werds besorgen. Will aber dabei sein wenn er zur Welt kommt
Scheiße nein du bist nur ein Samenspender
Ja MEIN Samen

Im Januar schickte Alexis Sean per SMS ein Bild eines Jungen, den sie Josiah genannt hatte. Sie erklärte, ihre Schwester sei dabei gewesen, als die Ärzte ihr das Baby in den Arm legten und das sich windende kleine Wesen sich ihnen zu erkennen gab. »Jap«, sagte die Schwester lachend, als sie Josiahs Faust berührte, um diesen neuen Fixpunkt in der Welt im Leben willkommen zu heißen. »Sean Huffman.«

Erik – Herbst 2010

Wie ich bereits angedeutet habe, gibt es jene, die alle Kampf-Beiwohnenden für zahnlose Kretins und Hinterwäldler-Voyeure halten, für sadistische Adrenalinjunkies, die von einem Blutbad im Mittelwesten zum nächsten ziehen, die glauben, wir sind so kaltherzig und verroht, dass nichts als brutale Gewalt den Nebel unserer Dumpfheit zu durchdringen vermag – jene, die die vollkommenen Feinde der Polis in uns sehen. Ich will nicht an all diesen Fronten widersprechen, nicht in jedem Punkt auf unschuldig plädieren. Es stimmt, dass Kämpfer nicht auf Seiten der Zivilisation stehen, und wir tun es dementsprechend ebenso wenig. Kämpfer, die auf Seiten der Zivilisation stehen, nennt man Soldaten, und Soldaten bekämpfen nicht nur die, die sich aus freien Stücken mit ihnen messen, und ziehen sich auch nicht zurück, wenn die Glocke ertönt, und vielleicht hat die Tatsache, dass der Mann, der am nächsten herankam, die MMA zu zerstören, ein bei der Bevölkerung überaus beliebter Kriegsheld war, etwas damit zu tun, vielleicht aber auch nicht. Jedenfalls ich finde es seltsam, dass genau diese Kritiker – einschließlich des Kriegshelden – den Boxsport in den pathetischsten Tönen glorifizieren: Er sei reine Poesie, wie Ballett, wie Schach. Boxen, so sagen sie, habe eine Geschichte.

Ein merkwürdiges Konzept von Geschichte, das die Tatsache unterschlägt, dass der Boxsport eine Kreation des 19. Jahrhunderts ist und dass die Briten es erfanden, indem sie Ringergriffe und Treten im Ring untersagten, was bedeutet, dass Boxen aus einer *Mischung verschiedener Kampfkünste* entstanden ist. Ebenso merkwürdig ist es, einfach über das Pankration hinwegzugehen, jene altgriechische Kombination aus Ringen und Boxen, die Sport-Kennern ein Begriff ist und mit der Theseus erfolgreich den Minotaurus erschlug. Die Geschichte beginnt immer dort, wo man danach sucht. Blättert man beispielsweise lange genug in der King James Bible und erreicht das zweiunddreißigste Kapitel des Buchs Genesis, stößt man unweigerlich auf Jakob, der sich irgendeiner obskuren, sakramentalen Prüfung unterzieht und, im sportlichen Sinn, mit einer physischen Manifestation Gottes ringt.

Und doch werde ich mich dem Impuls nicht widersetzen, diesem Drang, alle historischen Aufzeichnungen auszulöschen. Schauspiele sollten keine Schöpfer haben und Wunder keine Vorreiter, und mir scheint, dass ein Kämpfer in seiner reinsten Form keine Geschichte hat. Vielleicht müssen wir uns deshalb vorstellen, dass dieser Sport um 1990 herum vollständig ausgeformt in die Welt kam, wie die Lästerer behaupten, und dies einfach als unvermeidliches Vorurteil gegen das Neue hinnehmen. Aber die Behauptung, wir wären blutrünstig – »Ist das nicht so was wie Hundekämpfe?«, fragte mich einmal eine Erbin aus Baltimore, als ich ihr das Konzept von Mixed Martial Arts zu erklären versuchte –, nun, lassen Sie uns nach dem urteilen, was wir sehen. Wenn Köpfe gesenkt werden, sehen Sie dann den großen Strom des Glaubens, der an einem Abendbrottisch im Mittelwesten zusammenfließt, oder sehen Sie erkaltende Schweinekoteletts? Wenn ein Leichenwagen vorbeifährt, sehen Sie die amerikanischen Toten in einem langen schwarzen Konvoi, oder eine ineffiziente postmortale Transportmethode? Und jetzt sehen Sie sich einen jungen Kämpfer an, der durch die Luft fliegt, hochgehoben und zu Boden geschleudert von seinem eigenen Bruder, dem er selbst diese Wurftechnik beigebracht hat; sehen Sie, wie er den Schock des Sturzes registriert, sich in Embryonalstellung zusammenkrümmt, die Zähne zusammenbeißt, um nicht aufzuschreien? Sehen Sie die Vorgeschichte eines Bruderzwists, die sich zu einem einzigen Akt verdichtet? Oder sehen Sie einen Hundekampf?

Ich spreche natürlich von den Ereignissen aus der Zeit, als Erik ernsthaft versuchte, die Stadt zu verlassen. Der entscheidende Anstoß war von Eriks Eltern gekommen, die erkannten, wie tief sich ihre Söhne in ihren Zorn verstrickt hatten, wie alle Freundschaften Eriks zu zerbrechen drohten, und die sich, wie wir alle, tägliche Versprechungen über einen Umzug nach Milwaukee anhören mussten, der nie kam. Sie setzten ihren Sohn hin und unterzogen ihn einer sanften Intervention.

»Irgendetwas *musst* du tun«, sagte seine Mutter.

»Du kannst uns doch jedes Wochenende besuchen kommen«, sagte sein Vater, der dank Keonis Beharrlichkeit und Eriks Erfolgen schließlich die der Berufung seines Sohnes innewohnende Würde erkannt hatte.

Erik war nicht undankbar für den Anstoß. Am nächsten Abend packte er seinen Fernseher und einen Seesack in Wes' Wagen, und Wes fuhr ihn nach Nordwesten ins fünf Stunden entfernte Milwaukee, einfach, weil Erik ihn darum gebeten hatte. Wes war kein Mitglied von Hard Drive und existierte außerhalb der kollektiven Psyche des Teams;

in Wes' Interpretation der Situation war Erik ein Opfer des erbärmlichen, tückischen Neids der anderen.

Erik entdeckte, dass er nach einem langen Sommer der verbalen Distanzierung von Cedar Rapids den Mut hatte, sich zu befreien, wenn auch nicht ohne erhebliche Beklemmung. Er verbrachte die Fahrt zu seinem neuen Wohnort damit, Nachrichten im Internet zu posten, um den Kämpfern mitzuteilen, wie sehr sie ihm fehlten; dass sie seine wahren Brüder seien. »Ihr alle besitzt einen Teil von mir, so wie ich das sehe«, schrieb er, »ich liebe euch«, und als Wes sich der Grenze zu Wisconsin näherte, »Ich glaube, ich muss heulen, ich kann nicht anders.« Die Kämpfer wünschten ihm alles Gute und ärgerten ihn. »Hör auf zu flennen, du Muschi«, schrieb Lonnie zurück. Erik wollte nicht ankommen. Wes setzte ihn vor einem anonymen Wohnhaus in einem hispanischen Viertel ab, gegenüber einer geschlossenen Bar und einer Kirche in einem ehemaligen Laden, die kurz vor der Zwangsräumung stand und an deren Tür ein handgemaltes Schild mit der Aufschrift *Camino de santidad* hing.

Nun hat, wie Sie vermutlich bereits erkannt haben, jeder Promoter sein eigenes kleines Königreich. Aber nicht alle Königreiche sind gleich beschaffen, und die Welt eines Duke Roufus zu betreten, der in das riesige, glitzernde Netzwerk der Großen Shows eingebunden war, bedeutete etwas gänzlich anderes, als Schulter an Schulter mit zwei neureichen St.-Louis-Drag-Racern zu stehen. Duke Roufus hatte Stars in jeder Gewichtsklasse, ein blitzendes, geräumiges Fitnessstudio und einen kleinen Pressecorps, der an jedem seiner geflüsterten Worte hing. Von dem Moment an, als Erik nach Milwaukee zog, traf die Kampfkleidung, die er sich nie leisten konnte, kartonweise in seinem neuen Zuhause ein: zwölf Shirts und fünfzehn Hüte, die er verschenken konnte wie eine Evita aus Wisconsin, die Gold an die dankbaren Kleinbauern austeilt. Hier gab es eine Maschinerie, die sein Bild in der ganzen Nation verbreitete, ein Team von erstklassigen Trainern mit vorbereiteten Notizen über seinen nächsten Gegner, eine Reihe von Sponsoren, die glücklich waren, für ein Stück auf einer Shorts zu bezahlen, die man ihm ungebeten zugeschickt hatte.

Ich wagte mich nicht nach Milwaukee, aber nicht nur, weil ich in Iowa akademische Pflichten hatte. Schon der Gedanke an Wisconsin war mir einzigartig zuwider. Ich war an einem Ort namens Baraboo geboren, an dem ich bis zum Alter von sechzehn Jahren geweilt hatte. Ich hege dieser Stadt gegenüber keine besondere Abneigung, bis auf die Tatsache, dass sie mein Herkunftsort ist; und kein Mensch sollte dorthin zurückkehren, wo er herkommt, es sei denn, er will das Risiko eingehen, in einer Zeitschleife festzusitzen. Was passiert, wenn man nach Hause geht? Man sieht die Menschen seines Geburtsjahrgangs wieder – all die fest verwurzelten, furchtsamen Narren, mit denen man seine Schulbildung genossen hat. Man sieht seine Eltern, das Zimmer, in dem man als Heranwachsender einsame Nächte verbracht hat, und die fernen Vorstädte, in denen man leben sollte. Man fällt in jene Matrix zurück, die versucht hat, einen zu formen, bis man sie verließ, um seine wahren Zeitgenossen zu finden, jene Menschen, mit denen vertrauten Umgang zu pflegen man sich entscheidet. Meine Leute sind nicht Jane Banks oder Peter Smith aus dem Baraboo des 21. Jahrhunderts, sondern Simone Weil aus dem Paris der Depressionszeit und Georges Bataille aus dem Reims der Jahrhundertmitte – jene Menschen, die mir während meiner langen Studienzeit eine Stütze waren, ehe ich zum Platzfüller wurde. Sollte ich je beschließen, eine klassische Familie zu gründen und, in den Pausen von der Schreibtisch-Schinderei, ihre öde Gemeinschaft zu genießen – in jenem Zustand zu leben, den Sartre »Unaufrichtigkeit« nennt –, werde ich mit aller gebotenen Eile nach Baraboo zurückkehren. Doch bis dahin widerstehe ich der Versuchung, damit die Bequemlichkeit und Unkompliziertheit eines konformistischen Lebens mich nicht zurück in ihren Schlund saugen.

Und so kam es, dass Erik und ich anfingen zu telefonieren, eine Art Hin und Her entwickelten, damit ich meine Platzfüllerpflichten auch aus der Ferne erfüllen konnte. »Wie geht es dir?«, fragte ich ihn, und die unweigerliche Antwort lautete: »Ich lebe den Traum.«

Milwaukee war keine Kämpferstadt, oder zumindest nur dort, wo Duke durch Zufall gelandet war, und Duke war Teil eines Netzwerks aus vielen solcher Männer, von denen die meisten Vegas, Rio de Janeiro, Tokio und Seoul bevölkerten. Solche Männer konnten, wie ich entdeckte, überall wohnen; was zählte, war, dass sie die Nummern der anderen Männer hatten und die Macht, ihre favorisierten Kämpfer aus der tiefsten Provinz aufzulesen und Pay-TV-tauglich zu machen. Es war weniger so, dass Erik nur an einem neuen physischen Ort angekommen war, sondern dass er durch seinen Umzug nach Milwaukee seine Bereitschaft signalisiert hatte, die Welt der Großen Shows zu betreten, und das nicht nur, um aufzutauchen und dann wieder nach Hause zu verschwinden.

Er dachte in jenen Wochen viel darüber nach, wie bereitwillig die Leute, die zum Netzwerk gehörten, einen wieder fallenließen, wenn man zweimal verloren hatte, so dass man in das Kaff zurückkehren musste, aus dem man gekommen war. Dieses spezielle Schicksal wurde am Beispiel der zahllosen Kämpfer deutlich, die in den Großen Shows gekämpft hatten und am Ende wieder, sagen wir, in einer High-School-Turnhalle in der Innenstadt von Davenport gelandet waren. Sie waren die Ladenhüter, jene Klasse von Männern, die im Paddlewheel wieder und wieder die Geschichte ihres Einen Großen Kampfes aufwärmten. Einige dieser Männer waren genauso weit gekommen wie Erik, nur um zu entdecken, dass ihre Körper zu zerbrechlich waren, um der Kraft eines wahrhaft versierten Schlägers zu widerstehen, oder, dass es ihnen an der Intelligenz fehlte, so nahtlos vom Boxen zum Muay-Thai zum Jiu-Jitsu zum Wrestling zu wechseln, wie es sich für einen Meister der Kampfkunstkollage gehörte. Manchmal lag es nicht einmal an einer Niederlage, sondern an einer Verletzung oder einer Verletzung in Kombination mit einer Vicodin-Sucht, und in der Zwischenzeit hatten die, die das Sagen hatten, das Interesse an ihnen verloren.

Erik litt unter einem wiederkehrenden Schmerz im Ellbogen, der ihm immer dann zu schaffen machte, wenn er erschöpft oder hungrig war. In der langen Geschichte von Hard Drive und unter all den Männern, die Keoni in seinen Kreis einführte, hatte es nur einen einzigen eklatanten Fehlgriff gegeben. Sein Name war Joe Vedepo, und er spielte nicht mit der sanften Rücksichtnahme der anderen; wenn er einen Arm zu fassen bekam, und sei es nur im Training, zog er daran, bis es schmerzte. Auf diese Weise zerriss er das fragile Gewebe in Eriks linkem Ellbogen; der aufgebrachte Keoni verbannte Vedepo auf Lebenszeit aus dem Fitnessstudio. Solche Dinge passierten, wenn man Leuten, die nicht ins Studio gehörten, mitzuspielen erlaubte. Aber es ist auch eine Geschichte darüber, wie man das Valhalla für immer verlässt und eine Gruppe von Brüdern, mit denen man ein Tattoo teilt, in Fremde verwandelt.

Erik hatte genau einmal in seiner Karriere verloren, im März, gegen einen Wrestler in Ohio, der ihn drei Runden lang am Boden festhielt, weshalb er im November bei dem Kampf in Las Vegas, der noch zwei Monate hin war, nicht noch einmal verlieren durfte. Und so trainierte er vier-, fünfmal am Tag: eine Runde Joggen, Boxen, Jiu-Jitsu, Hanteltraining und noch eine Runde Joggen. Und doch habe er, beklagte er sich bei mir, zu viel Zeit in einer ihm unbekannten Stadt. Die meiste Zeit verbrachte er mit dem Mitbewohner, den Duke für ihn ausgesucht hatte, dem dreiundzwanzigjährigen Anthony »Showtime« Pettis, Milwaukees gefeiertstem Kämpfer, halb Mexikaner, halb Puerto Ricaner. Pettis hatte keine Lust, seine Samstagabende damit zu verbringen, in Endlosschleife *Pumping Iron* anzusehen.

Erik hatte in Milwaukee noch kein Publikum, Pettis dagegen hatte dort zahllose Platzfüller, die ständig um seine Gunst buhlten. Oft folgten diese Männer Pettis in eine Bar, die ihm zusammen mit Duke gehörte, eine Bar, die sie, als Teil von Pettis' ehrgeiziger Markenbildungsstrategie, ebenfalls Showtime genannt hatten. Im Showtime unterhielt sich Pettis, wie man mir erzählte, mit Mädchen auf Spanisch, während Erik untätig danebensaß und die Gesellschaft und Fragen von Pettis' Schatten über sich ergehen ließ. In den frühen Morgenstunden – so ihre Routine – begaben sich Erik und Pettis dann in Begleitung jenes hispanischen Mädchens nach Hause, das Pettis für die Nacht zur Bereitstellung intimer Dienste auserkoren hatte, und einer ihrer Freundinnen, die ähnliche Dienste für Erik leistete.

Da sich Eriks Erfahrungshorizont auf das brüderliche Nest von Hard Drive beschränkte, hielt er all das für einen wesentlichen Teil des Erwachsenlebens, und er ist bei weitem nicht der Erste, der sich an einen neuen Ort begibt und sich der gegebenen Form der Umgebung anpasst. Die Wohnung, die sie sich teilten, war ein Einzimmerapartment, und so fanden die Intimitäten meist relativ öffentlich statt, Erik auf der Couch und Pettis in einem Loft, in dem es ebenfalls keinerlei Privatsphäre gab. So ging es Nacht für Nacht, bis Erik eines Tages plötzlich erkannte, dass Pettis und er aus unterschiedlichen Welten kamen.

In einer Samstagnacht im September, anderthalb Wochen nach Eriks Umzug, kamen Pettis und Erik aus dem Showtime mit den zwei erforderlichen Mädchen nach Hause. Überdies hatten sie Pettis' Onkel im Gefolge, einen vierzigjährigen hispanischen Mann in T-Shirt, Sneakers und tiefsitzender Jeans. Er sprach mit ausgeprägtem Akzent, roch nach billigem Moschus aus dem Drugstore und war immer dabei, um das Glück seines Verwandten weidlich auszukosten. Erik behandelte ihn mit der distanzierten Höflichkeit, die er, wie er glaubte, jedem über Dreißigjährigen schuldete.

Ich zögere, die nun folgenden, von Pettis angezettelten Obszönitäten zu enthüllen, und tue dies nur, weil Erik mir diese Geschichte nicht ein-, sondern dreimal erzählt hat, als würde ihm die Wiederholung etwas zu erklären helfen, das er nicht anderweitig zu artikulieren vermochte. Die Männer versammelten sich in der Kochnische, während die Mädchen – schüchtern, stumm und dankbar, auserwählt worden zu sein – im Wohnbereich warteten. Auf Pettis' Wunsch hin sollten sowohl er als auch Erik mit beiden Mädchen intim werden. Soweit ich mich erinnere, lauteten seine genauen Worte: »Lass sie uns knallen und dann tauschen.«

Erik führte die ihm zugeteilte Geliebte zur Couch und ging davon aus, dass Pettis in seinem Zimmer verschwinden und Pettis' Onkel gehen würde. Das Mädchen, das ihm zugeteilt worden war, entledigte sich Stück für Stück ihrer Kleidung, bis es völlig barhäutig war, erhellt vom schwachen Licht der Fenster über der Couch. Erik konnte Pettis und seinen Onkel lachen hören, hatte sich jedoch komplett ausgezogen, ehe ihm klarwurde, dass sie ihn von der dunklen Küche aus beobachteten.

Das war ihm zwar äußerst unangenehm, aber seine Gefährtin und er waren schon bei der Sache, und sie schien die Situation nicht ungewöhnlich zu finden. Da er beobachtet wurde, fühlte er sich genötigt, alles genauso zu machen, wie Pettis gesagt hatte, und so führte er den Akt pflichtschuldig aus.

»Jetzt nagelt er sie!«, berichtete Pettis lachend.

Er wandte das Gesicht von der Küche ab und sah zur Couchlehne hinüber. Ein komischer Geruch lag in der Luft. Wie Moschus. Er drehte den Kopf und sah Pettis' Onkel mit offener Hose vor sich stehen, der sich nur Zentimeter vom Mund des Mädchens entfernt entblößt hatte. Das Mädchen schrie. Erik sprang auf.

»Was zur Hölle …?«, brüllte er.

Pettis lachte und gab seinem Onkel einen spielerischen Stoß. »Was soll der Scheiß, Reynaldo?« Zu Erik gewandt sagte er in leicht versöhnlichem Ton: »Ihr zwei könnt das Schlafzimmer haben.«

Erik konnte diesen Vorfall nicht einfach in den Rhythmus seines neuen Lebens aufnehmen. Eine Grenze war überschritten worden, und er wollte darüber reden. »Ich bin nur ein Farmjunge aus Iowa«, sagte er mir kurz danach, was genaugenommen nicht stimmte. »Ich bin es gewohnt, Mädchen erst kennenzulernen. In Cedar Rapids fragt man erst mal, hey, hast du Lust auszugehen, ins Kino oder so?«

Nach dieser Erfahrung hörte Erik auf, Pettis jede Nacht

nachzulaufen, obwohl er kein Auto hatte und sich im Viertel nicht sicher fühlte; Pettis' Bruder hatte ihm beiläufig von einem Mann erzählt, der vor kurzem an der Südostecke des Blocks erstochen worden war. Danach fühlte sich Erik isoliert und nervös. In seinem neuen Leben gab es niemanden, mit dem man einfach nur zusammen rumhängen konnte. Allein gelassen, lauschte er zum ersten Mal dem ängstlichen Geschwätz in seinem Kopf.

Würde man einen Durchschnittsmenschen fragen, was kämpferischer Exzellenz im Weg steht, was eine Kämpferkarriere am ehesten kurzschließt, bevor sie richtig begonnen hat, lautete die Antwort wahrscheinlich: ein schwaches Kinn, mangelnde Intelligenz oder ungenügende Disziplin. Platzfüller wissen es besser. Der größte Feind eines Kämpfers ist Heimweh, und man kann nicht mehr als eine Woche in einem Trainingscamp verbringen, ohne Zeuge zu werden, wie schwache Männer dahinwelken, weil sie ihr eigenes Bett vermissen. Es trifft auch die aufstrebenden Kämpfer in den Reality-TV-Sendungen – wenigstens einer wird aufgeben, weil ihm seine Mutter fehlt. Das raubt den Trainingslagern die Hälfte ihrer neuen Mitglieder, was auch der Grund ist, warum niemand einen Anwärter ernst nimmt, bis er mindestens einen Monat dort verbracht hat. Und genau das wäre Erik im September 2010 fast ebenfalls zum Verhängnis geworden. Er sah es kommen und wusste, dass sein Bruder und sein Team genau das von ihm erwarteten.

Erik war jetzt seit dreizehn Tagen in Milwaukee. Er schloss seine Zimmertür, schaltete den Fernseher ein, schaltete ihn wieder aus, kämpfte gegen den Drang an, verbotene Kohlenhydrate zu essen, hob Wäsche vom Boden auf, ging nach draußen, setzte sich auf die Treppe, ging wieder hinein, setzte sich aufs Bett und schaltete den Fernseher erneut ein. Zu Hause würde er jetzt mit Rocky, Jared und KayLee abhängen, vielleicht im Casino, wo sie über einen ihrer Lieblingssprüche aus einem der Filme lachen würden, die sie auswendig kannten. Er nahm das Telefon zur Hand und dachte darüber nach, seinen Vater zu bitten, ihn abzuholen. Stattdessen textete er dem Team mit einem völlig neuen Level an Feindseligkeit.

In den nächsten Wochen textete er dem Team Hunderte von Malen pro Tag, nannte sie Kiffer und Loser, teilte ihnen zu ihrer Verblüffung mit, dass sie ihm Geld schuldeten, und drohte ihnen gewaltsame Rache für diverse Vergehen an. Er schrieb, er habe gehört, dass Rocky etwas Unhöfliches zu Wes gesagt habe, und drohte, er werde Rocky »den Arsch versohlen«. Zudem beschuldigte er Rocky, sich an KayLee herangemacht zu haben, und an diesem Punkt sagte Rocky, er werde ein Kontaktverbot erwirken, woraufhin Erik seine Männlichkeit in Frage stellte und Rocky vorwarf, nur neidisch zu sein. Keoni teilte er mit, dass der ihm Geld für einen Burrito schulde, was, wie Keoni behauptete, das einzige Mal gewesen sei, dass Erik bei den Tausenden Malen bezahlt habe, die sie zusammen gegessen hatten. Und so ging es Tag für Tag.

Ich sah keinen Grund, warum Eriks Abwesenheit mich daran hindern sollte, freitagsabends die Gesellschaft der anderen Kämpfer bei Rocky zu genießen, so dass ich beobachten konnte, wie diese Nachrichten in Cedar Rapids ankamen. Eines Abends hatte der Rest des Teams keine Lust, *Pumping Iron* zu sehen. »Ich will nicht über Erik reden«, sagte Rocky ständig, wenn das Gespräch auf Erik kam, »aber so viel kann ich sagen, er ist nur eine Verletzung davon entfernt, ein Nichts zu sein.« Erneut erinnerten sie sich daran, wie Erik Lennox einen Verräter genannt hatte.

Die Unterhaltung drehte sich kurz ums Thema Essen, dann kam sie erneut auf Erik, und wieder sagte Rocky, Erik sei nur eine Verletzung davon entfernt, ein Nichts zu sein, und ein neuer Schwall von Anekdoten wurde entfesselt. Alle standen da, an Rockys Küchenarbeitsplatte gelehnt oder über eine frische Pizza gebeugt.

»Mann, das schmeckt so was von geil!«, sagte Jared, der eine Schale von Rockys Müsli in sich hineinschaufelte, weil er sich wegen eines bevorstehenden Kampfes von Pizza fernhalten musste.

»Kannste laut sagen«, sagte Rocky. »Ich esse es jeden Morgen mit 'ner scheiß Banane.«

»Ich könnte die ganze Schachtel verdrücken«, sagte Steve. »Bei Matt habe ich immer den ganzen Kühlschrank leer gefressen, wenn ich high war, dann bin ich am nächsten Tag mit einer scheiß Tüte voll Lebensmittel bei ihm aufgetaucht, um ihn wieder aufzufüllen.«

»Erik würde dasselbe tun, oder?«, scherzte Rocky, und alle lachten über die Idee, dass Erik irgendjemandem irgendetwas ersetzen würde.

»Er würde es ihnen schon irgendwie zurückzahlen«, scherzte Rocky. »Oder zumindest heimzahlen.«

Alle lachten.

»Genaugenommen schulden die *ihm* was.«

»Wir hätten ihn einfach nicht mitnehmen sollen«, sagte Jared. »Ihn einfach irgendwo stehenlassen sollen.«

»Wes hätte ihn abgeholt«, sagte Rocky. »Ich glaube echt, wenn ich die Chance hätte, mich mal richtig mit Wes zu unterhalten, dann könnte ich ihm klarmachen, wie die Dinge wirklich liegen.«

»Ich weiß nicht«, sagte Keoni, »Wes ist ziemlich clever. Der will nur seinen Spaß haben.«

»Was hat er von dem Scheiß?«

»Er kriegt einen Sackschutz umsonst.«

Keoni hielt es mit Bezug auf den mit Toilettenpapier geschmückten Garten für wahrscheinlich, dass Erik unter einem chemischen Ungleichgewicht litt und sich nicht mehr unter Kontrolle hatte. Jared stimmte dieser Hypothese ebenso eifrig zu wie Rocky. Sie surften im Internet. Litt er an einer multiplen Persönlichkeitsstörung? War er manisch-depressiv? Um elf Uhr abends stießen sie auf ihre Diagnose: Soziopathie. Das Internet nannte dreizehn Anzeichen. Keoni war ernsthaft der Meinung, dass Erik alle dreizehn an den Tag legte.

»Krieg das nicht in den falschen Hals«, textete Keoni Erik, »aber du weist alle dreizehn klassischen Warnsignale für Soziopathie auf.«

Als Erik von zu Hause auszog, sagte Keoni voraus, er werde es keine zwei Wochen durchstehen. Tatsächlich hielt Erik drei Wochen aus. An einem Freitagabend rief er in einem ausgewachsenen Anfall von Panik seinen Vater an. Er sagte, er sei nicht mehr er selbst, habe Angst, was er tun werde, und dass er jegliche Motivation zu kämpfen verloren habe. Das Geschwätz in seinem Kopf wurde lauter, er konnte nicht mehr schlafen und überlegte, sich in eine Nervenklinik einweisen zu lassen. Eriks Vater fuhr fünf Stunden hin, fünf Stunden zurück und brachte den verängstigten Erik in seinem Truck nach Hause.

***

Monate vor seinem Umzug nach Milwaukee, am Tag, als wir uns in seiner Wohnung kennenlernten, erklärte mir Erik, vermutlich, um sich vorzustellen, seine Philosophie:

»Man muss total heiß darauf sein«, sagte er. »Kennst du *Pumping Iron*? Mit Arnold Schwarzenegger. Den hast du noch nie gesehen? Arnold Schwarzenegger war früher Mr. Olympia. Arnold Schwarzenegger war der beste Bodybuilder der Welt. Der Beste der Welt. Zwei Wochen vor einem Wettbewerb stirbt sein Vater, und seine Mutter ruft ihn an und sagt: ›Dein Vater ist gestorben, du musst zur Beerdigung kommen.‹ Und Arnold Schwarzenegger so eiskalt: ›Auf keinen Fall. Wenn ich den Wettbewerb durchziehen will, kann ich mir darum jetzt keinen Kopf machen.‹ Und er legt auf. Sie versucht, ihn zurückzurufen, er nimmt nicht ab. Hat es komplett aus seinen Gedanken verdrängt. Leute, die *solche* Opfer bringen, sind verrückt, passioniert. Große Kämpfer sind groß, weil sie Opfer bringen.«

Viele werden diese Haltung unmoralisch finden. Aber wäre Ihnen letztlich ein Künstler körperlicher Transformation lieber gewesen, der seine Zahnbürste eingepackt und sich zu einer Beerdigung nach Österreich verdrückt hätte? Natürlich möchte keiner von uns in einem Universum leben, das nur von Schwarzeneggers und Eriks bevölkert ist, doch obwohl wir aktiv die Bereitschaft ausgrenzen, die ungewählten Bande familiärer Verpflichtungen abzuschütteln, glaube ich nicht, dass wir ohne sie, ohne das Genie, so, wie es nun einmal ist, leben möchten. Der Preis der Bindung an die Beschäftigung mit dem Ewigen ist vielleicht schwerer, als wir im grellen Licht des Tages zugeben wollen. Nur zu, sagen wir, opfere deine Gesundheit, dein Geld, deine Zurechnungsfähigkeit und Kohlenhydrate; üb deinen einsamen tragischen Tanz in billigen Hotelzimmern neben der Bahnstrecke, ergib dich deinem künstlichen Narzissmus; bis zu dem Moment, in dem es uns unangenehm wird, weil die Leiche eines Erzeugers ins Spiel kommt. Ich sage, die Welt braucht Genie, und Genie ist eifersüchtig.

Für jeden Stadtbewohner gibt es die Stadt selbst und dann die Stadt, die tatsächlich ihm gehört; die paar Blocks, die man regelmäßig zu Fuß umrundet, und die wenigen Geschäfte, die man tatsächlich frequentiert. Eriks persönliches Cedar Rapids war, ob der stolzen, obsessiven Begrenztheit seines Blickfelds, kleiner als das der meisten. Die Orte, an denen man sich aufhalten musste, waren Wes' Haus, Rockys Haus, Hard Drive und vielleicht noch der Pick-up seines Vaters, in dem er an einem Freitagnachmittag durch die Stadt fuhr, die er nur halb hatte verlassen können. Dort, am Rand des zweigeteilten Highways, lag seine Pizzeria, dort der Blockbuster-Video-Laden, in dem sein Bruder jenes Video ausgeliehen hatte, durch das er Mixed Martial Arts entdeckt hatte, dort die Highschool, die er abgebrochen, und dort das Kongresszentrum, in dem er gekämpft hatte, bevor er entdeckt wurde. Und dann, mehr aus Gewohnheit, fuhr er vorbei an den Krankenhausgebäuden, dem Obdachlosenasyl, den heruntergekommenen Einfamilienhäusern mit dem Spielzeug im Vorgarten und dem hohen Gras, das durch die schmiedeeisernen Zäune kriecht, zu dem Ort, »wo Träu e ahr werden«.

Erik betrat das Valhalla, als wäre nichts vorgefallen, und alle gaben stumm ihr Einverständnis, nach dieser Fiktion zu leben. Die meisten sagten irgendetwas Banales zur Begrüßung; sie waren nicht überrascht, ihn zu sehen, denn keiner von ihnen hatte ihm zugetraut, auf Dauer fortzubleiben. Sie wälzten sich paarweise, Arme schlangen sich durch Beine, Köpfe senkten sich in dem winzigen, wogenden Raum, und bald waren sie so tief ineinander verschlungen, dass ich nur noch mit Mühe erkennen konnte, welche Gliedmaßen zu wem gehörten. Sie schienen nur noch ein einziger gestrauchelter Organismus zu sein, der sich bemühte, wieder auf die Beine zu kommen. Neben mir wand sich ein vor Schweiß glitschiger Kämpfer auf den Rücken eines Mannes, flutschte beinahe wieder herunter, fing sich jedoch gerade noch, indem er die Beine um die feuchte Hüfte seines Partners schlang. Als Keoni in die Trillerpfeife blies, schnippte einer der Kämpfer den Schweiß aus seinem Bauchnabel auf einen anderen, der sich rächte, indem er sein schulterlanges Haar auf dem Bauch des anderen auswrang. Dunst hing in der Luft, die tiefstehende Nachmittagssonne brannte durch die Fenster, und ein paar Kämpfer hockten sich hin, um wieder zu Atem zu kommen. Erik und Keoni waren abgelenkt, als die Männer sich neue Sparringspartner suchten, und dann waren sie die beiden Einzigen ohne Partner, und niemand schaute hin, und doch taten es alle.

Keoni nähert sich Erik, beide haben einen so ähnlichen Teint, dass die Grenzen zwischen ihren Körpern verschwimmen, obwohl Eriks Schlüsselbein und die Rippen stärker hervorstehen. Erik duckt sich und schlägt zu, aber Keoni weicht jedem Schlag mit Leichtigkeit aus, umklammert Erik, hält ihn für längere Zeit, als würde er darauf warten, dass die anderen in ihre Richtung sehen, als wollte er diesen kurzen Moment des Ringens in eine lange Show der Ohnmacht verwandeln. Als Erik sich befreit, greift Keoni mit gesenktem Kopf an, um Erik zu Boden zu reißen und festzuhalten, aber Erik ist zu schnell. Er legt Keoni den Arm um den Hals, so dass Keoni vornübergebeugt festsitzt, während Erik aufrecht steht. Was dann kommt, geschieht so schnell, dass es mit bloßem Auge fast nicht zu erkennen ist: Erik lockert seinen Griff um Keonis Hals, fädelt den Arm zwischen Keonis Beine und hebt seinen Bruder hoch wie einen Koffer, den er in ein Gepäckfach schieben will. Keoni schwebt anderthalb Meter über der Matte, waagerecht zu Erik, wartet, gefangen und ausdruckslos, darauf, dass sein Bruder seinen langen Siegesmoment ausgekostet hat und ihn sanft wieder auf die Matte gleiten lässt.

Kämpfer sind keine Soldaten; sie stehen nicht auf Seiten einer Familie, eines Landes oder des Bürgerstolzes. Aber obwohl sie ihrer selbst bewusste Jäger ekstatischer Seligkeit sind, kann man auch nicht behaupten, dass sie auf Seiten ihrer selbst stehen. Das Selbst ist immer das, wovor man flieht, und wenn das Selbst in einem Sumpf aus Vergangenheit feststeckt, muss es vielleicht ebenfalls verschwinden. Alles an diesem Raum und den Menschen darin ist zu eng, zu grundlegend, zu historisch. Und hätte Erik Keoni mit den Füßen zuerst auf den Boden gestellt, mit der sanften Rücksichtnahme, die man von ihm erwartete, würde man Erik nicht sagen, dass er im Valhalla nie wieder willkommen sein würde, und er würde morgen nicht gehen, nicht nach Milwaukee aufbrechen und dortbleiben. Es gab in der Geschichte von Hard Drive nur einen Mann, der sich erfolgreich vom Team gelöst hatte, und dieser Mann hieß Joe Vedepo. Erik fehlte die Standhaftigkeit, in Milwaukee zu bleiben, weil er wusste, dass seine Teamkollegen ihn mit offenen Armen wieder aufnehmen würden; und er wusste auch nur zu gut, wie er sich für immer zur Persona non grata machen und Milwaukee so erst möglich machen konnte.

Erik warf Keoni auf die Matte. Wir spürten, wie die Fensterscheiben erzitterten und der Boden bebte, hörten Keoni aufstöhnen, der sich auf dem Boden krümmte und sich offenbar irgendetwas in der Schulter gezerrt hatte. Wir versammelten uns um seinen gebeugten Körper, alle außer

Erik, der sich eine Kugelhantel schnappte und durch das Fenster auf die Straße hinausstarrte.

An dem Abend, als er alle Beziehungen mit Zuhause endgültig kappte, wechselte ich zwar kein Wort mit ihm, schwor mir jedoch im Stillen, bei all seinen Kämpfen an seiner Seite zu sein, ganz gleich, wann oder wo.

Sean – Februar 2011

Der Februar in Iowa ist nicht wie der Februar an der amerikanischen Küste. Dies sind die Tage, an denen wir Iowaner über Gehsteige schlittern, die schon so lange gefroren sind, dass der Beton darunter gesprungen ist, und an denen wir uns in futuristische Textilien hüllen, uns in unseren Eigenheimen aus Ziegeln, Stahl und Stein verschanzen und in pyramidaler Stille über den grausamsten Ausdruck der Feindschaft zwischen Gott und der Menschheit nachsinnen.

Sean war immer noch nicht im Training, doch er bekam schließlich einen Kampf, der, wie er sagte, »in der Blase« stattfand, und obwohl ich keine Ahnung hatte, was das bedeutete, wollte ich mir nicht die Blöße geben, meine Unwissenheit zur Schau zu stellen, indem ich nachfragte. Angeblich hatte er jetzt auch ein Kind – ein Kind, das Alexis ihn erst sehen ließ, wenn er ihr Geld schickte, das er nicht hatte. Wer auch immer in der Blase siegte, würde sie mit tausend Dollar in bar verlassen, und obwohl ich in Bezug auf die genetische Herkunft des kleinen Josiah mehr als skeptisch war, bedeutete ein Sieg für Sean die Gelegenheit, seinen Sohn kennenzulernen. Ich sehnte mich nach einem glorreichen, transzendenten Kampferlebnis, war allerdings nicht ganz sicher, ob ich wollte, dass Sean gewinnt.

An einem frühen, verschneiten Samstagabend stand ich vor seiner Haustür, um ihn zu dem Kampf in der Blase zu fahren. Er öffnete mir mit einer Glasbong in der Hand.

»Gut, dass du die Dopingkontrolle schon gestern hinter dich gebracht hast«, sagte ich.

Ich blieb an der Schwelle stehen, weil ich glaubte, Sean dadurch zur Eile antreiben zu können. Wenn wir zu spät kamen, würden wir das Verlesen der Regeln und die medizinische Untersuchung verpassen, was, wenn der Promoter sich als pedantischer Regelfanatiker entpuppte, die sofortige Disqualifikation zur Folge hätte. Eine Stunde später, nachdem Sean das restliche Marihuana irgendwo versteckt, sich umgezogen und einen vorübergehend verschollenen Handschuh unter einem Stapel Bücher über Bruce Lee ausfindig gemacht hatte, stapften wir schweigend zurück zu meinem Wagen. Graugesprenkelter Schnee knirschte unter unseren Füßen.

»Ich hätte echt mehr trainieren sollen«, sagte er im Wagen. »Ich muss meine Karriere endlich ernst nehmen, bevor es, du weißt schon, zu spät ist.«

Mit »zu spät« meinte Sean die Jahre jenseits der dreißig, wenn ein Kämpfer oft auf dem Höhepunkt seiner Karriere, aber auch auf dem absteigenden Ast ist. Zweiunddreißig, dreiunddreißig – das sind die Jahre, in denen ein Kämpfer alt genug ist, sich alle erforderlichen Techniken, all die Wrestlingwürfe und Boxtechniken, all die unvorhersehbaren Jiu-Jitsu-Manöver angeeignet zu haben, in denen sein Körper jedoch noch nicht so viel langsamer geworden ist, dass er seine perfekten Bewegungsabläufe wie unter Wasser auszuführen scheint. Die Kämpfer, die mit zweiunddreißig und dreiunddreißig immer noch kämpfen, sind diejenigen, die auf rätselhafte Art unempfindlich gegenüber Verletzungen sind. Das Gewebe, das ihren Oberschenkelknochen mit dem Schienbein verbindet, neigt nicht dazu, zu reißen; ihre Neuronen tendieren nicht zu Fehlfunktionen, wenn sie gegen die Hirnschale prallen. Sean war zweiunddreißig. »Wie alt bist du?«, hatte er mich einmal an einem unserer ersten gemeinsamen Tage gefragt. »Fünfundzwanzig«, log ich.

Während ich fuhr, informierte mich Sean, er habe sich zwar für einen Kampf in Davenport allen erforderlichen Bluttests unterzogen, aber das sei schon so lange her, dass die Ergebnisse mittlerweile veraltet waren, was ganz klar aus den Papieren in seinen Händen hervorgehe, so dass er vielleicht gar nicht antreten dürfe. Ich konnte kaum erkennen, wo die Straße endete und wo der Gehsteig begann, und fuhr über den Bordstein. Sean lachte.

»Bieg rechts in die Curan Street ab«, sagte er.

Ich kniff die Augen zusammen, um das Schild zu erkennen, doch zu spät.

»Ups.«

»Kann es sein, dass du 'ne Brille brauchst?«, fragte er.

»Das liegt nur am Schnee.«

Nicht zu übersehen war dagegen die Blase, eine große, knollige Kuppel in der Ferne, die obere Hälfte eines gigantischen Fußballs. Als Sean und ich zusammen hineingingen, war es, als würden wir einen aktiven Verdauungstrakt betreten. Riesige Ventilatoren sorgten dafür, dass sie immer mit Luft gefüllt war. Der geistige Vater des Ganzen war ein Mann, der zu geizig war, eine richtige Arena zu bauen – und, obwohl wir es damals nicht wussten, sogar zu arm, um sich die Steuern für diese ballonähnliche Konstruktion leisten zu können. Die wogenden Wände flatterten nur auf geborgte Zeit.

Aber nun, da ich hoffte, einen Moment der Transzendenz

festzuhalten, hatte die Blase in ihrem fließenden Zustand etwas sehr Vielversprechendes. Doch nachdem ich ihre Schwelle überschritten hatte und in ihr peristaltisch wogendes Inneres vorgedrungen war, fühlte sich die Atmosphäre drinnen verstörenderweise genauso an wie die draußen. Der Februar ist kein guter Monat, um in einem glorifizierten Zelt einen Kampf zu veranstalten. Ich fröstelte in meinem Mantel und presste mir das Notizbuch an die Brust. Zweihundert MMA-Fans drängten sich aneinander. Rettungssanitäter hüllten sich in Laken, die ursprünglich für besiegte Kämpfer gedacht waren, und Sekundanten schlüpften aus den Ärmeln ihrer geschlossenen Jacken, so dass sie herunterhingen wie verkümmerte Gliedmaßen. Sean schien die Kälte nicht zu bemerken, aber er war ja auch high.

Im Käfig balgten sich bereits ungraziöse Amateure. »Sean!«, sagte Spencer »The King« Fischer, der mit Jesse »The Ox« Lennox auf uns zukam. »Sean Huffman!«, sagte Joe »The Triangular Strangler« Pearson: »Du kämpfst heute Abend?« Wieder wurde ich daran erinnert, wie viel andere Kämpfer von Sean hielten. Er gehörte zu den wenigen, die keinen Kampf ausließen, auch wenn sie ihn wahrscheinlich verlieren würden, die jeden Kampf kämpften, zu dem sie eingeladen wurden, was einer der Gründe dafür war, warum sein Rekord damals, im Winter 2011, sechzehn Siege und achtzehn Niederlagen verzeichnete, und zum anderen dazu führte, dass er nicht in die Großen Shows aufstieg wie die Männer, die ihre Karriere umsichtiger planten. Sean hätte vielleicht nur fünf spektakuläre Siege gebraucht, um jemanden auf sich aufmerksam zu machen, der ihm ins Rampenlicht hätte verhelfen können, wo er vielleicht Seite an Seite mit Männern wie Erik gekämpft hätte. Doch jedes Mal, wenn er einen Kampf annahm, den zu gewinnen er keine Chance hatte, warf es ihn in seinem Reputationsaufbau um mindestens ein Jahr zurück.

»Hast du irgendwo eine Fightcard gesehen?«, fragte mich Sean, und ich zog los, um eine zu besorgen. Pubertierende Jungs hatten die Arme um ihre Freundinnen geschlungen, die die Arme ihrerseits um sich selbst geschlungen hatten. Zwei Feuerwehrmänner beanspruchten den Platz unter der einzigen, toastergroßen Wärmelampe für sich, und neben dem Stiefel des einen entdeckte ich eine Fightcard und hob sie auf. Sean gehörte zu den routinierten Veteranen, die als Vorletzte oder Drittletzte antraten, oder, an einem besonders vollgepackten Abend, als Viertletzte, deshalb war ich nicht im Geringsten darauf vorbereitet, was ich darauf gedruckt finden würde.

»Sean«, sagte ich, zurück in der Garderobe, »du bist das Hauptevent.«

Sean seufzte und rieb sich den Nacken.

»Hätte mehr trainieren sollen«, sagte er und reichte einem Arzt mittleren Alters mit Schnurrbart, der den laufenden Kampf beobachtete, zwei zusammengefaltete Zettel – seine längst abgelaufenen Bluttestergebnisse. Der Arzt warf sie, immer noch zusammengefaltet, in einen Karton mit anderen Dokumenten.

Seans Gegner, LaVerne Clark, ebenfalls ein Miletich-Protegé, kam gerade in die Blase, mit einem Dutzend Platzfüller, durch die Bank großzügig bemuskelte, tätowierte Schwarze, die sich lautstark über meine Defizite als Platzfüller unterhielten. LaVerne Clark hatte es nicht nötig, immer wieder von seinem Einen Großen Kampf zu erzählen wie eine gesprungene Schallplatte, weil er bereits fünf Kämpfe im Pay-TV hinter sich hatte, vier davon siegreich. Clark war nicht so sehr aus der Elite hinausgeflogen, sondern eher hinausgealtert; seine Siege lagen bereits ein Jahrzehnt zurück, in der Zeit, als die MMA immer noch ein amorphes Gebilde war, mit An-den-Haaren-Zerren und In-den-Schritt-Treten. Und obwohl er mittlerweile Ende dreißig und wahrscheinlich etwas heruntergekommen war, sah er noch genau so schlank und muskulös aus wie in seinen Glanzzeiten und war immer noch von einer dichten Aura halb bewundernder Gerüchte umgeben. Je nachdem, wen man fragte, war er entweder »geistesgestört«, ein »Crack-Junkie« oder »manisch-depressiv«. Einmal hörte ich, wie Sean einem anderen Kämpfer erzählte, LaVerne habe panische Angst vor Katzen und sei auf Partys vor einer von Zimmer zu Zimmer geflüchtet. Selbst ohne seine Platzfüller würde ich LaVerne an seinem zu kleinen Kopf, den zu großen Brustmuskeln und der schmalen Narbe erkennen, die in seine linke Augenbraue hineinreicht.

»Du weißt, dass das ein Titelkampf ist, Sean?«, fragte Chris, der nervöse, reizbare Promoter, der, unbemerkt von uns, in unserem kollektiven Schatten lauerte. »Das heißt, fünf Runden.« Auf seinem T-Shirt stand »Blueblood MMA« vor einem Hintergrund aus Flügeln und Farbspritzern. Der Sieger würde MMA-Weltergewicht-Champion werden, wozu auch ein Kunstleder-Gürtel mit gusseiserner Schnalle gehörte. Unsere kleine Subkultur ist voll von kleinen Königreichen mit ihren speedsüchtigen Königen.

»Oh. Okay«, sagte Sean, der nur die üblichen drei Runden erwartet hatte.

Ein weiterer Feuerwehrmann hatte sich zu den beiden anderen unter der Wärmelampe gesellt, so dass die Blase definitiv nicht in Flammen aufgehen würde. LaVerne, in Shorts, sah unglücklich aus, fast, als würde er gleich in Tränen ausbrechen. Mir ist oft aufgefallen, dass die bestausgebildeten Kämpfer ihre Härte nur jenen speziellen Elementen gegenüber an den Tag legen, die zu bekämpfen sie trainiert sind – anderen Männern. Ansonsten schnaufen sie hilflos in der Kälte und brechen beim kleinsten Anzeichen von Krankheit zusammen. Ich traf einmal einen Kämpfer, der mit einer grotesk gebrochenen Nase aus dem Käfig kam und nicht das geringste Anzeichen von Unmut zeigte, bis Stunden später eine Krankenschwester in der Notaufnahme eine Betäubungsspritze zückte und er kreischend aus dem Behandlungsstuhl sprang.

Im Ring purzelten zwei junge Männer mit der harmlosen Ineffektivität junger Hunde über den Boden, während ungefähr die Hälfte der Menge in der Schlange vor dem Bierstand bibberte. Ich versuchte die Einzelheiten meiner Umgebung festzuhalten, mit dem Gedanken im Hinterkopf, dass die Elemente, die jener seltsamen Wahrnehmungsintensität vorausgehen, immer gleich bleiben, doch es war äußerst unpraktisch, mit Handschuhen zu schreiben, und infolgedessen war das, was ich schrieb, leider unleserlich. Ich kann mich allerdings erinnern, dass ich von den Kämpfern alles andere als beeindruckt war und die Art missbilligte, wie ihre Fights sich hinzogen, während der Rest von uns in der Kälte litt. Männer, denen das Wissen fehlt, wie man einen Gegner unterwirft, oder die Kraft, ihn bewusstlos zu schlagen, sind nicht in der Lage, einen Kampf zu beenden; er dauert die vollen fünfzehn Minuten, so dass die Entscheidung am Ende den Schiedsrichtern überlassen bleibt, die den am wenigsten lädierten Mann zum Sieger erklären.

Am späten Abend war Sean der Erste, der den Teppich entlangschritt, und die schlotternde Menge verstummte für seinen bedächtigen Einzug. Die Tonqualität war nicht spektakulär, aber die Art, wie Metallicas Percussion mit dem Flattern der windgepeitschten Wände verschmolz, kam mir verheißungsvoll vor. Und als LaVerne mit all diesen prächtig gebauten Männern im Schlepptau herausgesprintet kam, das Nummerngirl mit wiegenden Hüften die zeremonielle Runde durch den Ring drehte, der Ansager das »a« in Huffman langzog wie eine vorübergehend gesprungene Schallplatte und irgendein empfänglicher Nerv in meinem Nacken zu zucken begann – da dachte ich, in freier Paraphrasierung von Nietzsche, dass die Ordnung mit dem Chaos an jenem Punkt konkurriert, wo die Ordnungen der Schönheit zusammenbrechen. Dann fingen die Verhöhnungen an.

»Tritt ihm in den fetten Arsch!«, rief einer von LaVernes Männern, die direkt am Käfig saßen.

»Der Kampf geht über drei Runden«, erklärte der Ringrichter Sean und LaVerne.

»Ich dachte, es sind fünf?«, sagte Sean und hielt nach dem Promoter Ausschau, der verschwunden war.

»Nein, drei.«

Was folgte, war ein Kampf, der völlig anders verlief als die elf davor. Einer der Kontrahenten war überaus geübt darin, körperliche Schäden anzurichten, und der andere besaß die ebenso eindrucksvolle Fähigkeit, sie einzustecken. Sean wurde von einem Jab getroffen, der ihm die Nase gebrochen hätte, wäre sie nicht schon dauerhaft auf eine Seite seines Gesichts gehämmert worden. Körperschläge hagelten unaufhörlich auf Sean ein, doch er stand nur da, die Arme in einem Winkel von neunzig Grad vor sich gestreckt, um sein blutendes Auge zu schützen. Bis auf das Aufkeuchen der Menge, wenn Seans Kopf nach hinten flog, war es still. Sean duckte sich, wich einem Haken aus und warf LaVerne zu Boden, doch der wand sich aus seinem

Griff, sprang auf und begann erneut auf ihn einzuprügeln. Runde eins, Runde zwei, niemand hier würde sich später an einen Unterschied erinnern. In Runde drei begann LaVerne, der schwer atmete, die Haltung zu verlieren, und konnte seine Deckung nur noch mit Mühe halten, doch trotz seiner Erschöpfung hatten seine Bewegungen etwas wunderbar Geschmeidiges, Federndes an sich. Sean, der von irgendwoher einen Schub bekam, konnte LaVernes Umrisse jetzt klarer erkennen. Das Schwarz der Schiedsrichteruniform war plötzlich schwärzer, die Matte unter seinen Füßen nachgiebiger. Sean hatte lange genug in Davenport gelebt, um zu wissen, dass LaVerne Clarks Schwäche ein harter, rechter Jab war; daher die Narbe. Aber Sean schlug keinen Jab. Er wischte sich Blut von der Stirn, weniger eine verzweifelte, als eine erwartungsvolle Geste, wie um die Bühne zu bereiten. Der Kampf hatte gerade erst begonnen; die Ankunft des Octagons stand kurz bevor, dessen war ich mir sicher.

Die Glocke läutete, und LaVerne hob siegesgewiss die rechte Hand.

»Der Kampf dauert fünf Runden«, sagte ein sitzender Staatsbediensteter, vor sich eine Heftmappe mit den Verträgen, die Sean und LaVerne unterschrieben hatten. »Es ist ein Titelkampf.«

»Oh«, sagte der Ringrichter, »fünf Runden.«

»Fünf Runden!«, sagte LaVerne. »Ihr wollt mich verarschen.« Aufgebracht marschierte er im Octagon auf und ab. »Ihr wollt mich verarschen«, sagte er wieder, diesmal direkt zum Ringrichter; der sah Sean an, der zu Boden schaute.

»Fettarsch!«, schrie jemand.

Die Glocke läutete erneut.

LaVerne brachte Sean zu Fall und rammte ihm wiederholt den Ellbogen in die Wirbelsäule.

»Aufhören«, sagte der Ringrichter. »Schluss jetzt.«

LaVerne sah dem Ringrichter direkt ins Gesicht, sah Seans Rücken an und rammte ihm erneut den Ellbogen in die Wirbelsäule. Zweimal.

»Aus!«, sagte der Ringrichter und schwenkte die Arme vor und zurück. »Das war's! Disqualifikation.«

LaVerne schrie auf, schlug auf die Matte und erhob sich.

Es gab einen Moment, in dem keiner der Offiziellen und keiner im Publikum zur Kenntnis nahm, dass der Kampf vorbei war. Die Sekundanten blieben sitzen. Der Offizielle mit der Heftmappe rührte sich nicht.

»Okay«, sagte der Promoter, brach die Anspannung und ging auf das Octagon zu, von wo auch immer er sich bisher versteckt hatte, »das war's.«

Der Ringrichter hob Seans Hand an, die rot war von Seans Blut. Buhrufe erschallten von allen Seiten der Blase.

Trotz seiner oberflächlichen Niederlage und der darauffolgenden öffentlichen Demütigung sah Sean kein bisschen unzufrieden aus, als wir zurück zur Umkleidekabine gingen. Tatsächlich lächelte er sogar, mit zusammengepressten Lippen, als würde er ein noch wesentlich breiteres Lächeln unterdrücken. Er schüttelte die Hände der wenigen Männer, die darauf warteten, ihm für die tausend Dollar zu gratulieren, die er gerade irgendwie gewonnen hatte, dann betrat er LaVernes Hälfte der Umkleide, wo ein Platzfüller blutigen Verbandsmull von den ausgestreckten Händen des Kämpfers entfernte.

»Hey, Mann«, sagte Sean, »ich will nur, dass du weißt, dass du den Kampf gewonnen hast.«

»Mit dir hab ich kein Problem«, sagte LaVerne und hielt

ihm die andere Hand hin. »Die Leute hier wollen mich verarschen.«

»Ja, du hast mir nicht mal weh getan«, sagte Sean schnell, dann hielt er inne und warf einen Blick über seine Schulter, um sich zu vergewissern, dass der Ringrichter nicht im Raum war. »Wir hätten noch zwei Runden weitermachen können. Pech. Rückkampf, okay?«

»Ja, geht klar, geht klar«, sagte LaVerne. »Wie auch immer, ich kann dir den Gürtel nicht geben. Hab ihn zu Hause gelassen.«

Sean lächelte höflich. Was konnte ihm unwichtiger sein als ein Gürtel? Er verließ die Umkleidekabine, vor der ich auf ihn wartete.

»Ich hätte *keine* zwei mehr Runden kämpfen wollen«, flüsterte er und entfernte den Verbandsmull von seinen eigenen Händen. »Ich muss anfangen, Hügel rauf- und runterzujoggen.«

Bis zu dem Moment hatte ich noch nie einen erfolgreich vermarkteten Kampf gesehen, der einfach in sich zusammenfiel, sein Innenleben enthüllte, und dessen Architekten sich nicht nur demaskierten, sondern sich in aller Öffentlichkeit am Käfig stritten; all die konzentrierte Energie, die wir zusammen heraufbeschworen hatten, hatte sich plötzlich zerstreut wie ein verdampfender Monsunregen. Ich hatte das alles noch nie so nackt und bloß erlebt. Und dann war da noch Sean, der völlig zufrieden wirkte, obwohl der Kampf nirgendwohin geführt hatte; einfach nur glücklich, als sei das Einstecken einer ordentlichen Tracht Prügel ein akzeptabler Ersatz für Transzendenz.

Das Geld in seiner Tasche brachte Sean dazu, den ganzen Abend lang zu plappern, dass er wieder anfangen müsse zu trainieren, zu joggen, jeden Tag zwanzig Meilen Rad zu fahren. Er müsse auf hundertfünfundfünfzig Pfund kommen und »intelligenter kämpfen«, sagte er, die richtigen Kämpfe annehmen und anfangen seinen Aufstieg in die Großen Shows zu planen. Er habe ein großartiges Kinn, sagte er, und alle nötigen Fähigkeiten, er müsse sich einfach nur mit allem, was er habe, auf seine Karriere konzentrieren. »Ich hatte Sparringskämpfe mit einigen der Besten der Welt«, sagte er. »Drei Runden mit Jake Ellenberger. Ich muss anfangen, bergauf zu joggen, zu trainieren, du weißt schon. Zeug, das Sportler tun.«

Josh Neer rief an, um Sean zu gratulieren, wie ich dachte, aber tatsächlich wollte er ihn zu einem weiteren Kampf überreden. »*Wie* groß ist er?«, sagte Sean ins Telefon. »Zwei zwanzig? Willst du mich verarschen? Ha!« Er schüttelte den Kopf und sah mich an. Der mögliche Gegner war, wie sich herausstellte, dreißig Zentimeter größer und vierzig Pfund schwerer als Sean. »Ich weiß nicht«, sagte Sean. »Ich weiß nicht.«

Dann, einen Moment später: »Okay.«

»Ich bin Kämpfer«, sagte Sean danach zu mir. »Ich kämpfe gegen jeden, ich bin nicht so wählerisch wie andere Typen.«

Es ist seltsam, welche Streiche einem das Gedächtnis spielt, denn obwohl ich mich deutlich daran erinnere, das Gefühl gehabt zu haben, dass das Universum mich betrogen, mit mir gespielt hatte, mir Erlösung versprochen, aber keine geliefert hatte, erinnere ich mich an diesen Abend mit einer vagen Zärtlichkeit. Sie hatte eine eisige Reinheit an sich, diese Februarnacht; nur wenige Wochen später sollte sich etwas Verdorbenes zwischen Sean und mir einschleichen, und der ziellos dahintreibende Riese, den ich kannte, fiel der verstrickenden Weltlichkeit der Normalität anheim.

Erik – November 2010

»Vier Eier«, sagte ich zu dem Kellner im feinsten Restaurant des The Palms Casino Resort.

»Eiersalat?« Er trug einen gestärkten Anzug und schüttete Wasser in ein Glas mit zierlichem Rand.

»Nein, vier hartgekochte Eier.«

»Vier Eier.«

Der Kellner kehrte mit den vier Eiern zurück, die in der flachen Mulde eines imposanten Tellers ruhten, wie um die magere Mahlzeit durch den optischen Trick noch kärglicher erscheinen zu lassen. Die Eier waren alle gepellt – was vermutlich einer der Vorteile war, wenn man hartgekochte Eier im feinsten Restaurant des The Palms bestellte. Erik stand nach seinem Training mit Duke ein paar Stockwerke weiter oben in seinem Hotelzimmer unter der Dusche, doch er hatte darum gebeten, dass sein Essen bereitstand, sobald er herunterkam, und ich fürchtete, sein Missfallen zu erregen.

Duke, Pettis und Eriks Manager tummelten sich irgendwo zwischen den Kartentischen und Glücksspielautomaten, doch kein einziges Mitglied von Hard Drive war nach Las Vegas gekommen. Nach dem folgenschweren Zerwürfnis zwischen ihm und seinem Bruder war Erik »lebenslang«

aus dem Fitnessstudio und seiner Umgebung »verbannt« worden. Dass Keoni zu dieser Maßnahme griff, um die Sicherheit seiner Mitkämpfer nicht zu gefährden, war womöglich ein Weg, seinen nachvollziehbaren Zorn hinter einer Maske vernünftiger Besorgnis zu verstecken, andererseits hatten Rob und DJ offen zugegeben, Angst davor zu haben, mit dem explosivsten Teammitglied von Hard Drive zu kämpfen.

Verbannt, ging Erik wieder nach Milwaukee, zurück zu seinem warmherzigen, schnell sprechenden, italo-amerikanischen Trainer, zu seinem Potential als einer der Jüngsten im prestigeträchtigsten MMA-Stall für Kämpfer, die bis zu hundertfünfundfünfzig Pfund auf die Waage bringen. Männer mit Beziehungen riefen aus ihren Büros in Vegas in Milwaukee an, und es war, als hätte er nie den Fehler gemacht, nach Hause zu gehen. Wollte er Teil des offiziellen UFC-Videospiels sein? Sie würden ihn nach L. A. fliegen, vermessen, und bald würden Jungen auf der ganzen Welt in Form eines Avatars von Erik »New Breed« Koch gegen ihre Freunde kämpfen. Pettis, der gebeten worden war, Mitglied der Jury des »Miss-Wisconsin-USA«-Schönheitswettbewerbs zu werden, lehnte ab und schickte stattdessen Erik. Bei dieser Gelegenheit traf er den Manager eines *Jersey-Shore*-Darstellers. Hatte er Lust, in einer Folge von DJ Pauly Ds demnächst auf Sendung gehenden Reality-TV-Spin-offs aufzutreten? Ja, antwortete Erik, große Lust sogar. Er war ungebunden und frei, sich für so viele bislang nur theoretische Reality-TV-Formate zu verpflichten, wie es ihm beliebte.

Schließlich kam Erik ins Restaurant, setzte sich wortlos mir gegenüber, nahm Messer und Gabel aus der Serviette und begann mit jener chirurgisch-präzisen Eierzerlegungsprozedur, mit der ich mittlerweile vertraut war. Ich hätte gern über unsere Umgebung gesprochen, denn dies war meine erste Begegnung mit einem professionell organisierten Wettkampf, und ich hatte viele scharfsinnige Beobachtungen zu dem Thema parat, aber wir aßen mit einer sakralen Feierlichkeit, die ich nicht durch Geschwätz entweihen wollte. Zudem war heute mein neunundzwanzigster Geburtstag, und das hatte ich auch noch keiner Menschenseele erzählt.

Man könnte meinen, dass ein hungernder Mann, dessen Nahrung rationiert ist, sich die wenigen Kalorien, die ihm gestattet sind, mit überlebenskünstlerischer Unmittelbarkeit einverleibt. Doch der Rationierte ist ganz Präzision – er sieht in der ihm zur Verfügung stehenden Portion feine alimentäre Unterschiede, die uns entgehen – und so zerteilte Erik, als er schließlich das Messer hob, sein Ei mit großem Bedacht. Mit dem Messer schälte er das halbe Eigelb aus der weißen Hülle und platzierte die kalorienreiche gelbe Masse auf seinem Teller, wo sie unverzehrt liegen blieb wie eine Butterkugel, und kratzte die unerwünschten Eigelbreste aus der gallertartigen Höhlung. Dann streifte er die noch an der Klinge haftenden gelblichen Späne am Tellerrand ab, legte das Messer ab und führte das Eiweiß zum Mund. Mit der zweiten Hälfte verfuhr er ebenso. Dies war Eriks letzter Hauch von erlaubter Nahrung vor dem Wiegen; in den nächsten fünfunddreißig Stunden würde er nichts mehr zu sich nehmen. Eriks Körper ähnelte bereits einer Kraterlandschaft aus Schatten und weißer Haut, die sich über den Knochen spannte.

Den meisten 180-Pfund-Kämpfern wäre es nie eingefallen, sich durch schiere Willenskraft Zutritt zur 145-Pfund-Gewichtsklasse zu verschaffen. Sicherlich hatte der Kalifornier Cisco Rivera, der ganze fünf Zentimeter kleiner war als Erik, nicht vor, ein Fünftel seines Körpergewichts zu verlieren. Früher in Cedar Rapids hatte Erik mich informiert, dass er fünfunddreißig Pfund loswerden, sich wiegen lassen, danach bis zum Exzess alles in sich hineinschlingen konnte wie ein wild gewordener Labrador und einen Tag später kampfbereit war, ganz einfach, weil er erst zweiundzwanzig Jahre alt war. Gewicht zu verlieren war die größte Herausforderung seiner Berufung, und jede Diät vor dem Kampf war für ihn schmerzlicher als die letzte, und in zwei Jahren, so Erik, würde ein solcher Gewichtsverlust unmöglich sein. Seine Fähigkeit, wie ein Bumerang von hundertachtzig Pfund auf hundertfünfundvierzig und wieder auf hundertsechzig zu kommen, würde sich mit zunehmendem Alter unwiederbringlich verlieren; er würde gezwungen sein, gegen eine geringfügig schwerere Gewichtsklasse von Männern, genannt »Leichtgewicht«, zu kämpfen, zu der auch sein Mitbewohner Pettis zählte, worüber allerdings keiner von beiden ein Wort zu verlieren geruhte. Und so kam es, dass einer der jüngsten Männer des Kämpfer-Stalls zusah, wie die Tage ihm entglitten. Ihm blieben zwei Jahre, in denen er die Chance auf einen Titelkampf hatte und die Gelegenheit bekommen konnte, gegen den unbesiegbaren Brasilianer José Aldo zu kämpfen, der vermutlich mit hundertfünfundvierzig immer noch Champion sein würde. Das war natürlich absurd, da Erik nicht mal in die Nähe eines Titelkampfes kam. Aber es war der Gedanke an den Titel, der ihn in den langen Tagen des mühsamen Eigelb-Ausschabens aufrechthielt.

Nachdem Erik die Eier gegessen hatte, bekam er die Augen etwas weiter auf, und wir nahmen den Casinoaufzug zu seinem Hotelzimmer.

»Was hast du bekommen?«, fragte ich.

»Bio-Erdnussbutter, die wird direkt im Laden in einer Maschine hergestellt«, sagte Erik. Ich hatte von den markengeschützten T-Shirts, Laptoptaschen und Kappen gesprochen, unterbrach ihn aber nicht, als er wieder auf das Thema Essen zurückkam. Er nahm einen Plastikbecher aus dem Fach in seinem Nachttisch, das auch Bananen und einen Laib Brot enthielt.

»*Das* ist Schokoladen-Erdnussbutter aus der Maschine. Dieses Müsli«, sagte er und hielt eine Plastiktüte hoch, »ist total krass.« Er legte das Müsli zurück und nahm eine Tüte Chips in die Hand. »Chips mit Cheddar und Sour Cream. Die sind *der Hammer.*«

Eifrig stimmte ich in das Lob ein, als wüsste ich, wovon ich spräche. Mir war sehr daran gelegen, dass Erik sich von meiner Gesellschaft aufgeheitert fühlte, und ich hatte seit jenem Abend im Oktober bei Rocky, wo ich weiterhin meine Freitagabende verbrachte, selbst nachdem Erik nach Milwaukee gegangen war, bei ihm nach Anzeichen für Überdruss Ausschau gehalten. Der Kontaktabbruch zu Jared und Rocky, so erklärte Keoni dem Team an jenem Abend, sei keineswegs eine Abweichung von Eriks üblicher Herangehensweise an längerfristige Freundschaften. Erik habe eine lange Reihe von besten Freunden gehabt, von denen er sich plötzlich und ohne Vorwarnung losgesagt hatte, indem er angebliche Kränkungen vorschützte, die er nie verzeihen könne. Es sei Teil eines Musters, insistierte Keoni, ein wesentlicher Bestandteil seiner Persönlichkeit und sehr wahrscheinlich auf die mittels Internet diagnostizierte Soziopathie zurückzuführen. »Jeder, der glaubt, dass er nie so fallengelassen wird«, sagte Keoni, wobei er sich, wie es mir vorkam, besonders an mich wandte, »ist naiv.«

Der Gedanke, dass Erik unsere Beziehung jederzeit so

vollständig abbrechen könnte, verfolgte mich während unserer Reise, so dass Casinos noch immer ein Gefühl der Unsicherheit in mir wecken. Sollte er beschließen, meine Anrufe nicht mehr anzunehmen und meine Anwesenheit nicht mehr einzufordern, hätte ich fünf Monate an einen Mann verschwendet, der für mein Projekt völlig nutzlos war, ein Projekt, das nicht nur für mich von entscheidender Bedeutung war, sondern auch für zukünftige Studenten der deskriptiven Phänomenologie. Und ich konnte den Gedanken einfach nicht ertragen, dass irgendein anderer Platzfüller – jemand Größeres mit mehr Interesse an der Umgangssprache des Mittleren Westens – den Platz an Eriks Seite füllen würde, den ich mir so mühevoll reserviert hatte. Dass jemand anders losgeschickt werden würde, um ihm Eier zu bestellen, jemand anders das Privileg haben würde zu erfahren, dass die alte, Vedepo-induzierte Verletzung in seinem Ellbogen umso stärker schmerzte, je mehr er abnahm; all das schlug mir auf den Magen, was zumindest ein Silberstreif am Horizont war, denn es ermöglichte mir, während unserer Reise etwas von Eriks Distanzierung zur Möglichkeit von Nahrungsaufnahme nachzuempfinden.

Ich war am Tag zuvor in Las Vegas angekommen, begierig, jene amerikanische Stadt zu besichtigen, die als die kämpferischste gilt, doch unterernährt, wie er war, hatte Erik keine Lust, in den Cirque du Soleil zu gehen oder die Hoover-Talsperre zu besichtigen; er wollte in den Walmart, und so gingen wir in den Walmart. Draußen, in der von Bergen umgebenen Stadt, auf dem Gehsteig, der in der Wüstensonne schmorte, war Erik ganz scharfe Winkel und Schatten, kraftlos, zerbrechlich, ein Hauch von Stoppeln auf seinem rasierten Kopf. Das fluoreszierende Walmart-Licht verlieh seiner weißen Haut einen gelblichen Schimmer, der seine Tränensäcke des Trübsinns olivfarben erscheinen ließ. Mit Augenringen und Heißhunger schlurfte Erik durch die Gänge, der Kanister mit seiner Tagesration Wasser hing tief an seiner Seite, zog ihn runter, verlangsamte seine Schritte. Er brauche Babyöl, hatte er gesagt, ehe wir losgezogen waren, aber jetzt folgte ich ihm in die Heimwerkerabteilung mit Regalen voll von Dutzenden Sandpapiersorten, und wir schienen uns von der Babyabteilung am anderen Ende des Supermarkts zu entfernen. Er hielt mit der freien Hand seine Jeans fest, die ihm immer wieder über die hervorstehenden Hüftknochen rutschte. Er ging zum Chipsregal, vor dem er einen Moment stehen blieb, um die Cheddar-und-Sour-Cream-Chips anzustarren. Während er mir das langsame Pulsieren seiner Speiseröhre beschrieb, stellte ich mir vor, dass sie aufleuchtete wie in einem Biologiefilm über den Verdauungstrakt. Er nahm die Chips in die Hand und war auf halbem Weg zur Kasse, als ihm einfiel, dass er eigentlich Babyöl brauchte.

»Was ist das beste Buffet in Las Vegas?«, fragte Erik den Taxifahrer auf dem Rückweg ins The Palms.

In Milwaukee hatte Erik mir erzählt, der Hyundai Elantra, den Keoni ihm geliehen habe, sei mit ölverschmierten Verpackungen übersät – Burrito Supreme, 100 % Beef, BK Stacker –, Überreste verbotener, stellvertretend genossener Mahlzeiten.

»Ich kauf dir einen Burrito«, sagte er manchmal zu Pettis. »Du kannst ihn essen. Ich will ihn nur riechen.«

Die wabernden Rindfleisch-Schwaden des Fast Foods, das Erik seinen Freunden kaufte und das sie langsam verzehrten, wehten zu ihrem skelettartigen Fahrer hinüber, und zurück blieben nur zerknülltes Papier und der Geruch, der noch in der Luft hing. Das erschien mir doch ein recht gestörter kulinarischer Masochismus zu sein, aber Erik bestand darauf, dass er nicht annähernd so effektiv Gewicht machen konnte, wenn er sich für einen Augenblick nicht aufs Essen konzentrierte. Und in diesem Unterfangen war Vegas ein extrem guter Komplize, denn es bietet einem Hungernden leibliche Genüsse, die man nicht unbedingt mit der Stadt assoziieren würde. Wenn Sie zum Beispiel im Rio Resort and Casino durch die nahtlos ineinanderübergehenden Räume für Poker, Keno-Lotterie und Einarmige Banditen schauen, vorbei an einem singenden Mädchen im Paillettenkostüm, einem Laser, einem Hauch von künstlichem Rauch, einer Plastikflamme, deren flackerndes Licht auf einen Teppich mit Paisleymuster fällt, vorbei an dem pinkfarbenen »Zukünftiger-Chippendales-Fan«-Strampler im Schaufenster des Geschenkartikelladens, zu der Wendeltreppe, die in das mit schweren Vorhängen dekorierte italienische Restaurant führte, das gehobenes Ambiente zu suggerieren versuchte, in dieser Hinsicht jedoch unter seiner direkten Nachbarschaft zu Wetzel's Pretzels litt, oder wenn Sie an dem gigantischen, glotzäugigen Plastikkopf in der Masquerade Show vorbeischauen, oder, wenn Sie, wie Erik, praktisch halb verhungert sind, so werden Sie entdecken, dass diese Stadt nicht nur ein Hort des monetären Risikos, sondern auch des Essens ist. Und Sie werden feststellen, dass besagtes Essen hauptsächlich mit quantitativen Versprechungen beworben wird, was insbesondere für die Casino-Buffets gilt. Dies waren die Buffets, die Erik interessierten, ihre Verheißungen, ihre horrende Üppigkeit. Für exakt 39,99 Dollar konnte man sogar einen Tagesausweis erwerben, ein Paket, das unter dem Namen »Das Buffet der Buffets« bekannt ist und für diverse Buffets galt, darunter sieben – sieben wie in Weltwunder oder Todsünden, obwohl die Zahl sich in diesem Kontext nur auf eine Sünde, die der Völlerei, bezog – in sich bereits mehr als ausreichende Selbstbedienungs-Erlebniswelten: das Le Village Buffet, das Emperor's Buffet, das Spice Market Buffet, das Flamingo's Paradise Garden Buffet, das Lago Buffet, das Harrah's Buffet, und das »gefeiertste Buffet der Welt«, das Carnival World Buffet at the Rio.

»Das beste Buffet in Vegas«, sagte der Taxifahrer, »ist das Rio Buffet.«

Erik lächelte und lehnte sich auf dem Kunstledersitz zurück. Er war noch nie im Rio Buffet gewesen, konnte jedoch als Rio-Buffet-Experte gelten, da er mehrere virtuelle Reisen dorthin unternommen hatte, und, was noch wichtiger war, viele Stunden lang seine göttliche Befreiung von der Selbstkasteiung an diesem Ort visualisiert hatte. In den vierundzwanzig Stunden zwischen dem Wiegen und dem Kampf würde Erik zwanzig Pfund zulegen, und es bereitete ihm großes Vergnügen, sich vorzustellen, woraus diese Pfunde bestehen würden. Das Rio Buffet, erklärte er mir, habe um die dreihundert unterschiedliche Gerichte zu bieten, siebzig verschiedene Pasteten, eine Reihe von »Bars«, einschließlich einer Sushi-, einer Taco- und einer Wok-Bar. Er kannte seine kleine Armada freundlicher, löffelschwingender Kellner, seine fünfzig Meter lange, geschwungene schwarze Arbeitsfläche, seine unerklärliche Speisenfolge von Salamipizza über Cocktail-Shrimps, Rührei, Linsensuppe, Krebsbeine, Bratfisch, Sushi, grünem Salat, in Soße schwimmenden Schweinekoteletts, mit Honig glasiertem Schinken, Flankensteak, Barbecue-Rippchen, Burritos, Tacos, Waffeln, Frühlingsrollen, Knödel, Schweinefleisch süß-sauer, Eier Benedict, Bacon, ein riesiges Ketchup-Fass, Croissants, gewürfelte Mango, Grüne-Bohnen-Salat, sieben

Salatsorten bis hin zur Gelato-Bar, deren Köstlichkeiten zu zahlreich sind, um sie hier aufzuzählen, auch wenn Erik sich redlich bemühte, wenn man ihm Gelegenheit dazu gab.

Das Rio war nur ein Teil des Plans, der obendrein Spaghetti Bolognese und einen ganzen Laib Knoblauchbrot aus dem Battista's Hole in the Wall, Sandwiches aus dem hiesigen Jimmy John's Gourmet Sandwiches und vierundzwanzig Schwarzwälder-Kirsch-Cupcakes beinhaltete, die ihm zwei backende Groupie-Schwestern über Nacht aus Milwaukee schickten und die ihm ein Kurier übergeben würde, sobald er von der Waage stieg.

»Ich bin Kämpfer und plane, was ich vor dem Kampf essen werde«, erklärte Erik dem Taxifahrer.

»Übertreiben Sie es nicht«, sagte der.

»Anderson Silva isst vor jedem Kampf zwei Big Macs«, sagte Erik. »Macht keinen Unterschied.«

Die Unterhaltung versiegte, während der Verkehr vor dem MGM Grand schwerfällig und rußfleckig im Licht der Vormittagssonne dahinkroch.

»Haben Sie schon mal den Sechs-Pfund-Burrito im NASCAR probiert?«, fragte Erik. Der sechs Pfund schwere, sechzig Zentimeter lange Burrito aus dem NASCAR Café war ebenfalls Teil seines Plans.

An jenem Abend schaute Erik, skelettartig und fröstelnd in seinem Hoodie, im Hotelzimmer »The Food Network« und spielte mit seinem Smartphone.

»Gehen wir ins Rio«, sagte er grimmig, mit schweren Lidern. »Nur um uns umzusehen, meine ich.«

Es war 22 Uhr. Hätte Sean den Vorschlag gemacht, hätte ich meine Präferenz geäußert, in die Spätvorstellung des Casino-Kinos zu gehen, aber ich wollte nicht riskieren, mit Eriks manichäischen Neigungen in Konflikt zu geraten.

Erik und ich nahmen den Aufzug nach unten, in dem Eriks Konterfei hing – »Ticketverkauf ab Mittwoch« –, kamen an der jungen Klientel der Blackjack-Tische und der weniger jungen Klientel der Einarmigen Banditen vorbei, stiegen in den fußgängerlosen Abgrund der Casinos abseits des Las Vegas Strip und gingen zum Rio. Jenseits der Mah-Jongg- und Keno-Tische sowie der Pokerturnier-Teilnehmer mit Cowboyhüten deutete Erik auf ein Schild: »The Carnival World Buffet«. Wir gingen durch eine Schwingtür in eine riesige, gebohnerte Cafeteria.

»Es hat geschlossen«, sagte ich.

Statt Essen fluoreszierendes Licht, sauberer Stahl und Milchglas. Der einzige Mensch im Raum war ein Mann hinter der Theke, der eine Art Gasmaske trug und Dampf aus einer Düse versprühte. Erik versuchte, sich ihm verständlich zu machen.

»Ich bin Kämpfer«, rief er und deutete auf sich selbst. »Ich will morgen herkommen.«

Der Mann in der Maske nickte knapp und ehrerbietig, die Geste eines Nicht-Muttersprachlers.

An der langgestreckten Theke waren schwarze Schilder mit weißer Schrift angebracht. Erik begann an der Nordseite des Raums.

»Pizza«, las er von dem ersten Schild vor, hielt inne, starrte die Warmhalteplatten aus Aluminium an und umfasste seinen Wasserkanister fester. Ein Licht am anderen Ende des Raums flackerte.

»Garnelen-Scampi.«

Ich ging zu den frisch abgewischten Tischen hinüber und ließ mich an einem davon nieder, um Eriks Phantastereien mit, wie ich fand, vorbildlicher Geduld auszusitzen.

»Pochierte Eier«, sagte Erik. Sein Gesicht hatte wieder

eine gelbliche Blässe angenommen und schien sich in seine Kapuze zurückzuziehen. »Rührei.«

Zwanzig Minuten später war Erik bei der Gelato-Theke angekommen. Der Mann mit dem Dampfreiniger war verschwunden.

»Gehen wir«, sagte Erik, und wir tappten zurück durch das Casino, in dem um 23 Uhr an einem Dienstagabend nur die Engagierten und die Süchtigen zurückgeblieben waren.

Erik verbrachte den nächsten Vormittag damit, seinem Durst zu widerstehen, und ich erkannte den vielleicht einzigen positiven Nebeneffekt der Selbstkasteiung, denn Erik würde in Anwesenheit seines Gegners gewogen werden, hatte aber bis jetzt, soweit ich das beurteilen konnte, noch keinen Gedanken an ihn verschwendet. Er hatte Cisco zwar vor einiger Zeit bei den Blackjack-Tischen gesehen, und einmal ganz kurz in der Schlange vor dem Hotelkino, doch sobald Cisco sein Blickfeld verließ, kehrten Eriks Gedanken wieder zum Rio Buffet, zu Gourmet-Müsli oder Schwarzwälder-Kirsch-Cupcakes zurück, obwohl er mittlerweile selbst darüber hinaus war, denn jetzt träumte er von Wasser. Der Durst, sagte Erik, sei sogar noch schlimmer als der Hunger. Er bereitete ihm Zahnschmerzen. Ausgetrocknet von der erzwungenen Dehydrierung hatte Eriks Haut eine neue Festigkeit angenommen; wenn man hineinkniff, dauerte es einen Moment, ehe sie sich wieder glättete. Seine Bänder waren rissig geworden. Sein Ellbogen tat wieder weh. An irgendeinem Punkt trank er heimlich einen Schluck Crystal Light, doch das Pulver, das den Bodensatz des Brausegetränks bildete, blieb ihm in seinem trockenen Mund an den Zähnen kleben, die so heftig schmerzten, dass er seine Sünde bereute. Er rieb sich mit Babyöl ein und ging in die Sauna, um zu schwitzen, spannte angestrengt die Muskeln an, als wollte er durch schiere Willenskraft die letzten Wassertropfen aus den einzelnen Fasern pressen, bis die Waage in der Sauna 145,5 Pfund anzeigte. Bei seinem letzten Kampf war Erik so schwach gewesen, dass Keoni ihn auf dem Weg von der Sauna zur Waage stützen musste.

Später an jenem Nachmittag, im vollbesetzten Konferenzsaal des Hotels, beobachtete Erik, wie Cisco an den Ketten um seinen Hals herumspielte. Reporter von ernstzunehmenden Medienorganisationen waren zugegen, flankiert von Kameramännern – was den Wettkampf schon jetzt von den anderen unterschied, denen ich bisher beigewohnt hatte. Die Kämpfer kamen in Begleitung von Trainern in zueinanderpassenden T-Shirts und wurden von Sponsoren unterstützt, die durch die Bank angesehener waren als ihr lokaler Tattooladen. Der Kampf wurde im Pay-per-View-Fernsehen übertragen, und wer auch immer beim Hauptevent siegte, würde dort fünfzigmal mehr verdienen als bei einem der halbwegs legalen Kämpfe, bei denen ich Seans Platzfüller gewesen war.

Cisco und Erik starrten an den Fotografen vorbei, die rings um das Podium hockten, um Bilder zu machen. Als Erik aufgerufen wurde, stieg er auf die Waage, die bis auf hundertsechsundvierzig Pfund hochschnellte, das erlaubte Maximalgewicht. Sein Gesicht wurde schlaff und seine Lippen öffneten sich leicht. Er spannte beide Arme an, eine alles andere als überzeugende Demonstration von Stärke, eine bizarre Ansammlung von Ausbuchtungen, die sich unter der durchscheinenden Haut seiner Arme und seines Bauches wölbten. Als er die Muskeln anspannte, glänzten seine beiden Tätowierungen auf, schwarz und sauber: das »HD« für Hard Drive auf dem linken und das »Z« für Zombie Nation Army auf dem rechten Arm. Ihm war schlecht, und er fröstelte.

Erik stieg von der Waage und posierte für ein paar Schnappschüsse mit Cisco, der fünf Zentimeter kleiner war, schlank, aber nicht zu sehr und absolut fähig, mit hundertfünfunddreißig Pfund zu kämpfen, sollte er nur die Hälfte von Eriks Willenskraft aufbringen. Sie stellten sich mit erhobenen Fäusten einander gegenüber, und Erik glich den Größenunterschied aus, indem er seinen Kopf parallel zu seinen Schultern vorreckte. Er hatte vor ein paar Kämpfen damit angefangen, wie er mir erklärte, weil jemand ihm gesagt hatte, er sehe dadurch aus »wie ein Alien«. Jetzt tat er es vor jedem Kampf und rasierte sich den Kopf, um den Effekt noch zu verstärken.

»Er sieht aus wie ein Alien«, hörte ich einen des halben Dutzends Sportjournalisten zu seinem Nebenmann bemerken.

Erik stieg von der Bühne, und ein Mädchen mit französischen Zöpfen reichte ihm einen großen Tupperware-Behälter mit vierundzwanzig Schwarzwälder-Kirsch-Cupcakes.

Jenseits der Waage, im Backstagebereich, beobachtete ich, wie Erik sich an eine Wand sinken ließ und den Verschluss einer kleinen Plastikflasche mit Cherry-Pedialyte aufriss: »Damit Ihr Kind sich bald wieder besser fühlt.« Er trank sie aus wie ein Schnapsglas, öffnete eine weitere, dann noch eine. Zwanzig andere Kämpfer tranken dasselbe. Lächelnde Teddybären starrten zwischen ihren dicken Fingern hindurch, dann sammelten sie sich in einem wachsenden Haufen zerdrückter Plastikflaschen auf dem Boden.

Erik riss eine schwarze Reisetasche auf, in die er Lebensmittel und Getränke gepackt hatte, von denen er aus Erfahrung wusste, dass sein geschrumpfter Magen sie nicht sofort wieder von sich geben würde: Maisbrot, eine Banane, Gemüsesaft und ein kleines Truthahnsandwich. Er stopfte sich ein großes, eckiges Stück Maisbrot in den Mund und schloss die Augen. Die anderen Kämpfer starrten ihn an. Niemand sonst hatte von einem Kurier überbrachte Cupcakes oder eine Leinenreisetasche voller Maisbrot.

»Kann ich was davon haben?«, fragte jemand.

»Ja, Mann«, sagte Erik und riss ihm ein großzügig bemessenes Stück ab, dann schob er sich noch mehr saftiges Maisbrot in den Mund. Sein Blick wurde glasig, er lehnte sich flach an die Wand, und ein leicht dümmliches Grinsen breitete sich auf seinem Gesicht aus, als er einen der Cupcakes in der Hand drehte, um die Folie behutsam von der Schokolade zu entfernen.

Erik sagte, ihm sei schwindlig, obwohl man an seinem schwachen Lächeln erkennen konnte, dass es eher ein angenehmes, diaphanes, trunkenes, vom Zucker hervorgerufenes Hochgefühl war. Als wir in einen vollbesetzten Aufzug sprangen, dauerte es einen Moment, bis er merkte, dass wir mit Cisco und seiner fünf Mann starken Entourage allein waren. Erik kam in dem peinlichen Schweigen wieder zu sich, als wir zusammen in den vierten, den sechsten, den achten Stock fuhren. Er starrte auf den Boden und rieb sich den Nacken. Einer von Ciscos Männern lehnte an Eriks Poster.

Eine leise Stimme vom hinteren Teil des Rudels.

»Machen wir ihn fertig!«

Alle lachten.

Erik hatte den Kühlschrank in seinem Zimmer mit kleinen Truthahnsandwiches bestückt. Er verleibte sie sich nur langsam ein, gestattete sich nur eins pro Stunde, dazu eine Handvoll Chips, auch wenn sie kein akzeptabler Bestandteil einer Prä-Kampf-Diät waren. Er warf sich aufs Bett und schaute zum ersten Mal seit Wochen etwas anderes als »The Food Network« an.

»Chips?«, fragte Wes, der gerade rechtzeitig zum Wiegen angekommen war.

»Ja, Ken sagt, ist kein Ding.«

Ken war Eriks Konditionstrainer in Cedar Rapids, und ich wagte zu bezweifeln, dass er sich tatsächlich zu Chips geäußert hatte.

Pettis kam ins Zimmer, gefolgt von Duke.

»Was soll das mit den Chips?«, fragte Duke.

»Anderson Silva isst zwei Big Macs vor je…«

»Vergiss es, dafür gibt's keine Rechtfertigung«, sagte Pettis.

Eriks Manager kam herein, gefolgt von einem massigen Mann mit Pferdeschwanz, der eine Ledertasche dabeihatte.

»Der Arzt ist da!«, sagte der Manager.

»Hey«, sagte Erik, der mit dem nächsten Sandwich beschäftigt war.

Ich dachte, der Arzt sei wegen irgendwelcher Untersuchungen da, doch stattdessen nahm er einen mit einer Flüssigkeit gefüllten Beutel, an dem ein Schlauch befestigt war, aus der Tasche und suchte den Raum mit geschürzten Lippen nach etwas ab, woran er ihn aufhängen konnte. Er entschied sich für einen großen Kunstdruck über Eriks Kopf, stellte sich auf die Zehenspitzen und schüttelte ihn in Form, bis er gefährlich von einer Ecke des Rahmens hing.

»Ich find keine Vene«, sagte der Arzt, als er Erik in den Arm stach.

Eine Minute später: »Sie sind zu klein.«

Eine weitere Minute später, zum Manager: »Haben wir kleinere Nadeln?«

Nachdem der Arzt die Infusion gesetzt hatte und gegangen war, schaute sich Erik mit andächtiger Aufmerksamkeit *Alle lieben Raymond* an. Seine Augenbrauen wanderten weiter und weiter nach oben, als wäre das alles irgendwie neu für ihn. Die Farben. Die bewusst wahrgenommene Gegenwart anderer Menschen. Die Art, wie ihre Stimmen durch den Raum hallten. Eriks entblößte Bauchmuskeln verschwanden unter den Hautschichten. Seine Verwandlung glich der einer welken Zierpflanze, die gegossen wurde, sich wieder ins Leben streckte, und wie bei einer wiederbelebten Pflanze ging auch diese Veränderung so schnell vonstatten, dass man sie fast sehen konnte. Zum ersten Mal seit Tagen konnte er dem Hin und Her des Schlagabtauschs im Fernsehen folgen. Diese *Alle-lieben-Raymond*-Folge war witzig. Die Witzigste, die er je gesehen hatte. Wenn er lachte, tauchten die Wölbungen seiner Muskeln auf und verschwanden dann wieder unter der Haut. Er riss ein Stück Truthahnsandwich mit den Zähnen ab.

»Was läuft's mit diesem Mädchen?«, fragte Erik Wes in einer Werbepause. Der spielte im Sessel mit seinem Smartphone.

»Hat nicht hingehauen«, sagte Wes. »Sie war schon älter, weißt du.«

»Wie alt?«, fragte ich.

»Na ja, so um die sechsundzwanzig.«

Eriks Telefon klingelte, doch er ignorierte es.

»Wann gehen wir ins Rio?«, fragte Wes.

Eriks Blick blieb unverwandt auf den Bildschirm gerichtet. »Ich glaube, das ist doch keine gute Idee.«

Eriks rechter Arm lag wegen der Infusion mit der Handfläche nach oben auf dem Bett. Durch das deckenhohe Fenster sah man, wie die Abenddämmerung in die Nacht überging, und am Strip leuchteten die ersten Lichter auf.

»Hab im Internet gelesen«, fuhr Erik fort, »dass sich da jemand 'ne Lebensmittelvergiftung geholt hat.«

***

Einige Reporter wollten Erik interviewen. Nicht allzu viele, denn er war relativ unbekannt – sogar noch unbekannter als Jesse Lennox oder Josh Neer –, aber ein paar. Eine Reporterin war selbst Kämpferin, und Erik hatte ein großes, platonisches Interesse an ihr, als teilten sie irgendetwas Intimes, zu dem ich nie Zugang haben würde. Erik stellte mich vor, als wir im luxuriösen TapouT Trainingscenter neben dem Octagon standen. »Sie ist Autorin«, fügte er hinzu.

Sie hatte einen Zettel mit einer Liste von Fragen dabei, und Erik sagte nach jeder: »*Gute* Frage«, auch wenn es sich keineswegs um besonders interessante Punkte handelte, außerdem sollten sie ohnehin nur in einer Rezension auf einer mir unbekannten MMA-Webseite veröffentlicht werden, weshalb mir das gesamte Unterfangen fruchtlos erschien.

Als sie das Ende ihrer Liste erreicht hatte, wandte sie sich an mich: »Und für wen schreiben Sie?«

Ich spürte, dass Eriks Blick auf mir ruhte, als würde ich einer Prüfung unterzogen – als käme ihm meine Anwesenheit in seinem Leben, nun, da er eine »Autorin« kennengelernt hatte, deren Absichten er nachvollziehen konnte, plötzlich unerklärlich vor. Ein langes, unangenehmes Schweigen folgte. Ich hörte einen Mann aufstöhnen, der in einem angrenzenden Raum Gewichte stemmte. Für wen schrieb ich? Ich hatte kürzlich einen Aufsatz bei Richard Knowles geschrieben, der ihn mit der Note »Vier« bewertet und gedroht hatte, mich in seinem Kurs durchfallen zu lassen.

»Das ist etwas kompliziert«, sagte ich und warf Erik einen

kurzen Blick zu, der ob dieser Antwort mit einer Mischung aus Skepsis und Verärgerung reagierte. Ich geriet in Panik. »Ich schreibe für die *Cedar Rapids Gazette*.«

Erik lächelte, überrascht und mit strahlenden Augen, wie man es tut, wenn man ein Problem gelöst hat.

»Für die schreibst du also, über diesen Kampf?«, fragte er.

»Ja. Das hatte ich vor«, sagte ich, voller Unmut über diese Entwicklung.

Es war mehr als ein bisschen beunruhigend, dass Erik jetzt einen Artikel im Sportteil dieser Lokalzeitung erwartete, doch ich verdrängte meine rein hypothetischen Beziehungen zum Printjournalismus, während wir mit einer Reihe von echten Journalisten zu tun hatten.

»Ich hatte keinen Job. Keine Möglichkeit, Geld zu verdienen«, erzählte Erik jemandem vom Radio. »Ich hab einfach beschlossen, sechs, sieben Stunden pro Tag zu trainieren«, erzählte er jemandem von einer anderen MMA-Webseite. »Das würden die meisten nicht tun.«

Erik hatte keine große Lust, über seine Fluidität, seine Schlagtechnik oder seinen Record zu sprechen; er wollte über all das reden, was er aufgegeben hatte, all die möglichen Leben, denen er entsagt hatte. Er habe keinen »Plan B«, insistierte er wieder und wieder, bis ich brennende Ruderboote in seinem Kielwasser sehen konnte. Wenn möglich hätte er jedem erzählt, aus welchem speziellen Opfer welcher bestimmte Teil von ihm hervorgegangen war – das schmalste Gelenk seiner Hand, die Krümmung seines Halses, Systole und Diastole. Wie beeindruckend Erik vor dem Mikrophon war! Selbst, wenn er spürte, wie sich sein Magen umdrehte und sein Blick glasig wurde, waren seine Worte voll und klar. Oft beinhaltete die Frage, woher Erik

Koch gekommen war – jemand beschrieb ihn in seiner Gegenwart einmal als »wie aus dem Nichts aufgetaucht«, eine Überleitung zu einer Herkunftsgeschichte – eine Art generationsübergreifende Unausweichlichkeit. Sein Spitzname lautete »New Breed«, weil er ein ausgewogener Kämpfer war, und zwar deshalb, weil er nicht zu einem Wrestler oder zu einem Kickboxer ausgebildet worden war, sondern zu einem Mixed Martial Artist, und das war nur möglich, weil er in einer anderen Welt aufgewachsen war als seine älteren Kontrahenten. Manchmal hatte er mit zehn zu trainieren angefangen, manchmal mit elf, manchmal erst mit sechzehn oder siebzehn, aber immer war er »nur ein Kind« und immer waren Mixed Martial Arts etwas, auf das er sich gestürzt hatte, heftig und aus eigenem Antrieb. MMA war da gewesen wie die Luft zum Atmen, und wie bei Luft wusste sein Körper genau, wie er es absorbieren, aufspalten musste, und wie es etwas geworden war, was er gefunden hatte. »Mein Bruder hat es mir beigebracht« war keine Geschichte darüber, Opfer zu bringen, und vielleicht blieb der Bruder deshalb eine anonyme Figur, um die das Gespräch herumtanzte.

An jenem Abend machen sich in Cedar Rapids Keoni, Beau, Lonnie und ein Dutzend weitere Hard-Drive-Teammitglieder auf den Weg zu einem Public Viewing in einem Lokal, das Erik sponsert und das den Kämpfern unter dem Namen Cici's bekannt ist, aber offiziell passenderweise »Cici's Pizza Buffet« heißt. Die Kämpfer bringen ihre Kinder mit, deren Fäustlinge ihnen an Schnüren aus den Ärmeln baumeln, und lassen sie die Arcade-Spiele im hinteren Teil des Restaurants spielen. Die Erwachsenen trinken Cola aus hohen Plastikbechern, ignorieren die Kämpfe vor Erik, machen sich über einen Typen lustig, über den sie sich immer lustig machen, und werden nur still, wenn Keoni etwas zu sagen hat. Die Bilder, die über den Bildschirm flimmern, sind ihnen vertraut; sie kennen die Akteure mit Namen. Da ist das Octagon, himmelblau und von roten Lichtstrahlen schraffiert. Da sind die Nummerngirls und die langen Kamerafahrten, die ihnen um den Ring folgen; der Luftkuss, den sie der Kamera zuwerfen, ehe sie sich umdrehen und wieder setzen. Da sind die Schiedsrichter, die Kamera hält an, nimmt sie zur Kenntnis – Herb Dean, Big John McCarthy, Steve Mazzagatti –, und dann die hochrangigen Zuschauer auf den besseren Plätzen, denen sie schmeichelt, platinblonde Frauen mit Diamanten und Glitzertops am Arm von Männern mit polierter Glatze und kunstvollen Tattoos. Da ist Stephan Bonnars jungenhaft-dynamische Stimme, die die Zuschauer durch jeden Schlagabtausch begleitet – oh, und ein rechter *Straight* schickt ihn auf die *Matte*; Michaels hat ihn fest im Griff, das ist ein böses *Ground and Pound*; vorhin hat er einen linken Haken geschlagen, gelächelt und mit einer *punktgenauen* rechten Geraden gekontert, voll auf die Zwölf; *Armbar, jetzt geht's los!* Da ist Bruce Buffers Stimme mit ihrem opernhaften Volumen, die jeden neuen Kämpfer mit ozeantiefen, reichen, grollend anschwellenden Tönen in jenen heiligen Hallen willkommen heißt, die den Anforderungen der rituellen Begrüßung gemäß sanft ansteigen und dann hart abfallen. Das ist das zweite Mal, dass sie Erik im The Palms, und das vierte Mal, dass sie ihn live im nationalen Fernsehen kämpfen sehen werden, trotzdem, als er auf dem Bildschirm erscheint, kommt es Keoni so vor, als würde sein Bruder auf das Set irgendeiner alten Sitcom stolpern, die sie als Kinder zusammen gesehen haben, als wäre er aus seinem Zimmer verschwunden und in dieser flachen, glitzernden Welt wieder aufgetaucht.

Erik hat seinen eigenen Warm-up-Raum, und Duke und Pettis sind auch da, beruhigend minimalisieren sie ihre Gegenwart, während Erik auf und ab hüpft, nach imaginären Gegnern schlägt und ein Kampf nach dem anderen endet. Kein Wort wird gesprochen. Es gibt zwar einen Fernseher, aber der Ton ist ausgestellt; Treffer erfolgen lautlos, gefolgt vom donnernden Gebrüll der Menge draußen. Duke streift sich gesprungene rote Handschuhe über und stellt sich vor Erik, der seine Schienbeine dagegen schlägt; *zack*. Pettis sitzt auf einer Metallbank und starrt auf den Bildschirm, knackt mit den Fingerknöcheln, *krack, krack*, kaut auf den Bändern seiner Kapuze.

Erik ist der neunte der elf heutigen Kämpfe, was bedeutet, dass er ein »Anwärter«, aber noch kein »Champion« ist, und der Druck, der mit dieser Auszeichnung einhergeht, ist beträchtlich. Er trägt weiße Shorts, die knittern und knistern, wenn er geht, und obwohl er gut hydriert und gesund aussieht, ist es schwer vorstellbar, dass diese zierliche Gestalt – »Powder« nennen ihn die Leute im Publikum; »er sollte sich Sonnenbräune tätowieren lassen«, tweetet jemand später – die nötige Kraft aufbringt, um einen anderen Mann zu Boden zu werfen.

Alles an ihm wartet. Wartet darauf, dass Pettis Schlagpolster anzieht, damit er dagegen schlagen kann, wartet darauf, dass der siebte Kampf endet, der achte Kampf endet, wartet darauf, dass das Wände zum Wackeln bringende Wummern seines Einzugslieds ertönt, wartet darauf, dass Duke und Pettis sich mit seinem Banner hinter ihm versammeln, wartet darauf, dass Pettis sein Gesicht mit Vaseline einreibt, und dann ist Erik im Käfig, endlich im Käfig, er springt herum, wartet auf Cisco, den Kalifornier, der offensichtlich weit mehr Fans in Vegas hat als er, und Erik wartet darauf, dass der Schrei von Ciscos Leuten ihm durch die Füße bis in die Fingerspitzen steigt, und etwas zieht sich zusammen, und schließlich sagt Steve Mazzagatti, den Erik auf seiner Couch in Iowa über Jahre als Ringrichter bei Kämpfen gesehen hat: »Los geht's«, und Erik beginnt zu schwanken.

Er und Cisco treten vor und zurück, vor und zurück, schaukeln in einem hypnotischen Rhythmus, ein Low Kick hier, ein verfehlter Haken dort, und Erik beugt sich tief nach rechts und schwingt sein rechtes Schienbein gegen Ciscos Kopf, und dessen Kopf schnellt zur Seite, und Cisco fällt wie ein toter Mann, und Erik stürzt sich auf Cisco, und Steve Mazzagatti wirft sich zwischen sie, denn Erik Koch ist der Gewinner, der Champion, und Millionen Menschen sehen zu, und der ganze Saal ist auf den Beinen, und erwachsene Männer stöhnen auf, und als ich meine Hände anstarre, die nass sind von meinen Tränen, spannt Erik jeden Muskel in seinem Körper an, ballt die Hände zu Fäusten – und stößt einen markerschütternden Schrei aus.

Sean – Frühjahr 2011

Anfang Frühling radelte Sean flussabwärts, dann entfernte er sich vom Ufer, fuhr über verkehrsreiche Durchgangsstraßen, sandige Randstreifen und gesprungenes Eis auf Gehsteigen, bis er den gepflasterten Parkplatz seines neuesten Arbeitsplatzes erreichte: Chorus Girls. Sein Fahrrad war das einzige vor dem Stripclub, das angekettet war. »Ist das irgend so ein Trunkenheit-am-Steuer-Scheiß?«, fragte ihn ein anderer Türsteher. Es hatte *nichts* mit Trunkenheit am Steuer zu tun, sondern war im Gegenteil das Fahrzeug eines Mannes, der nach einem langen Rausch wieder nüchtern wurde, das Zehngangfahrrad eines Kämpfers, der wieder im Training war. Wäre besagter Türsteher ein geübter Beobachter von Menschen gewesen, wäre ihm vielleicht aufgefallen, dass Seans Kinn spitzer und seine Wangen straffer wurden wie eine Leinwand, die man auf einen Rahmen spannte. Und er hätte bemerkt, wie Seans Taille unter seinem Shirt langsam Form annahm.

Zehn Monate lang hatte ich auf diese körperliche Transformation gewartet, trotzdem hatte ich nie den Glauben an Seans Zukunft verloren; ich nahm an, seine Scheidung sei, wie die meisten, eine vorübergehende, destabilisierende Kraft, und ich wusste, dass er gewichtsmäßig besonders sensibel auf Störungen seines psychischen Gleichgewichts reagierte. In der Navy hatte er zwanzig Pfund abgenommen, nicht weil er übermäßig viel marschieren musste, sondern wegen eines Vorfalls, bei dem er den Befehl bekam, die Leiche eines anderen Soldaten zu bergen, der von einem Panzer überfahren worden war. Als er sie anhob, zerfiel sie in zwei Teile, und immer, wenn er sich danach zum Essen hinsetzte, wurde ihm übel, so dass er bei seiner Rückkehr nur noch hundertfünfundfünfzig Pfund wog. Neben Angst und Langweile war Übelkeit das Gefühl, das er am stärksten mit dem Krieg in Verbindung brachte, und es war ihm so zuwider, dass ich mir keine Sorgen machte, er könne sich erneut verpflichten.

Es ist eine Sache, Platzfüller für einen Kämpfer auf dem absteigenden Ast zu sein, eine ganz andere, es für einen Mann in den besten Jahren zu sein, aber für einen wiedergeborenen Kämpfer! Man kann einen ungeschlagenen Anderson Silva oder einen José Aldo haben; doch ich hatte einen Mann, der so lichterloh brannte, dass es seine Kruste zu schmelzen schien, wie ein Planet, der zu nah an die Sonne kam. Wenn er einen Raum betrat, änderten sich Stimmungen, wurden zu bloßen Werkzeugen für seinen kämpferischen Gebrauch. In Seans Augen, die sich von neuem auf die Großen Shows gerichtet hatten, waren diese nicht länger ein Schauspiel, das man sich anschaute, sondern der Ort, an dem er jeden Moment ankommen würde.

Natürlich veränderte sich auch seine Sprache. Das Brennen ließ prahlerische Worte aus seinem Mund sprudeln. »Man muss das tun, wozu man hergekommen ist«, sagte er belehrend, lehnte sich auf dem Küchenstuhl zurück und kraulte den Pitbull seines neuen Mitbewohners hinter den Ohren. »Ich soll in dieser Welt nichts anderes sein als ein Kämpfer. Wenn man die Chance hat, in irgendetwas der Beste der Welt zu sein und nichts dafür tut, zerfrisst es einen innerlich.« Sean lehnte sich zurück, wurde philosophisch. »Aber man hat natürlich auch eine andere Seite, und die muss sich anstrengen, um ihren Scheiß geregelt zu kriegen. Sozusagen.«

Wir saßen in seiner neuen Wohnung, drei Zimmer über einem Fitnessstudio, das Pat Miletich persönlich gehörte. Ich hatte in den Büchern über Pat Miletich etwas über diese Wohnung gelesen, genauer gesagt in *Blood in the Cage* und dem unverzichtbaren *No Holds Barred*. Es war ein Ort, der nur für Männer reserviert war, die morgens, mittags und abends trainieren wollten. Irgendein ehemaliger Bewohner hatte die Tür des Badezimmers herausgerissen, die immer noch an der Wand lehnte, für den Fall, dass Frauen zu Besuch kamen. Seans Teil der Wohnung war halb Schlafzimmer, halb Matte, und an die Wand über der Matte hängten Sean und sein Mitbewohner Brandon eine Tafel, auf die sie das Trainingsprogramm schrieben.

Seans Beine waren immer dünn gewesen, aber bis jetzt war mir nie aufgefallen, wie dramatisch sich sein Oberkörper ab der Hüfte verbreiterte, so dass seine riesigen Schultern auf einem kleinen, eckigen Unterleib ruhten. Das war der Sean, von dem man mir jahrelang erzählt hatte. »Ich habe tagelang Schläge von Tim Sylvia eingesteckt«, sagte er über den Lärm des Mixers hinweg. »Ich habe zwei Runden mit Jake Ellenberger gekämpft. Wie viele können das von sich behaupten? Zwei Runden mit Jake Ellenberger *und* in der Nacht davor waren Spencer und ich aus und haben Wodka-Cranberries getrunken. Ich könnte jetzt in der UFC sein. Kein Ding. Aber ich bin faul. Ich bin der faulste Profisportler, den es gibt.«

Mit jeder Fahrradfahrt zum Stripclub wuchs Seans Ausdauer, ebenso wie mein Vertrauen in seine Zukunft. Vielleicht würde er in einer Reihe von Siegen die Stärke finden, die wimmernden Ablenkungen, die aus jugendlichen Stelldicheins geboren worden waren, zu ignorieren, und wir konnten unsere Partnerschaft in seinen Dreißigern fortsetzen. Ich wusste von mindestens einer MMA-Koryphäe, die den Ruhestand bis zum Alter von dreiundvierzig Jahren hinausgezögert hatte, was Sean und mir theoretisch ein weiteres Jahrzehnt Zeit ließ, gemeinsam diverse relevante Phänomene zu erforschen. Über diese Zeit würde ich einen kompletten Bericht über das Bewusstsein im Zustand der Ekstase verfassen, und Sean würde zu Kämpfen aufsteigen, die ebenso groß und legal wären wie der, den ich im November gesehen hatte. Was Miletich einst in Sean gesehen hatte, war nicht nur ein kämpferischer Geist, sondern eine durchaus bemerkenswerte Kompetenz, eine Fähigkeit, Schläge einzustecken, die jene vieler Männer überstieg, die bereits in den Großen Shows kämpften.

In dieser Stimmung unendlicher Möglichkeiten brachen wir nach Des Moines auf, zu einem Kampf, den abzulehnen Sean zu ehrenhaft und den zu gewinnen er zu klein war.

***

Glauben Sie nicht einen Moment, weil es mich bereits in ein Vegas-Stadion unter lauter berühmte Kämpfer verschlagen hatte, ich hielte mich für zu gut für einen durchschnittlichen Des-Moines-Kampf. Ich war nur zu glücklich in meinen eigenen kämpferischen Gefilden, unter Männern, die die Welt vielleicht nicht anerkannte, ich dagegen umso mehr. Und obwohl ich zögere, es auszusprechen, weil ich nicht den Eindruck erwecken will, durch Gefühle kompromittiert zu sein, fehlte mir Sean, wenn ich tausend Meilen von ihm entfernt war. Am Samstag, als Sean gegen einen 1,88 Meter großen, zweihundertzwanzig Pfund schweren Mann kämpfen sollte, verbrachte ich fast den gesamten Abend auf einer Couch in der Umkleide, an seiner Seite.

Wenn Sie möchten, sehen Sie sich das Kommen und Gehen im Umkleideraum an, das »Vorher« und »Nachher«, das mysteriöse Makeover, das wir auf der Couch nicht miterleben: Männer gehen unversehrt, hart und grün und kommen nachgereift wie Obst, fleckig und voll weicher Stellen; gehen mit festsitzenden Fingern und kommen mit halb abgerissenen; gehen eingebettet in eine Clique aus Sekundanten und kommen mit freiliegenden Knochen. Es gibt eine türlose Türöffnung und einen weißen Flur und jenseits davon eine Dunkelheit, in die die Vorstellungskraft wahlweise einen Minotaurus, einen Dschungel oder auch eine endlose Leere projizieren kann, die dem Anschein nach zur Selbstgeißelung verleitet.

Mir ist bewusst, dass es dem Laien wie ein Nachteil erscheinen mag, an eine Couch gebunden zu sein, isoliert, wie sie vom Schauspiel zu sein scheint, und dass man alles, was es zu sehen gibt, sehen kann, indem man ein Ticket für einen käfignahen Platz ersteht. Aber wie kann es dann sein, dass man dafür, in die Nähe des Käfigs zu kommen, nur zwei Armbänder aus den fähigen Händen der Mitarbeiterinnen auf dem Parkplatz braucht, wohingegen man drei braucht, um wieder dorthin zurück zu gelangen? Zuschauer mit drei Armbändern können sich überall hinbegeben, wo sie wollen, sei es an den Monster-Energy-Werbestand oder auf den Schoß der gutgekleideten Damen, die sich die kostspieligen Tische am Käfig leisten können, oder unter das ungehobelte, einfache Volk hinter der Absperrung. Aber die meisten von ihnen tummelten sich in der Umkleide, pressten sich aneinander und grunzten entschuldigend bei jeder Bewegung. Ein hispanischer Mann lehnte sich Minuten vor einem Kampf zurück und starrte die Wand an. Wir schickten ihn durch die Tür, und er kam gebrochen zurück, mit einem zusätzlichen Winkel in seinem Ringfinger. Seine üppige, dunkelhäutige Frau rieb ihm mit traurigen, stummen, tröstlichen Kreisen den Nacken.

Trotz seines nominellen Sieges im Februar hatte Seans Kampf mich enttäuscht, und so machte ich mir natürlich Sorgen. Um mich abzulenken, beobachtete ich die anderen Kämpfer im Raum. Ich entschied mich für einen Kämpfer namens Pete und konzentrierte mich auf seinen seltsam langen Hals, seine zierliche, unzerquetschte Nase. Petes schlaksige Arme und Beine sahen, wie mir auffiel, um ein Vielfaches zerbrechlicher aus als alles an Sean. Dieser Mann mit der milchweißen, makellosen Haut ging so energisch auf und ab, dass sein langer blonder Pony nach hinten wehte. Seine mit Klebeband umwickelten Finger zuckten, als wollte er einen unsichtbaren Aktenkoffer umfassen – wie um eine weniger schmerzhafte Lebensweise für Pete anzudeuten. »Pete Sampson!«, verkündete einer der Lautsprecher draußen, und Pete joggte auf dieselbe Tür zu, die uns eine sehr reduzierte Version von Gomez geliefert hatte. Auf dem Boden saßen fünf Sekundanten, umgeben von Kämpfer-Müll: halbleere Gatorade-Flaschen, Verbandsmullrollen, leere Energieriegelverpackungen, deren Folien-Innereien freiliegen, unberührte Monster-Energy-Drinks. Ein Kleinkind, ein Junge mit Haut in der Farbe von nassem Sand, rannte lauthals brüllend ins Zimmer und wieder hinaus.

Neben mir auf der Couch schlief Sean tief und fest. Gelegentlich blieben Leute stehen und wunderten sich über ihn. »Schläft er vor jedem Kampf?«, fragten sie. »Meditiert er? Ist er krank?«

Ich spekulierte über die Gründe dafür, warum Sean angesichts der Ungewissheit, die jenseits dieses Raumes lag, so entspannt war, und was ihm dabei half, die Nervosität abzulegen, die den anderen zehn Männern in diesem Raum zu schaffen machte – und kam zu dem Schluss, dass das, was ihm, wie üblich, eine an Respektlosigkeit grenzende Immunität gegenüber dem Ernst des Anlasses verlieh, seine Hingabe an den Kampf, nicht das Ergebnis war. Er würde bei einer Prüfung versagen, die er ohnehin nicht bestehen konnte, und deshalb blieb sein Selbstwertgefühl intakt. Wer konnte wissen, wie Sean gegen einen Gegner seiner Größe abschneiden würde? Man halte sich die Absurdität eines Kampfes gegen einen Mann vor Augen, der dreißig Zentimeter größer und vierzig Pfund schwerer ist als man selbst, und die Wahrscheinlichkeit einer Niederlage verlässt den fragil-unsicheren Dezimalbereich und steigt auf eine beruhigend felsenfeste Eins.

Das sagte ich mir zumindest im Umkleideraum. Rückblickend ist es ziemlich offensichtlich, dass Sean keinen Gedanken an die Begegnung mit seinem Kontrahenten verschwendete, weil ihn eine völlig andere Begegnung beschäftigte. Als Gegenleistung für weitere sechzig Dollar hatte die stets unternehmerisch denkende Alexis sich bereit erklärt, Sean ein paar Minuten mit dem Jungen verbringen zu lassen, der, wie sie behauptete, sein Sohn sei. Der Kampf war für ihn nichts weiter als ein Hindernis, ein Wegezoll, den er auf der Hälfte der langen Strecke zwischen Davenport und einem Best Western Hotel in Omaha entrichten musste. Angesichts dessen, wie kurz letztere Begegnung bevorstand, hatte er vermutlich nicht mehr allzu viel Nervosität für Chuck Grigsby übrig.

»Ich versuch hier, mich zu entspannen«, sagte Sean während eines kurzen, wachen Moments, »aber die Typen hier machen mich total kirre.« Er suchte in seiner Reisetasche nach einem Handtuch, legte es sich aufs Gesicht und schlief wieder ein.

»Ich hab Schlagpolster, will er sich vielleicht ein bisschen aufwärmen?«, fragte der Sekundant eines anderen Kämpfers, sichtlich besorgt um Sean. Mitfühlend zuckte ich die Schultern; ich wusste, was es hieß, kleine, ablenkende Aufgaben zu brauchen, um der Angst Herr zu werden.

Pete bot sich freundlicherweise erneut als Zerstreuung an. Zehn Minuten nachdem er den Raum verlassen hatte, kam er wieder hereingehumpelt, bahnte sich einen Weg durch die wenigen anderen Männer und brachte sowohl eine zigarettendünne Blondine als auch eine tiefe Stille mit, die vollkommen war, bis auf das Rascheln einer Energieriegelverpackung. Sein linkes Auge war bis an die Stirn zugeschwollen, so dass er aussah wie ein halber Neandertaler. Es war kein Blut zu sehen, nur ein groteskes Opfer an Symmetrie. (»Ach, so viel Blut!«, keifen jene, die diese Kämpfe verbieten lassen wollen, was wieder einmal zeigt, dass sie keine Ahnung haben. Blut ist der Schleier zwischen Ihnen, dem Zuschauer, und dem perforierten Körper. Zimperliche Menschen sollten dafür *beten*, dass Blut fließt.) Wir starrten alle unsere Hände an, um dem Blick von Petes gesundem Auge auszuweichen, und Rick, ein Mann mittleren Alters mit beginnender Glatze und Hinterland-Dialekt, schlich praktisch auf Zehenspitzen nach draußen, als sein Name aufgerufen wurde. Es war sein allererster Kampf, so spät in seinem Leben, und ich war dankbar dafür, nicht für ein grünes Landei wie ihn den Platzfüller geben zu müssen.

Sean wachte auf, nahm sein Smartphone zur Hand und zeigte einem der Sekundanten ein Bild.

»Süß«, sagte der.

»Ja«, sagte Sean. »Sieht genauso aus wie ich, was?«

Wir warteten auf Ricks Rückkehr und hörten ihn, bevor wir ihn sahen, erstickte Schreie, die zu Schluchzern wurden, als er sich der Tür näherte, und das Erste, was wir von ihm sahen, waren seine Ellbogen, denn er hatte sich die Hände auf die geröteten Wangen gepresst. Er hatte drei Platzfüller bei sich, eine Frau und zwei Männer, und die Couch bog sich unter ihrem Gewicht. Rick nahm die Hände von seinem Gesicht, das nicht nur intakt war, sondern keinerlei Makel aufwies, nicht einmal einen Bluterguss als Souvenir.

»Es tat nicht weh«, sagte er in den stummen Raum hinein. »Kein bisschen.«

Der Kampf war, wie wir alle mühelos erkennen konnten, ohne ihn gesehen zu haben, wegen grober Inkompetenz abgebrochen worden. Rick war nicht verletzt, weil der Ringrichter seine zappelnde Hilflosigkeit angesichts der Schläge bemerkt hatte, die sein Gegner auf ihn niederregnen ließ, und den Kampf beendete, ehe Rick dafür bereit war. Dies waren die Tränen eines Mannes, der aus einer Laune heraus beschlossen hatte, von einer Brücke zu springen; doch kurz vor jenem Moment der endgültigen Befreiung, jenem herrlichen Höhepunkt, als er alle geistigen Reserven mobilisiert hatte und der Wille in seiner Brust unerbittlich geworden war, hatte man ihn herausgerissen.

»Es tat nicht weh«, wiederholte Rick.

»Gebrochen ist nichts«, sagte Petes Freundin. »Ich glaube nicht, dass etwas gebrochen ist«, und in diesem Moment tauchte endlich der Arzt auf, und Ricks Platzfüller begannen mit der wenig beneidenswerten Aufgabe, das zerstörte Ego eines Kämpfers wieder aufzubauen. Nach drei verlorenen Kämpfen war der Raum halb Krankenstation, halb Therapiestunde.

»Wenn man nich' einstecken kann«, sagte Ricks Platzfüller, »kann man nich' gegen jemanden kämpfen, der auch nur einen Dreck wert ist.«

»Die meisten Leute würden sich nicht mal in den Käfig trauen«, sagte Petes Freundin.

»Das war so«, fuhr der Platzfüller fort, »zuerst hast du ihm so richtig was auf die Fresse gegeben, und dann war er echt angepisst und …«

»Sehen Sie das Licht?«, fragte der Arzt Pete. »Nur schwarz? Dann müssen Sie in die Notaufnahme.«

»… und wenn du ihm nichts auf die Fresse gegeben hättest, dann hätte er nicht gewonnen!«

Vorbildlich, die Bemühungen des Platzfüllers, sein Bild von einer Welt, in der man einen Kampf verliert, weil man zu hart zugeschlagen hat. Während Rick die Möglichkeit in Betracht zog, hüpfte ein Mann, der jünger war als Pete, Rick und Gomez – siebzehn, bei optimistischer Schätzung –, zwischen ihnen herum. Er war direkt vor Sean dran. Er war schwarz und klein und hatte keinen Sekundanten dabei, was bedauerlich war, denn schon ein einziger Sekundant hätte den Jungen vom Offensichtlichen ablenken können, denn der hatte gesehen, wie drei Männer vor dem Kampf den Raum verließen und nach dem Kampf zurückkehrten, er wusste, dass das Hauptevent des Abends der Fight zwischen dem äußerst kompetenten Josh »The Dentist« Neer – der nicht in unserer Umkleide war – und dem äußerst inkompetenten Andre Kase war – der es war –, und er konnte einen weiteren Kämpfer sehen, der kurz vor seinem Wettkampf komatös auf der Couch lag. Warum ein Promoter eine Fightcard mit einseitigen Paarungen spickte, und warum er alle Kämpfer auf der weniger beneidenswerten Seite in einer Umkleide unterbrachte, blieb unklar, doch jede weitere Niederlage enthüllte neue Aspekte des Raums. Da gab es zum Beispiel die private Toilette, den vollständig mit Teppich ausgelegten Boden und den über die gesamte Länge des Raumes verlaufenden Schrank, in dem es sich einer der Sekundanten bequem gemacht hatte. Es gab einen von Glühbirnen gesäumten, divagerechten Frisiertisch, einen dazu passenden, muschelförmigen Drehstuhl und einen riesigen Spiegel. Und es gab die Couch. Irgendwo auf dem Gelände gab es eine, vermutlich maskulinere, Umkleide, die vermutlich auch Spinde enthielt, und die Männer, die sich dort aufhielten, wirkten vermutlich ungleich bedrohlicher.

Sean kämpfte sich in den Wachzustand zurück. »Sieht er nicht genauso aus wie ich?«, fragte er und hielt das Handy einem anderen Kämpfer hin. Ich hatte auf dem Bild nur ein typisches Baby ohne jegliche markante Merkmale gesehen. »Als ich meiner Mutter das Bild gezeigt habe, meinte sie gleich, jap, der kommt mir bekannt vor«, sagte Sean.

Sein Kampf würde in wenigen Minuten beginnen. Der Junge wurde aufgerufen und schlüpfte durch die Tür.

Als Sean vor dem Kampf im Videointerview gefragt wurde, wie er seiner Meinung nach mit einem wesentlich größeren Gegner zurechtkommen würde, hatte er gesagt: »Tja, mein Gesicht wird wohl einiges abbekommen.« Solche Aussagen werden diejenigen schockieren, die das Wort »Gesundheitsbewusstsein« überbeanspruchen, und wäre Sean ein kleines Mädchen, müsste er wahrscheinlich sehr viel Zeit im Büro eines Therapeuten verbringen und sich anhören, man solle seinen Körper wie einen Tempel behandeln. Wenn er kaputt ist, flickt ihn wieder zusammen, sagt man uns, schmiert schleimige Creme drauf, untersucht jedes Gemüse auf Anzeichen von Fäulnis, bevor ihr es euch einverleibt, denn hinter jeder Freude lauert eine potentielle Gefahr. Seid stets ängstlich besorgt um die Hülle, die anfällig ist für Verbrennungen und Austrocknung, die nicht überdehnt werden darf und aus der, wenn sie reißt, Dinge hervorquellen, die kein Mensch sehen will. Niemand genießt größere Verehrung als der Mensch, der die Hülle wieder instand setzen kann, der dafür sorgt, dass das Innere innen und das Äußere außen bleibt, und wenn sich das Ganze an irgendeinem Punkt so anfühlt, wie Vorhänge in einer Gefängniszelle aufzuhängen oder die Knöpfe an einer Zwangsjacke auszutauschen, findet man sich vielleicht auf einer Couch wieder, neben einem Mann, dem es ebenso geht. Trotzdem fällt es unter keine gängige Definition von »Gesundheit«, wenn man aus dem Käfig ausbrechen will, in dem man gefangen ist.

Sean nahm das Handtuch vom Gesicht, reckte sich, ballte beide Hände zu Fäusten und streckte dann die Finger. Als ich es sah, atmete ich schneller; wie offen er aussah, wie empfangsbereit. Der Junge kam mit blutiger Nase und einem Bluterguss zurück, der aussah wie ein braunes Muttermal, und eine Art galvanischer Strom kroch mir das Rückgrat hinauf, während Sean im Zimmer auf und ab ging. Er hob den Deckel einer großen Kiste an, spähte hinein, ging ans andere Ende des Zimmers und legte den Kopf schräg. Sean hatte dem DJ keinen Song mitgebracht, und so spielte der für seinen Einzug »Eye of the Tiger«.

Sean ließ die ersten zwei Strophen verklingen, denn wer hatte es schon eilig? Nur die Art Mann, die ein Projekt braucht, würde jetzt hetzen, anstatt im Moment zu leben. Bei den Worten »the thrill of the fight« ging er auf den Käfig zu, ein kurzes Scharren mit den Füßen, ein leerer Gesichtsausdruck.

Wie die Leute für ihren Lokalkoloss brüllten! Sie konnten einem nur leidtun in ihrem simplen Chauvinismus. Die Bekehrung stand ihnen noch bevor; sie kannten Sean noch nicht.

Alles, was es braucht, ist, dass der größere Mann sich in dem erwartungsvollen Schweigen vor dem kleineren aufbaut, über ihm aufragt. In den Sekunden, bevor Grigsby sich auf Sean stürzt, breite ich mich bereits in dem flimmernden Stadium aus, das aller Illusionen von Dauerhaftigkeit beraubt ist. Grigsby drängt Sean gegen den Käfig, holt aus und schlägt erbarmungslos auf Seans Wange, seine von Kratern übersäte Nase, seine Stirn ein. Sean steckt alles mit einer erwachenden Anmut ein und beugt sich vor, als wollte er sich gegen einen heftigen Wind anstemmen, bis er in Schlagweite von Grigsbys riesigem Kopf ist.

Sean versucht zuzuschlagen, verfehlt Grigsby, der tanzt außer Reichweite, und jeder Schritt seiner langen Beine bringt ihn halb durch den Käfig. Wieder arbeitet Sean sich vor, steckt einen Jab ein, einen Ellbogen, einen Kick in die Seite. Er ist ein Stück Materie, das grob behauen werden muss, in sicherer Entfernung des Publikums, das verzückt ganz unter dem Bann des Schauspiels steht, und immer, wenn Grigsbys Fingerknöchel sein Fleisch treffen, zieht er mehr Menschen auf seine Seite. Als Sean nah genug an Grigsby herankommt, landet er einen Uppercut, der Grigsby geräuschvoll am Kinn trifft.

Grigsbys Hand gleitet über Seans vaselinebeschmiertes Gesicht wie ein geöltes Zahnrad – Sean dreht sich mit dem

Schlag – schrammt wie ein Stein durch Kiesel, reißt eine brennende Schürfwunde auf. Jab, Drehung, Jab, Drehung, Jab. Grigsbys dicker Schenkel wackelt, als er einen Kick landet. Sean wagt einen Vorstoß, sein Jab streift Grigsby am Bauch, und als der ihm entgleitet, ertönt die Glocke. Sean ist jetzt wach, und dank ihm sind wir es ebenfalls.

Als die Männer im Käfig wieder aufeinander zugehen, lächelt Sean breit, nickt und winkt den Gegner zu sich, als wollte er sagen: *Na los, komm schon.* Die Leute lieben es. Sie lieben Sean. »Ja!«, höre ich einen Promoter rufen, als Sean einem weiteren Jab ins Gesicht ausweicht. »Sean ist mein *Lieblingskämpfer.*« Obwohl er fast jeden Schlagabtausch verliert, ist es Sean, der unsere Blicke auf sich zieht – ein Mann, der dem Selbstschutz abgeschworen hat.

Sean steckt einen Tritt gegen das rechte Bein ein und hüpft umher, dann stürzt er sich ganz in die hoffnungslose Aufgabe, einen riesigen Mann in die Knie zu zwingen. Grigsby schüttelt Sean von seinem Bein wie ein Hund Wasser aus seinem Fell. Sean greift gleich wieder an, schlingt die Arme um Grigsbys enorme Taille und schiebt mit aller Kraft. Wieder schüttelt Grigsby ihn ab und attackiert die Gesichtswunde, die er Sean zugefügt hat. Der schüttelt theatralisch den Kopf, lächelt. Die Menge jubelt. Man sollte hier, unter diesen Umständen, nicht lange überleben können. Aber Sean findet wieder und wieder einen Weg, den kurzen Moment ekstatischer Glücksseligkeit in minutenlange, von Blut getragene Erlösung zu verwandeln. Er befreit sich durch die Wunde auf seiner Stirn, die blutigen Fingerknöchel, den Riss an seiner Nase, und fünfzehn kurze Minuten lang ist es uns möglich zu glauben, dass wir einen Fluchtweg gefunden haben.

In der dritten Runde wird Seans Körper von Milchsäure

überflutet, und seine Schritte sind schwerfällig und unsicher geworden, aber er steht noch, trotz der brennenden Lunge, der mit Blutergüssen übersäten, zittrigen Schenkel, steckt einen Jab ins Auge, einen Kick gegen das Schienbein ein. Grigsby atmet schwer, ist unverletzt, doch schweißüberströmt. Die Glocke läutet, der Kampf ist vorbei, und lauter Jubel erhebt sich. Die Schiedsrichter zählen ihre albernen Häkchen und erklären den Mann, der weniger Schläge und Takedowns hinnehmen musste, zum Sieger. Grigsbys Hand wird hochgerissen, aber nur jene, die den schriftlich niedergelegten Regeln der MMA sklavisch ergeben sind, glauben, ihm gebühre der Sieg.

Als ich im Umkleideraum Seans Nase sah, wünschte ich mir verzweifelt, die Fähigkeit zu besitzen, sie selbst zu nähen. Sein Gesicht war von den vertrauten Malen des Preises gezeichnet, den er für die wenigen Minuten der Befreiung bezahlen musste – ein zerfallendes Haus, sich selbst überlassen und nur widerstrebend wieder in Besitz genommen. Sein Gesicht war so geschwollen, dass die wahre Größe seines Kopfes kaum noch zu erahnen war. Sein linkes Auge verschwand fast hinter der violett aufgequollenen Wange. Über seine linke Gesichtshälfte verlief von der Braue bis zur Hälfte der Stirn eine vertikale Platzwunde, eine horizontale direkt durch die Augenbraue. Auf der Gesichtshälfte mit den Platzwunden – die, auf der Seans Nase nach mehreren Brüchen jetzt dauerhaft ruhte – war die Braue violett und geschwollen und nicht die Wange. »Du musst genäht werden«, sagte ich und zog los, um den Arzt zu holen, der jedoch nicht ganz leicht zu finden war, und bugsierte ihn zurück in die Umkleide, was ebenfalls nicht ganz leicht war. Der Arzt warf einen Blick auf Seans Wunden, machte jedoch keinerlei Anstalten, sie zu untersuchen.

»Sie müssen genäht werden«, sagte er, die Hände in die Hüften gestemmt.

»Können Sie das nicht machen?«, fragte Sean.

»Tja, die Art von Arzt bin ich nicht«, erwiderte er.

Wir starrten ihn an.

»Ich bin Psychologe«, fügte er hinzu.

Es sollte Stunden dauern, ehe ich von meinem Post-Kampf-Hochgefühl herunterkam, Sean dagegen war still, fast melancholisch, als er auf seine vierhundert Dollar wartete. Diese Niederlage hatte nicht dieselbe Wirkung auf ihn wie die in St. Louis. Nach Ende des Wettkampfs würde Sean allein nach Westen fahren und ich nach Iowa City, um mich auf die Mittsemester-Klausuren vorzubereiten, und so begab er sich allein, auf der Suche nach der richtigen Art von Arzt, ins Krankenhaus.

***

Als Sean am nächsten Morgen auf der Couch des Promoters aufwacht, überzieht ein Netz aus Kapillaren seine schmerzenden Waden und Schenkel; sein Gesicht wird von schwarzen Fäden zusammengehalten, und er weiß nicht genau, ob seine Hand gebrochen oder einfach zu geschwollen ist, um sie zur Faust zu ballen. Er humpelt zu dem Wagen, den er gemietet hat, weil seiner in der Werkstatt ist. Zwischen Des Moines und Omaha wird der Automobil-Ausflügler hundertfünfzig Meilen lang frisch bepflanzte Maisfelder, von Kühen und Pferden gesprenkeltes Weideland, Mühlenbetriebe und vermodernde Scheunen sehen. Gelegentlich muss er langsamer fahren, wenn er eine Kleinstadt erreicht: verwitterte Willkommensschilder, Kirchen, Schulen und vereinzelt vage bedrohlich wirkende

Farmgeräte am Straßenrand. Niemand hat diese Städte je verlassen, aber es gibt unweigerlich einen Beweis für bürgerlichen Elan, wie etwa einen erleuchteten Plastikpapagei im Fenster eines vor nicht allzu langer Zeit eröffneten mexikanischen Restaurants, kurz bevor die Stadt endet und die Felder wieder anfangen. Eine Stadt, die ein mexikanisches Restaurant hat, ist für irgendjemanden immer ein Magnet.

Das Best Western Hotel ist ein isolierter Würfel von einem Gebäude auf einem flachen Stück Land. Das Zimmer riecht nach Rauch aus einer Zeit, als Rauchen noch erlaubt war; Sean wartet auf dem Kingsize-Bett, den Blick an die Decke gerichtet. Seine Gesichtshaut fühlt sich jetzt pergamentartig an, steif vor Krusten, die sich jedes Mal bemerkbar machen, wenn er beim Grimassieren die Augenbrauen hochzieht. Fünfzehn Uhr, die verabredete Zeit für das Treffen, kommt und geht. Er ruft sie zwanzigmal an. Er späht durch die Vorhänge auf den Parkplatz, öffnet die Nachttischschublade, blättert in der Bibel. Um sechzehn Uhr ist er fuchsteufelswild, um siebzehn Uhr einfach nur noch deprimiert, und um achtzehn Uhr kommt sie mit ihrer Schwester und ihrem Sohn durch die Tür.

»Ich hatte Zoff mit Kris«, sagt sie.

Sean kann den Blick nicht von Josiah abwenden, von seinen Ellbogen, seinen Kniekehlen, der weichen Hautfalte über der Plastikwindel. Josiah schaut zur Tür, an seine Mutter geschmiegt, das Kinn an ihrem Hals. Ein Lichtstrahl fällt durch das Fenster, halb von einem schweren Vorhang verdeckt, auf das Bett.

»Willst du ihn mal halten?«

Er bildet mit zitterndem Arm eine steife Wiege, dann schaut ihn Josiah aus seinen eigenen Armen an. Stocksteif wie ein Felsbrocken steht Sean da, als könnte die kleinste Bewegung Josiah weh tun.

»Er ist perfekt«, sagte er und bewegt dabei selbst die Lippen mit äußerster Vorsicht; Worte, die er wiederholen wird wie eine Beschwörung, wann immer er diese Geschichte erzählt.

Alexis hebt Josiah hoch wie einen Sack Mehl und legt ihn aufs Bett. Sean beugt sich über ihn, berührt das Baby jedoch nicht mit den Händen, die ihm jetzt riesig, schwielig und besudelt vorkommen. Josiah ist vier Monate alt; erst letzte Woche hat er seine Fußknöchel entdeckt. Unter sich das Bett, über sich Seans notdürftig geflickte Stirn, starrt Josiah wie gebannt seine eigenen Füße an. An der Spitze gehen sie in fünf zylindrische Zehen über – leicht gebogen, zerknittert und noch nicht vollständig in drei harte Glieder unterteilt –, die am Ende alle in der kleinen, runden Andeutung eines Zehennagels münden. Sie sind von rosa-weißer, fleckiger Haut überzogen, die so neu ist, dass sie fast durchscheinend wirkt, und sehen aus, als wären sie wie für ein Leben unter Wasser gemacht, etwas, mit dem man die übrigen Körperteile paddelnd in Sicherheit bringen kann. Sean beugt sich vor und betrachtet Josiah mit zusammengepressten Lippen, doch Josiah beachtet ihn nicht. Er interessiert sich im Moment weder für Sean noch für seine Mutter noch für deren Schwester. Im Licht des frühen Abends begutachtet Josiah den äußersten Rand der Grenzen, die ihm jemand anders gesetzt hat, wie ein Kind, das das Gesicht an einen Zaun presst. Er ist hellwach.

Erik – Frühjahr 2011

Der Erik Koch, der in dem Gerät mit dem mysteriösen Namen »Xbox« wohnte, sah nicht so gut aus wie der Mann, den ich kannte; er hatte eine breitere Nase und bleckte ständig die Zähne. Wie der echte Erik bewegte er sich fließend, aber die mittelmäßigen Porträtisten, die den Auftrag für »UFC Undisputed 3« bekommen hatten, brachten nur eine übermäßig gleichförmige Fluidität zustande, der der vollkommene Rhythmus der menschlichen Bewegung fehlte. Das soll nicht heißen, dass keinerlei Ähnlichkeit bestand; tatsächlich war sie groß genug, um die Erfahrung, den einen Erik dabei zu beobachten, wie er den anderen Erik spielte, einigermaßen verstörend zu machen. Viele Monate nach der Zeit, von der ich hier erzählen werde, saß ich eines Tages auf einem schmutzigen Futon und sah einem lustlosen Erik Koch mit vom Training schmerzenden Gliedern dabei zu, wie er seinen hyperaktiven Doppelgänger in José Aldos blutiges Verderben verwandelte. Die Schöpfer der virtuellen Welt hatten Dukes Stimme aufgezeichnet, so dass man ihn aus der Ecke rufen hörte, und im Hintergrund lief irgendeine nichtssagende Technomusik, als Erik den virtuellen Käfig betrat, und sie hatten Eriks Kopfnicken vor dem Kampf geradezu unheimlich gut getroffen. Erik drückte einen Knopf auf dem Controller, und sein digitales Double schlug zu; der Fleisch-und-Blut-Erik bewegte einen Finger, und sein Doppelgänger kickte Aldo in den Magen.

Diese Szene – ein warmblütiger, gähnender Dämon, der völlige Kontrolle über eine nach seinem Bilde erschaffene Figur besaß – hat kartesische Implikationen, wie Sie sicher bereits erkannt haben; denn wer kann schon sagen, ob wir alle nicht ebenfalls von einem größeren Spieler gelenkt werden; ob der Fleisch-und-Blut-Erik (von der Fleisch-und-Blut-Kit ganz zu schweigen) von einem Gott gespielt wurde, der wiederum von einem höheren, wahrscheinlich saubereren Futon aus von einem größeren Platzfüller beobachtet wurde? Auch wenn ich erst später Zeuge wurde, wie Erik sich selbst spielte, möchte ich an dieser Stelle davon erzählen, weil das Bild von Erik Koch, der einen anderen Körper außerhalb seines Körpers steuerte und zu kompetenter Gewalt lenkte, jenes ist, das mir in den Sinn kommt, wenn ich mich an die Ereignisse in jenem Frühling erinnere.

Was ich in Eriks Siegesschrei in Las Vegas hörte, war weniger ein Kämpfer, der den Kampf an sich liebte, sondern einer, der sich an der gebannten Aufmerksamkeit von zweitausend Gesichtern, viertausend Augen weidete; und was ich in Eriks Sieg erkannte, war ein Mann, der einen anderen Mann bewusstlos schlug, weil er sonst das Rampenlicht teilen musste. »Ich hasse es zu verlieren«, sagte Erik wieder und wieder zu mir, was ich für einen bloßen Ausdruck von Wettkampfgeist gehalten hatte, aber seit Las Vegas sehe ich, wenn ich an diese Worte denke, ein Stadion voller Gesichter vor mir, die sich von Erik ab- und einem anderen, der nicht Erik ist, zuwenden, und ich kann fast hören, wie sich ihre Blicke innerhalb eines Wimpernschlags von ihm losreißen. Bei jedem neuen Kampf fand Erik mehr Publikum, mehr Gesichter, mehr Augen, und somit mehr potentiellen Schmerz, falls sie sich von ihm abwendeten.

Ich verdoppelte meine Platzfüller-Bemühungen, wenngleich meine Abneigung gegen Milwaukee bestehen blieb, so dass ich die Rolle der geduldigen, interessierten Zuhörerin über viele Meilen Entfernung spielen musste. Zumindest hatte ich mir mit einem Zeitungsartikel in der *Cedar Rapids Gazette* etwas Wohlwollen erkauft, der den etwas uneleganten Titel »Koch erzielt erstes K. o. in World Extreme Cagefighting« trug und in den ich sämtliche Klischees, Gemeinplätze und überflüssigen Zitate einbaute, die ich für nötig erachtete. »Das fast nur aus eingefleischten Cisco-Fans bestehende Publikum«, schrieb ich in passabler Imitation eines angehenden Sportjournalisten, »musste entsetzt mit ansehen, wie Koch im Palms Casino kurzen Prozess mit dem Kalifornier machte und zwei Monate Training zu wenig mehr als einer Minute erbarmungsloser Schläge verdichtete.«

> Nachdem er Cisco mit einem High Kick auf die Matte geschickt hatte, schlug Koch zu. Cisco war nicht in der Lage, sich gegen Kochs Schläge zur Wehr zu setzen, und so wurde der Kampf nach 1:36 min abgebrochen.
>
> »Das war perfekt«, sagte der 22-jährige Koch nur Augenblicke nach seinem Sieg. »Ein verdammt guter Kick.«
>
> »Er ist unserem Plan bis aufs i-Tüpfelchen gefolgt«, fügte sein Trainer Duke Roufus hinzu. »Der Plan war, ihn gegen den Kopf zu kicken.«

Das Wort, mit dem Erik den Artikel beschrieb, war »krass«, was als Ausdruck emphatischer Begeisterung gemeint war.

Am Telefon war er reizbar, ging mit assoziativen Sprüngen von einem Thema zum nächsten über, so dass ich nicht immer folgen konnte, und vor meinem inneren Auge sah ich ihn mit der einen Hand schattenboxen, während er sich mit der anderen das Telefon ans Ohr presste. Er erzählte weiterhin bewundernde, neue Geschichten über das aufregende Leben seines Hausgenossen Anthony Pettis, dessen Ruhm um ein Zehnfaches gewachsen war, als er in einem ehrfurchtgebietenden Kampf, in dem er die Käfigwand entlanggelaufen war wie ein Parkour-Stuntman, ehe er auf den Boden zurückgefallen war, Ben Henderson gegen den Kopf gekickt und ausgeknockt hatte. Der Kick wurde im Fernsehen rauf und runter gesendet, und immer zweimal hintereinander; es war ein ungemein filmischer Moment. Pettis war nicht nur technisch gesehen der Champion, er genoss sogar unter den Fans einen noch größeren Bekanntheitsgrad als ein Akrobat perfekt ausgeführter Gewalt. Er war wirklich und wahrhaftig berühmt, und ich weiß nicht, ob es daran lag, dass Erik sich wünschte, mehr wie der braunhäutige Pettis auszusehen oder ob ihn die erwähnten Tweets über seine Blässe getroffen hatten, doch bald begann er, mir ungefragt über seine Melaninwerte Bericht zu erstatten. »Ich gehe jeden Tag ins Solarium«, erzählte er mir am Telefon. »Ich bin süchtig danach. Da kennen mich alle, Jeff, der Besitzer, das Mädchen am Empfang, alle. Jeff sagt, er kommt zu meinem nächsten Kampf.«

Ich fragte Erik nie nach dem nächsten Kampf, denn ich wusste, dass er mit den Neuigkeiten herausplatzen würde, sobald er sie erfuhr; doch ich hoffte jedes Mal darauf, wenn ich mit einem leichten Kitzel das Vibrieren meines

Handys in der Blazertasche spürte. Mittlerweile hatte ich drei Notizbücher mit Beobachtungen gefüllt und machte mir Gedanken darüber, in welche phänomenologische Tradition ich meine Arbeit stellen sollte. Sie war zu kühn für die konventionellen, akademischen Theorien und die nichtrauchenden, gesundheitsbewussten, engstirnigen Denker, die ihr anhingen; sie griff eher auf breit angelegte Geniestreiche wie *Die innere Erfahrung nebst Methode der Meditation und Postskriptum* oder *Die Welt als Wille und Vorstellung* zurück. Die grandiose Schärfung der Sinne war, wie ich mittlerweile glaubte, nur das Anfangsstadium des ekstatischen Moments, der damit begann, dass die Wahrnehmung eines extrem mächtig gewordenen Körpers einer vollständigen Befreiung von Letzterem wich. Nur zu sagen, dass man einen Fluss tanzender Atome erblickte, wo andere nur einen statischen Käfig sahen, oder dass man das feucht-flüsternde Schmatzen kollidierender Zellen vernahm, wo andere nur das dumpfe Geräusch eines Schlags hörten, wäre unzureichend. Die Kategorien von Hören und Sehen galten nicht mehr für den Geist in Ekstase, der sich über die groben Werkzeuge der Wahrnehmung hinaus ausdehnte, um das Universum unmittelbar wahrzunehmen, ohne Beeinträchtigung durch etwas so Vergängliches wie ein Auge oder ein Ohr.

Schließlich kam der nächste Kampf, und zwar im Kielwasser von Neuigkeiten, die für eine Zuschauerflut sorgen sollten, wie Erik und ich sie noch nicht gesehen hatten. Es war, als hätte sich ein Heer wohlgesinnter Götter verschworen, um exakt die richtigen Bedingungen für meine ekstatischen Experimente zu schaffen. Ich will Sie nicht mit den bürokratischen Details langweilen, aber vor jenem Frühjahr hatte es Große Shows für leichtere Kämpfer und

Große Shows für schwerere Kämpfer gegeben. In jenem Frühling verschmolzen beide zu einer einzigen, monströsen Mammutveranstaltung, die weit größere Stadien füllen würde. Die Prämien würden höher ausfallen, das Sponsoring lukrativer, und die MMA-Reality-Show würde tiefer ins öffentliche Bewusstsein dringen. Und Erik Koch, hatte die schattenhafte Gestalt am Steuer des neuen, gigantischen Events verfügt, würde sich auf einen Kampf in Nicht-New-York vorbereiten.

Wieso Nicht-New-York, fragen Sie? Die Politiker von Albany hatten Mixed Martial Arts aus New Yorks beachtlichem Zuständigkeitsbereich verbannt, und so verlegten die Promoter die Veranstaltung an die äußerste Grenze, ins keine zehn Meilen von Manhattan gelegene Newark. Obwohl dort, in New Jersey, kein Gesetz unsere Anwesenheit verbot, war die einheimische Bevölkerung alles andere als aufgeklärt, was unsere spezielle Variante ekstatischer Schauspiele betraf; jeder Taxifahrer, der mir in diesem abgelegensten Bezirk der großartigsten Stadt der Welt begegnete, fragte mich, weshalb ich hergekommen sei, um auf meine Antwort hin ganz ohne Anlass das Unternehmen in Bausch und Bogen zu verurteilen. »Haben wir denn seit dem Kolosseum nichts dazugelernt?«, sagte einer von ihnen, obwohl ich mich zu erinnern glaube, dass die Kriegsgefangenen und unglückseligen Kaspischen Tiger, die man im Kolosseum gemeinsam in eine Manege sperrte, sich nicht freiwillig dort aufhielten und dass kein Mensch (oder Kaspischer Tiger) der Verstümmelung durch ein leichtes Abklopfen mit der Hand (oder Pfote) zu entgehen vermochte, aber es liegt mir fern, das fundierte Geschichtswissen der Taxifahrer von Newark in Zweifel zu ziehen, die samt und sonders geborene Geschichtenerzähler sind und durch ihr italienisches Erbe sicher näher mit den blutrünstigen römischen Kaisern verwandt, als ich es je sein könnte. Wie auch immer, jedenfalls entdeckten wir, als wir in Newark ankamen, dass das Wochenende von einer anderen Veranstaltung dominiert wurde: Wir sahen Menschenmassen in ein Stadion strömen, zu einem Spiel jener ungemein friedfertigen Sportart namens Eishockey.

Das Hotel, in dem Erik, Pettis, Duke und ich abstiegen, war ein hübsches, kompaktes Hilton der gehobenen Klasse, das der Stadt auch als Bahnhof diente. Man konnte aus den Hotelaufzügen durch eine Doppeltür gehen, vorbei an einem Subway, einem Starbucks und einigen Delis – die Mittagsmenüs in durchsichtigen Plastikboxen mit klickend einrastendem Verschluss verkauften – und war direkt am Bahnsteig. In unmittelbarer Umgebung des Hilton herrschte nichts als gähnende Leere: breite Straßen, eine »Uferpromenade«, auf der bis dato niemand promeniert hatte, weggeworfene Styroporbecher im ungepflegten Gras. Stünde man auf dem Rasen, sähe man nichts als leeren Raum und jene großen, vertikalen Betonmassen, die sich aus einem einzigen Grund an diesem Ort ballten: weil sich alle danach sehnten, näher am Bahnhof und somit an Manhattan zu sein.

Die Lobby des Hilton hatte diesen Namen kaum verdient; eine Handvoll Aufzüge und Wachmänner, die die Leute von den Aufzügen fernhalten sollten. Doch in dem kleinen Raum drängten sich nicht weniger als zwanzig Schatten mit Programmheften zum Signieren. Jedes Mal, wenn ein Mann aus dem Fahrstuhl stieg, holten sie ihre Handys heraus und suchten in ihrer Galerie von Kämpferfotos nach seinem Gesicht. Obwohl Pettis nicht in Jersey kämpfte, wurde er erkannt und um ein Autogramm gebeten (»der Kick war der Hammer, Mann, ohne Scheiß«), wohingegen Erik und ich bedauerlicherweise unbelästigt hindurchgleiten konnten. »Vielleicht erkennen sie dich wegen der Sonnenbräune nicht«, sagte ich. Erik, der angesichts des ganzen Ostküsten-Milieus etwas durcheinander war, antwortete nicht.

Um Eriks Unbehagen in Nicht-New-York nachvollziehen zu können, muss man verstehen, dass Jersey einem jungen Mann aus Iowa sogar noch fremder ist als Vegas. Vegas ist ein größeres Branson, vollgepackt mit aus dem Mittleren Westen Verpflanzten, mit etwas auffälligeren Versionen jener Davenport-Casinos, die Erik so gut kannte. Newark dagegen: Erik hatte noch nie Männer erlebt, die an einer Deli-Theke standen und jede einzelne Silbe jedes Wortes betonten – *»Du nimmst ein Sandwich? Und was für'n Aufschnitt?«* –, hatte nie geisteskranke Obdachlose gesehen, die am Straßenrand mit sich selbst redeten, war nie in einer öffentlichen Toilette gewesen und wieder gegangen, ohne zu urinieren, weil ihm ein Mann einen Beutel mit etwas Undefinierbarem hinhielt und er nicht wusste, wie er darauf reagieren sollte. Und die ganze Zeit über war er halb verhungert, seine Jochbeine standen hervor und seine Kniescheiben hoben sich von den streichholzdünnen Beinen ab.

»Hier könnte ich nie leben«, sagte er zu mir in der Lobby des Hilton. Die Männer dort starrten erst ihn, dann ihre Handys und dann wieder ihn an, und zwei sehr große Funktionäre rollten eine Waage auf einem Handwagen herein, an der ein Schild hing: »Dies ist eine offizielle Waage. Finger weg.« Es steht außer Frage, dass all die überflüssige Stimulation, all diese seltsamen Novitäten, zu Eriks Ablenkung beitrugen und schließlich zu jenem Fehltritt führten, der meine schlimmsten Befürchtungen über seine körperliche Verfassung bestätigen sollte.

Sein Trainer Duke hatte dagegen keinerlei Schwierigkeiten, sich zu akklimatisieren. Am Tag vor dem offiziellen Wiegen saßen Erik und ich im Hotelzimmer, und Duke sprang von einem Thema zum nächsten, wie ein Motivationscoach auf Koks. Als er duschen ging, herrschte eine Weile Stille, die endete, sobald er wieder herauskam.

»Kann ich schnell duschen, oder was?«, sagte er. »Fünf Brüder.« Dann, einen Moment später: »Was für ein Chaos. Ich hatte heute Morgen zwei verschiedene Schuhe an, so viele Sneakers hab ich mitgenommen. Ich muss hier mal aufräumen, ich räume immer auf, wenn ich nervös bin, und im Moment bin ich noch viel nervöser als Erik.«

Vielleicht war es Dukes laufender Bewusstseinsstrom-Kommentar, der es ihm und Erik erlaubte, so offen und vertraut miteinander umzugehen. »Hab dich lieb, Trainer«, tweetete Erik mindestens einmal pro Woche. »Ich liebe all meine Kämpfer«, tweetete Duke zurück, dann meist noch ein inspirierendes Geheimrezept über den Lohn, der den Fleißigen zuteilwird. Erik entspannte sich in seiner warmherzigen Gegenwart. Doch selbst Duke konnte nicht ahnen, was an jenem Abend geschehen würde; er blieb darüber ebenso lange im Ungewissen wie ich.

Am Nachmittag trainierten Duke, Erik und Pettis in einem Konferenzraum des Hilton, den die Organisatoren für diese Woche mit Matten ausgestattet hatten. Duke ließ Erik einige beeindruckende Manöver ausführen und hielt knallrote Schlagpolster für ihn hoch, damit Erik Sidekicks und Jabs üben konnte.

»Cooool«, sagte Duke ständig, »heute wird rangeklotzt, richtig rangeklotzt.«

Erik war sichtlich schwach vor Hunger, und Duke musste ihn schon nach kurzer Zeit bremsen. Er wandte sich

Pettis zu, der in drei Monaten einen Kampf gegen einen besonders unberechenbaren Kämpfer namens Clay Guida hatte. Guida war ein hibbeliger, etwas abgehalfterter, langhaariger Tasmanischer Teufel von einem Mann, der sich jedem Schlag entgegenstürzte, sich tief in den gegnerischen Bereich hineinwagte und dann mit einem brutalen Haken zuschlug, der schlampig aussah, aber genug Gegner ausknockte, um Respekt zu verdienen.

»Beweg dich wie Guida«, sagte Duke zu Erik, um Pettis zu demonstrieren, wie er am besten dagegenhalten konnte. Und so bewegte sich Erik in manischer Guida-Manier ruckartig vor und zurück. Duke stellte sich Erik gegenüber, passte sich seinen taumelnden Bewegungen eine Weile an, dann sagte er zu Pettis: »Ein schneller Jab, mehr braucht's nicht«, und ließ seine Rechte in einer blitzschnellen, kräftigen Geraden vorschnellen, die auf ein bewegliches Ziel abgestimmt war, und übersah dabei, dass Erik immer noch vor und zurück schwankend vor ihm stand. Und so verpasste Duke, ein 1,93 Meter großer, zweihundertzwanzig Pfund schwerer Kickbox-Champion dem 145-Pfund-schweren Erik einen Jab gegen den Kopf, der zum ersten Mal in seinem Leben rückwärts torkelte, als wäre er gestolpert.

»Holla«, sagte Pettis.

»Oh, Mann, tut mir leid«, sagte Duke.

»Alles klar, Bro?«, fragte Pettis.

Erik lächelte, als er sich an der Wand abstützte, was Duke und Pettis die Erlaubnis gab zu lachen. Es ist nichts Ungewöhnliches, jemanden im Training etwas zu hart zu treffen, »ihm eins auf die Glocke zu geben«, aus Versehen mit voller Kraft zuzuschlagen, in einer Umgebung, die auf sanftes Spielen ausgerichtet ist. »Alles okay, ich bin in Ordnung«, sagte Erik lachend. »Ups!«

Beruhigt trainierten Duke und Pettis noch eine Viertelstunde weiter, während Erik zusah, dann ging Erik zurück in sein Hotelzimmer, um eine Liste mit Dingen zusammenzustellen, die er am folgenden Abend genüsslich vertilgen würde. Beim Wiegen kam er auf 145,5 Pfund und warf einen Blick auf seinen Gegner – einen Brasilianer namens Raphael Assunção –, dann ging er wieder in sein Hotelzimmer, wo der gerade erst angekommene Wes mit einer riesigen Ladung Sandwiches auf ihn wartete. Bei ihm waren Cliff und DJ, zwei Hard-Drive-Freunde, die sich am Ende geweigert hatten, in der Bruderfehde Partei zu ergreifen.

Von allen, die hier versammelt waren, hatte nur ich mich einmal in New York City hineingewagt, und das war Jahre her, bevor ich nach Iowa gezogen war. Zusammen verließen wir das Hilton mit seinem Starbucks, seinem Deli, seinem jetzt geschlossenen Nagelstudio und gingen zum Bahnsteig, wo die Wartezeit weitere Beweise lieferte, dass Iowa die Wiege einer höheren Zivilisation war.

»Wann kommt das scheiß Ding endlich?«, fragte Cliff.

»Stehen wir auf der richtigen Seite?«, fragte Wes. »Ich glaube, wir stehen auf der falschen Seite.«

»Vielleicht sind wir zu spät gekommen«, sagte DJ.

»Ich könnte nie hier leben«, sagte Erik.

Einmal in der großartigsten Stadt der Welt angekommen, begannen wir gleich mit unserer Hauptaktivität in New York: Gaffen. Am Times Square legten Erik, Wes, Cliff und DJ den Kopf in den Nacken, um die Laufschrift auf den Reklametafeln zu entziffern, oder die von blinkenden Lichtern umgebene, haushohe Plakatwerbung für *Mamma Mia!* und das Toshiba-Schild zu betrachten, das aus dem welligen Meer der gelben Taxis aufragte. New York City zum ersten Mal im Dunkeln zu sehen heißt, sich von jedem beschränkenden Gefühl für Maßstäbe zu befreien; man sieht nichts als Lichter, keine Umrisse, als hätte sich der Nachthimmel auf einen herabgesenkt. In dieser umgekehrten Lichtschale schlenderten wir ziellos durch die Straßen. Wir blieben an einer Treppe stehen, um eine Frau mit einer roten Strickkappe anzustarren, die vor sich hin plapperte. »Venus System«, sagte sie wieder und wieder, und Wes warf Erik einen befremdeten Blick zu. Wir warteten auf Cliff, der bei McDonald's auf die Toilette gehen wollte, doch er kam gleich wieder herausgerannt, weil »jemand sich den Schwanz mit dem Handtrockner getrocknet hat«. Wir beobachteten, wie eine riesige Ratte in endlosen Kreisen um eine Mülltonne rannte. Wir schauten zu, wie auf einem kleinen Betonplatz neben der Penn Station ein kleiner weißer, Plastiktüten schleppender Mann von einem größeren schwarzen Mann geschubst wurde, eine Auseinandersetzung, die Erik einen »Penner-Kampf« nannte.

Für die Einheimischen, die mit gesenkten Köpfen und tief in den Taschen vergrabenen Händen an uns vorbeischlurften, müssen wir ausgesehen haben wie rüpelhafte Gaffer aus irgendeinem unzivilisierten, Bürgerwehr-verseuchten Kaff. Und sicher gibt es Schauspiele, von denen man sich abwenden sollte, wie etwa dem seltsamen, interstitiellen Stöhnen eines an den Rollstuhl gefesselten Gesprächspartners. Doch sicher geschieht mehr Böses durch die Weigerung, das unangenehmste Glied einer Kausalkette zu betrachten, durch die Bereitwilligkeit, die behäbige Wählerschaft zur Kenntnis zu nehmen, aber nicht den demokratisch gewählten Tyrannen, den Politiker, der vom Podium aus den rechtschaffenen Krieg erklärt, aber nicht den Soldat, der halbiert zurückkehrt. Ich war stolz darauf, mich in Gesellschaft von Männern zu befinden, die nicht nur zu den majestätisch glitzernden Lichtern aufschauten, sondern auch auf die Frauen hinunter, die zusammengesackt in Seitengassen hockten und die jeden Teil dieses Spektakels mit der gleichen Faszination betrachteten. Erfahrene Reisende neigen dazu, Orte zu meiden, die sie »touristisch« nennen, aber eine der vielen Lektionen, die die Kämpfer mich gelehrt haben, ist die: Will man einen Ort sehen, der der Welt unbekannt ist, die wahre Terra incognita einer Stadt, so sollte man sich dorthin begeben, wo sich die meisten Touristen tummeln – und den Blick nach unten richten.

»Fick deine Mutter!«, sagte der weiße Obdachlose.

»Er hat in der Bar die Zeche geprellt!«, sagte der andere Mann zu uns, dann überlegte er es sich anders und ging weg.

»Bin ich froh, dass ich nicht eingreifen musste«, sagte Erik, als wir die Ninth Avenue entlang- und in ein italienisches Restaurant gingen, wo er jedem von uns Platzfüllern in seiner Freigiebigkeit Pasta zum Abendessen spendierte.

»So viel Armut hier, so viel in New Jersey. Ich war schon fast überall, in Vegas, in Kanada, hier, aber ich will trotzdem den Rest meines Lebens in Cedar Rapids verbringen.«

»Das ist also Caesar Salad?«, sagte Cliff. »Ist doch bloß Grünzeug mit Mayo.«

»Weißt du, was ich mir kaufe, wenn ich siege?«, sagte Erik. »Ein Hybridauto. Da spart man so viel beim Tanken!«

Was Erik an diesem Abend niemandem erzählte, war, dass er, als er zum kaleidoskopischen Funkeln des Times Square aufsah, vorübergehend die Orientierung verlor, sich nicht mehr auf einen Punkt konzentrieren konnte. Wir bemerkten nicht, wie er auf dem Gehsteig schwankte und für einen kurzen Moment das Gleichgewicht verlor. Als wir eine Frau anstarrten, die auf der Fahrt zurück nach New

Jersey in den Zug kotzte, sahen wir auch nicht, wie Erik sich am Sitz festklammerte, als bestünde die Gefahr, dass er unter ihm zusammenbrach.

Zurück im Hotel, erzählte Erik Pettis, und nur Pettis, dass er sich desorientiert fühle, ihm schwindlig sei, und dass das Ganze nach Dukes Schlag angefangen habe.

»Klingt so, wie diese Sache, wo man einschläft und nicht mehr aufwacht«, sagte Pettis.

Mit dieser düsteren Prognose konfrontiert, war Erik vor Angst wie erstarrt. Er verstand Pettis' Worte so, dass er, wenn er am darauffolgenden Tag bei dem Kampf k. o. ging, sehr wahrscheinlich sterben würde. Aber wenn er Duke von seiner Desorientierung erzählte, würde der Kampf mit Sicherheit abgeblasen werden, die Monate des Trainings und des Hungerns wären umsonst gewesen, und der bedeutende Mann, der die Großen Shows kontrollierte, würde ihm übelnehmen, dass er nur Stunden vor Kampfbeginn absagte. Erik entschied sich dafür, das Risiko einzugehen und ansonsten niemandem davon zu erzählen; und so sollten Duke und ich am nächsten Abend in völliger Ahnungslosigkeit zusehen, wie sich der Kampf entfaltete.

***

In der aufregend dichten, akribisch organisierten Stadt des Prudential Center saß ich auf dem besten Platz, den ich je gehabt hatte – besser als jeder Platz in der Blase, besser als der in St. Louis, weil die Männer, die die Großen Shows leiteten, schwer beeindruckt waren von meinen Beziehungen zur *Cedar Rapids Gazette*. Von der Pressetribüne aus überblickte ich die Menschenmassen rings um mich her, die vom Boden bis unter das Dach in vier unterteilten Bereichen saßen, dazwischen Displays mit laufender Schrift – Jon »Bones« Jones – und über unseren Köpfen fuhren Kameras über schwarze Deckenschienen, Laserstrahler drehten sich und Großbildschirme hingen an den Wänden. Neunzehntausend von uns saßen dort in Newark und warteten darauf, dass der erste Kämpfer, der erste Kampf, angekündigt wurde, und die Promoter hatten beschlossen, über die Kakophonie unserer Stimmen hinweg laute Musik eines Genres einzuspielen, das man meines Wissens »Party Rock« nennt, so dass man sich nur schreiend verständigen konnte. Auf der Pressetribüne saßen dickliche weiße Männer, die auf Laptops eintippten, und in der ersten Reihe brüllte ein legendärer Kämpfer namens Chuck Liddell seiner attraktiven Frau etwas zu.

Der Grund, warum diese neunzehntausend Menschen sich hier versammelt hatten, war nicht Erik, sondern Shogun, Eriks Held und jener Mann, von dem Lonnie behauptete, er könne Jesus schlagen. Im letzten und wichtigsten Kampf dieses Abends würde der achtundzwanzigjährige Shogun gegen den dreiundzwanzigjährigen Jon Jones um den Halbschwergewichtstitel kämpfen. Im ersten und unwichtigsten Kampf dieses Abends würde Erik gegen Raphael Assunção antreten, und selbst unter diesen beiden galt Erik als der unwichtigere und würde als Erster einziehen. Nur die letzten sechs Kämpfe wurden im Pay-per-View gesendet, sein Kampf würde demnach nicht im Fernsehen übertragen werden. Und so kam es, dass am Abend zuvor der unwichtigste Kämpfer den wichtigsten ansprach und ihm mit Hilfe von Shoguns allgegenwärtigem Übersetzer ausrichten ließ, er habe ihn als Kind gesehen und sei dadurch erst zum Kämpfen gekommen. Shogun lächelte und nickte höflich, und Erik kehrte an seinen Tisch zurück, um weder etwas zu essen noch zu trinken, während Duke eine Cola trank.

Erik hatte die Kontrolle über seinen Körper verloren, existierte außerhalb von ihm, als würde er sich selbst auf der Xbox spielen, doch jetzt hatte sich eine ganze Maschinerie in Gang gesetzt, angefangen bei der Verletzung seines Bruders, mit der er alle Brücken hinter sich abgebrochen hatte, über die Fahrt zu diesem gigantischen, durchchoreographierten Spektakel, bis hin zum Ende, das sehr wahrscheinlich darin bestehen würde, dass er von einem Schwarzgurt Prügel bezog. Aufzugeben hieße, nach Cedar Rapids zurückzukehren, doch das Cedar Rapids, das er kannte, existierte nicht mehr, es war im selben Moment verschwunden, als der Körper seines Bruders auf der Matte aufschlug.

Im Umkleideraum streckte Erik die Hände aus, Duke schnürte ihm die Handschuhe zu, und sie sangen gemeinsam Eminems »Soldier«: »Even if my collar bones crush or crumble, I will never stumble.« Erik glaubte, wenn er bewusst versuchte, die Synchronizität zwischen seinem Gehirn und seinem Körper wiederherzustellen, würde das fehlende Puzzleteil vielleicht wieder an seinen Platz fallen. Als er seinen Song hörte, stürzte er mit trotzigem Elan nach draußen, schüttelte die Arme, als er zwischen Duke und Pettis auf den Käfig zuschritt, nickte im Takt zur Musik.

Vor dem Käfig blieb er stehen, zog erst eine Socke aus, gab sie Pettis, dann die andere Socke, gab sie Pettis. Duke spritzte ihm Wasser in den Mund, gab ihm seinen Mundschutz. Der Schiedsrichter kontrollierte seine Hände. Duke rieb ihm das Gesicht mit Vaseline ein, und einen Moment lang stand Erik vollkommen reglos mit geschlossenen Augen da, während Duke ihm mit zwei fettigen Daumen über die Wangenknochen fuhr. Mit der gebräunten Haut und dem rasierten Kopf war Erik ein anderer als in Vegas. Anstatt auf seine charakteristische Art krank zu wirken, sah er einfach nur anders aus, leuchtete braun-orange im Stadionlicht, dunkle Schatten unter den eingesunkenen Augen, den Brustmuskeln, dem Hals und den Bauchmuskeln. Er ließ sich von Duke und Pettis umarmen und trat durch die Käfigtür in den grell erleuchteten weißen, sterilen Käfig. Er hatte noch nie als Erster gekämpft, den Käfig noch nie so sauber gesehen.

Raphael Assunção kam heraus, sang sein Einzugslied lauthals mit. Er war zehn Zentimeter kleiner als Erik, doch seine Muskeln waren breiter als alles an Eriks Körper. Er hatte eine flache braune Kämpfernase, eine breite Stirn und dunkle Bartstoppeln um den Mund.

»Sind Sie bereit?«, rief der Ringrichter Erik zu. Erik hielt mit grimmigem Blick beide Daumen hoch. »Sind Sie bereit?«, rief der Ringrichter Assunção zu, und der nickte. »Fangen wir an«, sagte der Ringrichter, klatschte in die Hände und wich an die Käfigwand zurück

»Los geht's!«, sagte der Co-Kommentator.

Erik rennt los, beugt die Knie, fast, als wolle er in die Hocke gehen – die Haltung eines Mannes, der sich darauf vorbereitet, umgerissen zu werden, der Angst hat, vom Angriff eines Mannes, der zehn Zentimeter kleiner ist als er, aus dem Gleichgewicht gebracht zu werden. Und trotzdem, selbst in dieser ungünstigen, ängstlich geduckten Haltung bewegt sich Erik so schnell, dass man es kaum sieht, Arme, die sich auf und ab bewegen, Hände, bald zu Fäusten geballt, bald offen, ein Schritt hier, ein Schritt da – auf jede von Assunçãos Bewegungen reagiert er mit drei. Erik probiert es mit dem High Kick, mit dem er Cisco auf die Matte geschickt hat, doch Assunção wehrt ihn ab, indem er seinen Arm vors Gesicht wirft. Der Kommentator vergleicht Erik mit Anthony Pettis – »groß und schlank, was für eine Reichweite« –, als Erik vorsichtig auf Assunção zuspringt und Assunção vorsichtig zurückspringt. Assunção beendet seinen langsamen Rückzug, schlägt zu, trifft nicht und zieht sich wieder zurück. Sie verfallen in ein Muster aus Vor und Zurück, berühren sich kaum. »Seine Rechte ist geladen«, sagt der Co-Kommentator über Assunção, und es stimmt, Assunção wartet nur auf den Moment, Erik besagte Rechte ins Gesicht zu rammen, ihn k. o. zu schlagen. Assunção greift mit einem High Kick an, und Erik weicht mit einem gewandten Sprung aus, so geschmeidig, dass es scheint, als habe er Assunçãos Absichten schon lange vorher durchschaut. Assunção schlägt zu und verfehlt Erik, doch der schlägt nicht zurück.

»Kommt schon, Jungs«, ruft jemand aus dem Publikum, »das hier ist ein Kontaktsport!«

»Schlag einfach zu!«, ruft Duke von außerhalb des Käfigs.

Erik fürchtet, den Fokus zu verlieren; der Kampf läuft erst anderthalb Minuten, aber er hat das Gefühl, ihn beenden zu müssen, bevor er einfach stürzt. Aber er hat noch keine Gelegenheit gefunden, und dann ist da diese geladene Rechte. Ein normaler Kampf ist für Erik ein Moment totaler Versunkenheit, aber bei seiner neuen Umwölkung, der Art, wie sie ihn aus dem Gleichgewicht bringt, muss er irgendwie den Überblick über seinen Körper und über den von Assunção bewahren. Es ist, als würde Erik außerhalb seiner selbst stehen und seinen Körper daran erinnern, was er zu tun hat. Alles ist so instabil, der Gehorsam seines Körpers derart Glückssache, dass Erik verzweifelt nach einem Ausweg sucht.

Assunção tritt Erik leicht gegen das Schienbein, wie um

sich zu vergewissern, dass er aus fester Materie besteht. Erik schlägt mit der Linken zurück, aber Assunção weicht ihm aus. Schließlich kickt Erik Assunção gegen die Brust; der dumpfe Aufprall hallt im stillen Stadion wider.

»Vorbereiten!«, ruft Duke.

Assunção schlägt einen Jab mit der Linken, trifft nicht und greift an, schwingt seine gefährliche, geladene Rechte. Erik sieht es kommen. Als Assunção auf ihn zuläuft, schlägt Erik einen leichten linken Haken, der kaum zu sehen ist. Seine Faust trifft den weichen Punkt hinter Assunçãos Ohr mit all der Kraft seines angewinkelten Arms, aber auch mit der von Assunçãos eigenem Angriff; es sieht aus, als sei Assunção mit voller Geschwindigkeit gegen Eriks Faust gelaufen. Eriks ausgestreckter Arm ragt kaum über seinen Körper hinaus, seine Bewegung ist kaum wahrnehmbar, und so herrscht verwirrte Stille, als Assunção stürzt, sein Kopf mit einem dumpfen Aufprall den Boden trifft und seine schlaffen Arme eine Millisekunde später über seinem Kopf auf der Matte landen. Erkenntnis macht sich breit, das Schweigen wird gebrochen. Neunzehntausend Menschen brüllen.

»Es ist vorbei!«, schreit der Kommentator. »Ein. Fach. So!«

Der Moment scheint Tage zu dauern. Alles, was wir tun können, ist, den Mund in einem gemeinschaftlichen, wortlosen Stöhnen aufzureißen. Wir sind simple Werkzeuge der Wahrnehmung, frei von störendem Intellekt, was uns ein Denken des Körpers erlaubt, das uns nur zugänglich ist, wenn Männer wie Erik uns, für eine einzige, einsame Sekunde, aus uns selbst herausführen. Er hat ein kleines Loch ins Bewusstsein gerissen, das sich bereits wieder schließt.

»Wow«, sagt der Kommentator. »Wahnsinn. Perfekt.«

Erik sinkt auf die Knie, streicht sich über den Kopf, nimmt mit Tränen der Dankbarkeit die Tatsache zur Kenntnis, dass er noch am Leben ist. Er legt die Stirn auf die Matte, verbeugt sich, springt auf, gibt Bruce Buffer einen Faust-stoß, der keine Zeit verliert, als der Ringrichter Eriks Hand hebt: »Ringrichter Kevin Mulhall hat den Wettkampf nach zwei Minuten, zweiunddreißig Sekunden in der ersten Runde beendet und einen Sieger durch K. o. erklärt, Erik ›New Breed‹ Koch.« Der Kommentator springt auf die Matte, mit einem Mikro, das Erik sich sofort schnappt, um die Menge anzuheizen: »Was meint ihr, war das ein guter Eröffnungskampf, oder was?« Die Menge brüllt.

Aber jetzt wird er für größere, wichtigere Kämpfer von der Bühne gescheucht. Wir schauen uns die anderen Kämpfe an, um wieder runterkommen, uns zu zentrieren und mit den Grenzen der Wahrnehmung anzufreunden. Wir warten darauf, dass Shogun seinen Titel als bestes Halbschwergewicht der Welt verteidigt. In seinem letzten Kampf gegen Lyoto Machida war er herausragend. Doch Shogun ist achtundzwanzig, und während wir zuschauen, wie er mit den Fäusten bearbeitet, getreten, in die Matte geprügelt wird und schließlich gegen den Käfig sinkt wie ein müder Betrunkener, als ein jüngerer Mann ihm das Knie ins Gesicht rammt, erkennen wir, dass Shogun vorzeitig gealtert ist. Glücklicherweise schreitet der Ringrichter ein. Es ist so unerwartet schnell vorbei, dass die Pay-per-View-Götter noch Sendeminuten zu füllen haben; es bleibt gerade noch Zeit, um einen weiteren Kampf zu zeigen. Und so sehen eine Million Menschen, nachdem sie Shoguns Fall mitverfolgt haben, Erik dabei zu, wie er sich selbst dabei zuschaut, wie er einen Mann bewusstlos schlägt.

Sommer 2011

Im April, als ich ein Seminar in Philosophie der Ästhetik beim Direktor des Postgraduiertenprogramms belegte, fühlte ich mich motiviert, eine Seminararbeit zu schreiben. Das Thema stand mir frei, und so entschied ich mich für Schopenhauers (korrekte) Überzeugung, dass wir durch die Kontemplation großer Kunst die trübende Linse des rationalen Intellekts zeitweilig außer Kraft setzen und einfach nur das wahrnehmen, was die Welt zu bieten hat. Ich setzte dies, wie Sie sich vermutlich denken können, zu meinem Jahr der Beobachtung in Beziehung, und fügte meinen aufschlussreichen Betrachtungen einen siebzigseitigen Appendix bei, bestehend aus meinen ungeordneten Gedanken über die Schärfung der perzeptuellen Fähigkeiten, die ich in Gegenwart der Kämpfer erlebte.

Einige Wochen später erhielt ich vom Direktor des Postgraduiertenprogramms eine E-Mail, in der er schrieb, er habe meine Arbeit gelesen und halte sie für eine »übermäßig wörtliche Interpretation von Schopenhauer, der von Kunst, nicht von sportlichen Wettkämpfen« gesprochen habe. Mit dieser Einschätzung stimmte so vieles nicht, dass es schwierig war, eine angemessene Antwort zu formulieren. Glaubte er etwa, alle Künstler seien Schal-tragende

Franzosen mit Malpaletten in der Hand? *Ich* nahm alles zu wörtlich?

»Ich werde eine Fakultätsratssitzung einberufen«, hieß es weiterhin in der törichten Depesche, »um zu beraten, ob Sie, angesichts Ihrer drei unvollendeten Seminare und zwei Ungenügend in den letzten drei Semestern ausreichend Fortschritte machen. Sie werden jedoch vorschriftsgemäß Gelegenheit erhalten, Ihre weitere Teilnahme am Studienprogramm vor dem Fakultätsrat zu rechtfertigen.«

Damit hatte ich nicht gerechnet. Natürlich erforderten ernsthafte, philosophische Untersuchungen in der beengten Welt des akademischen Byzantinismus gewisse Opfer, doch ich war davon ausgegangen, dass die Fakultät Verständnis für meine Ambitionen hatte. Ich hatte es gewagt, das Unbegreifliche dazu zu bringen, sich zu offenbaren, und ich erweckte mit meinen Forschungen alte Werke der Philosophie zu neuem Leben, die von zeitgenössischen Kritikern als irrelevant abgetan wurden. Da und dort, auf meinem Laptop, in meiner Küche in Iowa City, neben meiner winkenden Holzkatze mit der Aufschrift »Willkommen«, die ich bei einem reizenden, hiesigen Trödler erstanden hatte, begann ich, meine Sache zu begründen. Aber noch während ich meine Rechtfertigungen durchging, wusste ich, was sie aus meinem Projekt machen würden, diese kleingeistigen Gelehrten mit ihren ständigen Verweisen auf bessere Männer: Sie würden, selbst wenn sie mir die Erforschung meines Dissertationsthemas zugeständen, fordern, dass ich daraus einen langweiligen Schinken machte, in dem der kleinste Funke der Erkenntnis unter achthundert Seiten der Exegese der Werke anderer begraben wurde. Statt als Pionierin der modernen Phänomenologie in die Geschichte einzugehen, würde ich zu einer bloßen Fußnote zukünftiger Schopenhauer-Studien werden, denen ohne meine Bemühungen in Zukunft ohnehin niemand mehr Beachtung schenken würde.

»Es tut mir leid, dass Sie mein Werk so schrecklich missverstanden haben«, schrieb ich dem Direktor zurück. »Ich scheide freiwillig aus dem Graduiertenprogramm aus.« Ich entdeckte, dass ich es nicht über mich brachte, auf *Senden* zu klicken, und so las ich meine Seminararbeit noch einmal durch, um Mut zu schöpfen. Nietzsche sagt, »dass die Vorliebe für fragwürdige und furchtbare Dinge ein Symptom für Stärke ist«.

Zwar empfand ich den Abschied von meinem akademischen Heimathafen als unangenehm, andererseits hatte Erik noch nie ein so solides Studienobjekt philosophischer Betrachtung abgegeben. Ich würde es Sean gegenüber nicht erwähnen, der in dieser einen Hinsicht zu Eifersucht neigte, doch der Nach-Jersey-Erik-Koch belegte Nummer acht in der Weltrangliste der Federgewichtsklasse. Seine finanziellen Probleme hatten sich in Luft aufgelöst, denn sein Knockout brachte ihm den Ehrentitel »Kampf des Abends« ein, was ihm, zusätzlich zur Bezahlung und dem Sponsoring, einen 70 000-Dollar-Scheck bescherte. Er kaufte sich ein Auto, einen besseren Fernseher und ließ den Rest einfach auf sich zukommen. Er war jetzt ein Objekt der Verehrung, das modische Kapitalgesellschaften mit Werbegeschenken überhäuften. Nie wieder würde ein TV-Kommentator über seinen Namen stolpern; jetzt sprachen sie beiläufig von Eriks Schlagkraft, seiner Rolle als »Vertreter der nächsten Generation«, als wären dies Einzelheiten von Eriks Quintessenz, die die Zuschauer bereits kannten. Und weil ich, wie Duke, unter das dunkle Leichentuch des Nichtwissens verbannt worden war, konnte ich sein Aufblühen mit ungetrübter Freude verfolgen.

Ich hätte die akademische Philosophie vielleicht nie verlassen, wenn Erik erwähnt hätte, dass er möglicherweise eine Gehirnerschütterung hatte, aber selbst dann hätte ich keine Ahnung gehabt, dass eine Gehirnerschütterung über monatelanges Training hinweg bestehen bleiben konnte. Oder dass die Tatsache, dass all die winzigen, durch die Scherkräfte des Schlags überdehnten Axone die Signale, die sie eigentlich übermitteln sollten, nicht immer weiterleiteten, bewirkte, dass Erik verwirrt, ängstlich und oftmals nicht mehr in der Lage war, einem komplexeren Gesprächsfaden zu folgen. Oder dass weniger Blut durch den geschädigten Teil seines Gehirns floss und die geschwächten Axone sich somit nicht erholen konnten. Wäre er immer noch in Cedar Rapids gewesen, eingebettet in den engen Kreis von Freunden in Rockys Wohnzimmer, die sich wieder und wieder denselben Film ansahen und den Text in einem kichernden Chor mitsprachen, hätte Erik natürlich mehr Vertraute gehabt, mit denen er über sein Leiden hätte sprechen können. In Milwaukee dagegen verheimlichte er seine Funktionsstörungen vor Duke, vor seinen Eltern und seinen Platzfüllern. Er konnte nicht unterscheiden, ob die Panikattacken, die ihn mit großen Knoten im Bauch nachts wach liegen ließen, von der Verletzung selbst herrührten oder von der Angst davor.

Jede Nacht, wenn die Angst am schlimmsten war, dachte er darüber nach, Duke zu erzählen, dass etwas nicht stimmte. Aber dann bot man ihm einen Kampf an, und wieder hatte er allen Grund, sich nicht als Baustelle körperlicher Gebrechlichkeit zu outen. Ich war sogar noch weiter von der Wahrheit entfernt als Duke, denn in dieser Zeit versäumte es Erik immer öfter, mich zurückzurufen, weil er jetzt einheimische Platzfüller hatte. Ich nahm diese Entwicklung mit professioneller Würde hin; ich würde ihn im September bei seinem Kampf in New Orleans sehen und dort meinen rechtmäßigen Platz an der Spitze seines Rudels wieder einnehmen.

Eriks Nachlässigkeit ließ mir mehr Zeit für Sean, in dessen Gesellschaft ich mich letztlich am wohlsten fühlte, auch wenn das hieß, dass ich momentan nur allzu oft auf Seans Mitbewohner traf, ein 1,57 Meter großer, muskelbepackter, nervöser Ausbund an Energie mit Verbaldiarrhö und Besitzer des erwähnten Pitbulls. Sein Redeschwall versiegte nicht einmal dann, wenn Sean und er kämpften, und fast alles, was er zu sagen hatte, sollte den Zuhörer von seiner meisterhaften Beherrschung aller möglichen verschiedenen Themen überzeugen. Er strebte eine Karriere als Kämpfer an, schrieb gleichzeitig an einem Buch über Jiu-Jitsu, versuchte seinen Master in Wirtschaftswissenschaften zu machen und seine zwei kleinen Söhne großzuziehen, die bei ihrer Mutter lebten. In dem türlosen Badezimmer standen diverse verschreibungspflichtige Amphetamine mit seinem Namen darauf. Wenn ich aus dem Stegreif einen Anti-Sean entwerfen sollte, könnte ich mir nichts Besseres ausdenken als Brandon, dessen überschäumendes Temperament ihm beim Lernen für die Uni Probleme verursachte. (»Ich kann mich schlecht konzentrieren«, erklärte er mit seiner tiefen, gedehnten Stimme. »Ich habe zu viel Phantasie.«) Dies war der Kämpfer, Mitbewohner und Mit-Platzfüller, der Sean auf sein Comeback vorbereitete. Wie zwei Mormonen beim Missionieren hielten die beiden sich gegenseitig auf Kurs – keine Nickerchen, keine Reubens-Sandwiches, lass uns noch eine Runde kämpfen.

Anders als ein Mormone neigte Brandon jedoch dazu, verstörende Geschichten über seine Vergangenheit auszuplaudern, als er noch Stuntman in Hollywoodfilmen war.

»Früher hab ich Pferdetestosteron verkauft«, erzählte er uns einmal, als er von seinem Wirtschaftswissenschaften-Buch aufschaute.

»An wen?«

»Kämpfer. Hab Pferdetestosteron im Feed n' Seed eingekauft und es dann Leuten als Injektionen weiterverkauft. Ist dasselbe Zeug wie bei Menschen, weißt du? Aber das für Pferde ist billiger.«

Brandon war alles in allem ein unangenehmer Mensch und sagte mir regelmäßig, ich hätte Glück, dass Dopo – der mir immer, wenn ich die Wohnung betrat, einen sabbernden Kuss gab – mich nicht in Stücke riss. Und dennoch war ich Brandon dankbar, weil er dafür sorgte, dass Sean sich aufs Training konzentrierte, denn in zwei Monaten hatte er einen Kampf gegen jemanden aus seiner eigenen Gewichtsklasse, und Brandon kümmerte sich darum, dass Sean trainierte, so dass er drei lange, entrückende Runden durchhalten würde. Es würde der erste ebenbürtige Wettkampf sein, in dem ich einen fitten, schlanken Sean erleben würde, ein unzerbrechlicher Schrank von einem Körper auf zwei dünnen Beinen.

Oft gingen Sean und ich spazieren, wenn er sein Training für den Tag beendet hatte, und wir legten uns auf einen grasbewachsenen, kleinen Hügel am Fluss, um die auf den Wellen schaukelnden Wasservögel zu beobachten. Sollte er den nächsten Kampf durch K. o. gewinnen und dann noch ein paar weitere, war es durchaus wahrscheinlich, dass ihn jemand in eine der Großen Shows holen würde, wo ich ihm von großem Nutzen sein konnte, da ich ja mittlerweile mit dieser Organisation und ihrer glamourösen Ephemera vertraut war. Die anderen Männer in seiner Gewichtsklasse würden die Tatsache, dass er noch nie ausgeknockt worden war, als Herausforderung betrachten. Man würde ihn für seinen harten Schädel verehren, ein unschätzbarer Vorteil, den viele der beliebtesten Kämpfer besaßen. Vielleicht, wenn Sean endlich der Durchbruch gelang, würden andere Kämpfer meinen kleinen, aber essentiellen Beitrag zu seiner Auferstehung würdigen.

»Erinnerst du dich an meinen Freund John aus Knoxville?«, fragte Sean. »Der, von dem ich immer erzähle?«

Ich konnte mich nicht entsinnen, dass er in den Hunderten von Stunden, die wir gemeinsam verbracht hatten, je von einem Freund aus Tennessee erzählt hatte, aber vielleicht hatte ich gerade nicht zugehört.

»Ja«, log ich.

»Er ist letzte Woche gestorben. An einer Überdosis. Oxycontin oder so. Als Kind war er mein bester Freund. Wir haben alles zusammen gemacht, viel Mist gebaut.«

Ich war geschockt und wollte mehr über den Tod seines Freundes wissen, aber durch das Reden über dieses Thema wandte sich Sean wieder seinem »Vermächtnis« zu, was ein Euphemismus für Josiah war. Sean hatte Josiah vor kurzem zum zweiten Mal gesehen. Alexis hatte eine Freundin in Davenport besucht und Sean kurzfristig Bescheid gegeben, dass er für sechzig Dollar ein paar Stunden mit dem Jungen spielen könne.

»Als sie ihn zur Kontrolluntersuchung gebracht hat, konnte der Arzt nicht glauben, wie kräftig er war, wie kräftig seine Faust war«, erzählte mir Sean auf unserem Hügel. Er hatte einen Schokoriegel mitgebracht, was mir – angesichts seiner jüngsten Hingabe an gesunde Ernährung und

Training sowie der Tatsache, dass die Krümmung seines Wangenknochens vom Mund zum Ohr deutlich sichtbar war – merkwürdig vorkam.

Obwohl ich zu den Treffen von Alexis und Sean nicht eingeladen war, zeigte er mir Fotos – mehr Fotos, als ich sehen wollte. In jenem Frühjahr zeigte Josiah alle Anzeichen, dass seine bisher nur angedeutete Menschlichkeit in eine positive Feststellung ausgewachsener Kindheit überging. Ein leicht zu beeinflussender Mensch hätte vielleicht auf einer Ähnlichkeit mit Sean bestanden – das runde rötliche Gesicht – aber die Welt ist voller Babys mit gerundeten rötlichen Gesichtern, und diese Eigenschaften reichten als Beweis für eine genetische Verwandtschaft nicht aus.

Alexis erkundigte sich in regelmäßigen Abständen, wie viel Sean verdiente.

»Und wenn ich es ihr sage«, erklärte Sean, »meint sie immer: ›Ach, das ist es nicht wert, da würde ich sowieso kaum was kriegen.‹«

Alexis' Argumentation zufolge lohnte es sich nicht, ihm gesetzliche väterliche Rechte zuzugestehen, denn bei seinem dürftigen, unregelmäßigen Einkommen würde die Regierung nur sehr wenig Unterhalt von ihm verlangen. Ich wandte mich ab und pflückte Grashalme. Alexis versuchte, Sean in einen Anzug und einen Bürojob zu drängen, in genau die Art Routine, die er vermeiden musste, wenn er ein Kämpfer bleiben wollte. Ein Jahr nach Beginn meines Projekts hatten wir für derlei Ablenkungen keine Zeit. Sean war dreiunddreißig. Im Herbst würde auch ich mein drittes Lebensjahrzehnt beginnen. Die Momente der ekstatischen Erfahrung waren so dünn gesät, dass ich wusste, ich würde noch viele Jahre brauchen, um meine Studie zu erstellen. Fünf hätten vielleicht genügt, wenn Sean mehr Kämpfe gehabt hätte, aber dies war jetzt mein Lebenswerk, und ich war mehr als bereit, mich ihm zehn zu widmen. Ich hatte kein anderes Leben, in das ich zurückkehren konnte.

»Er ist mein Sohn«, sagte Sean leise, als wir uns zurücklehnten und die Wolkendecke anstarrten. »Weißt du, was das bedeutet?«

Ich seufzte, diesmal hörbar. Sean hatte bereits die Behörden in Nebraska und in Iowa angerufen und darum gebeten, Kindsunterhalt bezahlen zu dürfen, denn das würde ihm das gesetzliche Recht geben, Josiah regelmäßig zu sehen. Aber keiner der Regierungsangestellten schien zu wissen, was er mit einem Mann anfangen soll, der Unterhalt zahlen will, statt sich davor zu drücken. Schließlich riet man ihm, sich die Geburtsurkunde zu besorgen, denn dann läge ein gesetzliches Dokument als Beweis für seine Vaterschaft vor und man könne weitere Schritte einleiten.

An jenem Tag auf dem Hügel zeigte mir Sean ein weiteres, körniges Bild des Jungen, das anders war als die übrigen, die ich gesehen hatte, weil Sean ebenfalls darauf zu sehen war. Das Kind lag in seinen Armen und hatte den Mund geöffnet, um irgendwelche Baby-Laute von sich zu geben, und Sean starrte es mit schiefgelegtem Kopf an und lächelte so breit, wie ich es noch nie bei ihm gesehen hatte. Er hatte die Augen geschlossen, als würde er sich ganz irgendeinem Gefühl hingeben. Jemand mit einem weniger präzisen Vokabular hätte beim Anblick dieses Bildes wohl gesagt, Sean sei in Ekstase. Ich verspürte einen Druck auf der Brust.

Da Sean irgendeine Reaktion erwartete, befand ich das Baby für »einen gesund aussehenden Jungen«. Ein paar Wochen hörte ich nichts mehr von Josiah, bis Sean eines Tages einen dünnen Umschlag mit einer Briefmarke aus Nebraska bekam. Es war Josiahs Geburtsurkunde. Josiah Tiberio, hieß es dort, sei der Sohn von Alexis Tiberio, hieß es dort, und darunter war als Vater jemand namens Kris aufgeführt. Soweit es den Staat Nebraska anging, war damit alles geregelt. Alexis behauptete, Kris sei der Vater, der Staat würde die Sache nicht weiterverfolgen. Ich hielt die Entscheidung des Staates Nebraska für endgültig. Was konnte man da schon machen? Sean wusste nicht einmal, wo Alexis lebte. Ihm würde nichts anderes übrigbleiben, als ins Fitnessstudio zurückzukehren.

»Ich muss einen Privatdetektiv engagieren«, sagte er.

Die Korrespondenz zwischen Sean und Alex erreichte neue, verstörende Tiefpunkte.

»Sie ist ein schrecklicher Mensch«, sagte er eines Tages, als er Mayonnaise auf ein paar Scheiben Aufschnitt verteilte. »Guck dir das an.«

Er ging zu seinem Computer, ein Sandwich in der Hand, las mir kauend die Nachrichten vor. Alexis kommunizierte in dem für sie typischen, degenerierten, phonetischen Jargon, den Sean mir laut vorlesen musste, als wir uns über seinen Bildschirm beugten. Es war das erste Mal, dass ich etwas Schriftliches von ihr sah.

Gibs auf du hast fealorn. ers unser kind. du bist nimant. Sean wer? lol!
Lexy und kris

»Siehst du, wie ungebildet sie ist?«, sagte Sean, der einen Klecks Mayonnaise am Mund hatte. Seine Antworten bestanden aus ganzen Sätzen mit gelegentlicher Interpunktion.

Ich kann ehrlich sagen dass du äußerlich schön bist, aber innerlich bist du schwach, oberflächlich und sehr ungebildet.
Josiah ist ein Geschenk.
Sean

Und ob er das is. Ein geshenk fon dir das du nih genissen könnnen wirs.
Lexy und kris

Was du sagst ergibt keinen Sinn, du bist verrückt.
Sean

shwuchtel
Lexy und kris

Sean machte sich ein weiteres Sandwich und aß es seufzend. Ich dachte daran, wie er damals in der Navy, von Abscheu und Übelkeit erfüllt, die zerquetschte Leiche hatte bergen müssen und wie ihm danach die Erinnerung daran jede Mahlzeit vergiftete. Es war seine schlimmste Kriegserinnerung, weil sie ihm jenen Trost versagte, der ihm am zugänglichsten war. Als ich ihn eine Woche später erneut besuchte, hatte er fünf Pfund zugenommen, zwei Wochen später zehn.

Erik – September 2011

Wie offensichtlich mir seine Verletzung im Nachhinein vorkommt! Rückblickend kann ich förmlich sehen, wie die Neuronen keine Verbindung herstellen konnten, wie kleine weiße Energieblitze zischend verpufften, ehe sie ihr Ziel erreichten. Doch meine Ahnungslosigkeit erstreckte sich über mehrere Ebenen: Weder ahnte ich etwas von dem Schlag, noch wusste ich, welche Langzeitsymptome eine Gehirnerschütterung hervorrufen kann, und hätte ich es gewusst, hätte ich Eriks Reizbarkeit – mit der Selbsttäuschung der nach Ekstase strebenden Optimistin – immer noch auf seine Nervosität schieben können (obwohl er eigentlich nicht zur Nervosität neigte) und seine Geistesabwesenheit auf die Nebenwirkungen des Hungerns (auch wenn sich das ebenfalls nicht mit meinen bisherigen Erfahrungen deckte).

Ich dachte mir nichts dabei, dass Erik, als ich zur verabredeten Zeit mit dem Notizbuch in der Hand vor seinem Hotelzimmer in New Orleans stand, nicht da war. Eine Stunde später fanden Wes, Erik und seine vier Platzfüller aus Milwaukee mich im Flur sitzend.

»Oh«, sagte Erik. »Hi.«

»Ich dachte, wir wollten uns um vier treffen?« Ich spürte,

wie die beschützerischen Blicke der anderen Platzfüller auf mir ruhten.

»Echt? Hab ich wohl vergessen.«

Es gab mehrere nicht gehirnerschütterungsbedingte, unerfreuliche Erklärungen für diesen Mangel an Höflichkeit. Ich war erst spät am Wochenende angereist, weil ich Sean nicht verlassen wollte; vielleicht hatten Eriks andere Platzfüller ihn wegen meiner geteilten Loyalitäten gegen mich aufgehetzt. Vielleicht wollte Erik sich auch von jedem Rest seines Prä-Milwaukee-Lebens befreien, obwohl die Tatsache, dass Wes hier war, dieser Schlussfolgerung widersprach. Oder vielleicht – überlegte ich mit Blick auf die strahlenden, jungen Gesichter der anderen Platzfüller – hatte ich irgendeine Altersschwelle überschritten und war jetzt unerwünscht. Weniger als zwei Monate vor einem bedeutsamen Geburtstag war ich besonders sensibel für diese Theorie, und ich fragte mich, ob ich diesen Männern eher wie eine ältliche Exzentrikerin als wie eine lebenslustige Kameradin vorkam. Vielleicht war die Gabe der Unsichtbarkeit, die ich, wie ich mir schmeichelte, in Gegenwart von Erik und von seinen Freunden besaß, mit zunehmendem Alter verkümmert, so wie alles andere ebenfalls verkümmerte. Und ich musste an Pettis' vulgären Onkel denken, daran, wie unziemlich es war, dass er mit einer Gruppe so viel jüngerer Männer loszog.

Im Hotelzimmer lag neben dem Bett eine aufschlussreiche Liste, die Erik für alle Anwesenden zusammengestellt hatte: »Whole Foods – Biggie 11:30; Jimmy John's Sandwiches – Brent 12:00« und so weiter. Erik hatte sein Sozialleben umgekrempelt, so dass das, was bisher ein Team von Gleichgestellten gewesen war, nun zu einer Clique von beflissenen Untergebenen wurde.

Normalerweise wäre Erik in diesem Stadium – nach dem Wiegen, dem Rehydrieren und dem Verzehr einer ganzen Reihe Sandwiches – jetzt mit Schattenboxen beschäftigt gewesen und hätte dabei angeregt über den Kampf geplaudert. Er hätte mich wissen lassen, was er von seinem Gegner hielt, oder was er sich von der Siegesprämie kaufen würde. Aber er sagte so gut wie nichts, als wir im Rudel das Hotel verließen und in die Stadt vordrangen. Verschwitzte Gruppen von Touristen mit blauen Plastikperlenketten um den Hals und Bier in der Hand verstopften die Gehsteige und brachten den Verkehr zum Erliegen. Ein vermutlich betrunkener Autofahrer fuhr vor dem Marriott Hotel auf den Bordstein. »Scheiß Bordstein!«, schrie ein Fremder.

»Ist das Sirp?«, fragte ein schäbig gekleideter Schwarzer und deutete auf den roten Kanister mit Pedialyte in Eriks Hand. Der schien es nicht zu hören und ging einfach weiter.

»Er meint Sirup – Hustensirup und 7UP –, das, was Lil' Wayne trinkt«, übersetzte Biggie, der einzige schwarze und jüngste Platzfüller. Biggie hatte kräftige Waden und konnte sich fast so sehr für Essen begeistern wie Erik.

»Echt, Hustensirup?«, sagte jemand.

»Sirp!«, sagte Biggie. Wir ließen uns das Wort auf der Zunge zergehen. Erik führte uns ins French Quarter. Frauen in Unterwäsche lungerten an Türschwellen herum, unter Neonschildern, die ihnen das Licht aus der Haut saugten und es durch eine bläuliche Blässe ersetzten. Wir gafften alle, bis auf Rick Glenn, ein verheirateter Zweiundzwanzigjähriger aus Zentral-Iowa. Zuvor hatten sie Rick Glenn mit einem Trick in einen Stripclub in der Bourbon Street gelockt. »Ich hatte ja keine Ahnung, dass das *so* ein Laden ist«, hatte er gesagt, den Blick gesenkt und grimassierend die Hände in den Taschen vergraben. Dies waren keine

Männer wie Anthony Pettis; sie hatten alle eine gewisse Unschuld an sich.

Erik ging zwischen dem Bordstein und Biggie. Ich wollte Erik in ein Gespräch verwickeln; vielleicht, weil ich eine Rückversicherung brauchte, dass zwischen uns alles in Ordnung war, und so schmuggelte ich mich zwischen sie und bemerkte, dass eine so lasterhafte Stadt wie New Orleans, die so wenig in die Ekstase-verneinende Impulse der zivilen Ordnung investierte, ein idealer Ort sei, um einen Kampf zu veranstalten. Doch es war Biggie, der antwortete, in Iowa gebe es ebenso viel Laster wie in New Orleans, tonnenweise, und wenn man in Waterloo zur falschen Zeit am falschen Ort sei, könne man ermordet werden. Er sagte es, als wollte er es nur zu gern glauben.

Das italienische Restaurant, nach dem Erik sich verzehrt hatte und in dem sie die Pasta von Hand ziehen, lag in einer ruhigen Ecke des French Quarters, und er ging, mit Pulli und Jeans bekleidet, einem Kanister in der Hand und sechs Platzfüllern in T-Shirts im Schlepptau hinein. Alle Männer im Restaurant trugen Jacketts; die meisten Gäste saßen an einem Kamin weit weg von der Straße. Der Oberkellner sah Erik an. »Dürfen wir hier überhaupt rein?«, fragte Glenn vom hinteren Ende des Rudels.

Ich hatte den Verdacht, dass wir unsere Party ins nächste Jimmy John's verlegen sollten, aber man führte uns kommentarlos zu einem großen Tisch am Fenster. Erik stellte den Kanister geräuschvoll auf dem Tisch ab, neben eine Vase, an der die Weinkarte lehnte.

»Die haben Ziege auf der Speisekarte«, sagte Biggie.

»Weiß jemand, wie Kaninchen schmeckt?«, fragte Grant.

»Tintenfischtinte!«, sagte Rick.

»Was ist Rucola?«, fragte Grant.

Der Kellner erklärte, was Bruschetta und was Rucola war. Die Cavatelli mit Tintenfischtinte, sagte er, seien nicht so salzig, wie man erwarten würde.

»Was ist in dem Kanister?«, fragte er.

»Pedialyte.«

»Er ist Kämpfer«, sagte Biggie. »Er kämpft morgen.«

»Ah!«, sagte der Kellner. »MMA oder so? Oh, wow. Ein Freund von mir kämpft auch manchmal. Ich meine, nicht professionell, aber er steht wirklich total drauf, er geht jede Woche trainieren, und er kennt viele Chokes und …«

»Ach ja?«, sagte Erik höflich, jedoch ohne von der Speisekarte aufzusehen. Er bestellte Bruschetta, Orecchiette, Spaghetti und Suppe. »Fürs Erste«, sagte er.

»Sie kämpfen also morgen?«, fragte der Kellner.

Als das Essen kam – Ricks pechschwarze Tintenpasta war ein Schock für ihn –, kam auch der Besitzer des Restaurants, ein Mann mittleren Alters in einem Anzug, an unseren Tisch. Er schüttelte Erik die Hand und dankte ihm, dass er sich für sein Restaurant entschieden hatte. »Morgen sehen wir uns den Kampf an und sagen, wir kennen Sie«, sagte er und verbeugte sich fast, während der Kellner für Grant eine Liste von Bar-Empfehlungen herunterrasselte und Biggie recht gab, ja, Bruschetta sei wirklich ein seltsames Wort.

Erik starrte ins Nichts, umklammerte den Plastikkanister mit Pedialyte.

»Was?«, sagte er, wieder einmal verwirrt, unfähig, den diversen Unterhaltungen am Tisch zu folgen.

»Der Stripclub«, half Grant ihm auf die Sprünge, »Rick will in den Stripclub.«

»Ich hasse Stripclubs«, sagte Erik. »Ich will Frozen Yogurt. Warum brauchen alle so lange?«

Erik hatte die Rechnung vor sich liegen, doch er schien

wieder in Gedanken woanders zu sein, an einem einsamen Ort, an dem ihn niemand von uns erreichen konnte. Hätte es je den richtigen Zeitpunkt gegeben, seine Funktionsstörung zuzugeben, war es sicher nicht jetzt – nun, da wir Platzfüller in der Hoffnung auf Erlösung tausend Meilen gen Süden gereist waren, da sich siebentausend Fans auf den Weg in diesen barbarischen Sumpf gemacht hatten und da 1,8 Millionen Amerikaner ihre Pläne für den Samstagabend gemacht hatten und diese Pläne beinhalteten, Erik Koch kämpfen zu sehen. Als Eriks Blick wieder klar wurde und er die Rechnung vor sich sah, nahm er einfach seine Brieftasche zur Hand, als wäre nichts geschehen.

Am nächsten Nachmittag machte ich mich allein auf den Weg zum Austragungsort. Im September 2011 war mein Projekt genau ein Jahr alt, und dieser Jahrestag brachte gewisse Ängste bezüglich des Tempos meiner Fortschritte mit sich. Gelegenheiten zur Beobachtung ekstatischer Erfahrungen sind naturgemäß rar und flüchtig; jede erforderte Monate der Vorbereitung, die letztlich fruchtlos bleiben konnte, wie ich im Inneren der Blase schmerzlich erkennen musste. Zwar hatte ich nicht vor, meine Arbeit an einem Werk zu übereilen, das von bleibender Wichtigkeit für das Studium des Bewusstseins sein würde, doch es war entmutigend, darüber nachzudenken, dass ich nach mehr als einem Jahr nur fünf Momente gesteigerter Wahrnehmung vorzuweisen hatte, auf denen ich meine Untersuchungen aufbauen konnte. Und nachdem ich kürzlich mein Postgraduierungsprogramm verlassen und mich nun als einsame Gelehrte ohne eine Institution im Rücken verdingen musste, sehnte ich mich nach einer Rückversicherung des Universums, dessen Geschichte ich aufzeichnete.

Die flache, am Wasser gelegene Arena gefiel mir sehr,

denn die Sitzplätze befanden sich auf einer sanft ansteigenden Ebene anstatt auf steilen, stufenförmigen Terrassen. Auf einheitlicher Höhe zusammengedrängt, sahen wir aus wie ein Mob, der beim geringsten Anlass einen Aufstand entfesseln würde. Aus diesem Grund verschmähte ich den käfignahen Sitz mit dem Schildchen *»Cedar Rapids Gazette«* zugunsten der billigen Plätze unter dem Dach. Wenn auch nur die geringste Möglichkeit ekstasebedingter Krawalle bestand, wollte ich nicht isoliert zwischen bebrillten Sportjournalisten sitzen.

Es würde an jenem Abend vier im Fernsehen übertragene Kämpfe geben, von denen Erik den zweiten bestritt, doch den meisten Zuschauern würde eher sein Gegner ein Begriff sein. Im Jahr 2011 war Jonathan Brookins bereits ein TV-Phänomen. In den zwölf Staffeln von *The Ultimate Fighter*, jener würdelosen Reality-TV-Show, in der die Produzenten ein Dutzend Kampfkünstler in eine enge Wohngemeinschaft einpferchten, ihnen alle einsamen Vergnügungen untersagten, die sie vom sozialen Drama ablenken könnten, und vierundzwanzig Stunden am Tag das Licht brennen ließen. Brookins war der Erste, der sich lautstark über den Mangel an Büchern beklagte, der Erste, der eine Sehnsucht nach seiner örtlichen Bücherei bekundete, der Erste, der vor seinem Kampf in einem Yoga-Kopfstand gezeigt wurde, und der Erste, der seine Zeit im Haus als »eine Selbstfindungsreise« bezeichnete. Als es schließlich schien, als würde Brookins die Show gewinnen, packte ihn die Angst, er könne seine Bescheidenheit verlieren. »Ich hoffe nur, dass ich der Bezeichnung ›bescheiden‹ noch würdig bin«, sagte er. »Ich bete jeden Tag: ›Lieber Gott, mach, dass mir diese Sache nicht zu Kopf steigt. Lass mich nach Hause kommen, Fahrrad fahren, in die Bibliothek gehen.‹«

Ich weiß nicht, ob Brookins ein Albino war, seine schwarzen Gesichtszüge und der alabaster-weiße Teint deuteten jedenfalls auf einen Melaninmangel hin, und er hatte etwas von einem »Höhlenmenschen«, wie einige bemerkten. Anders als Erik, der sich auf jedes Mikro in der Nähe stürzte, wurde Brookins vor der Kamera nervös und zappelig. »Ich würde mich lieber auf die großen Fragen des Lebens konzentrieren«, sagte er etwa in der Mitte der Staffel, was ich recht bewundernswert fand. Er gewann die Staffel, eine loyale Anhängerschaft und würde nur ein Jahr später gegen den vergleichsweise unbekannten Erik Koch kämpfen, was für ihn jedoch eine große Ehre sei, wie er angab. Und so kam es, dass Erik sich vor die Aufgabe gestellt sah, Feindseligkeit gegen den nettesten Gegner der Welt kultivieren zu müssen.

»Es kotzt mich an, dass er immer so *nett* ist«, hatte Erik an jenem Nachmittag im Hotelzimmer gesagt.

»Voll der Höhlenmensch, der Typ«, warf Wes ein.

»Beim Wiegen sagt der so zu mir: ›Es wird mir eine Ehre sein, gegen dich zu kämpfen.‹ Tja«, sagte Erik, als würde er etwas wiederholen, was er irgendwo aufgeschnappt hatte, »es wird mir eine Ehre sein, dich auszuknocken. Wenn's sein muss, bin ich halt der Böse.«

Während die Prä-Erik-Kämpfe an jenem Abend wie im Flug vergingen, musste ich die Konversation meines Sitznachbarn über mich ergehen lassen, der nicht das Geringste über das Schauspiel wusste, das sich vor unseren Augen abspielte. Er habe die Tickets bei einer Werbeverlosung gewonnen, sagte er, und in dem Moment fiel mir auf, dass ein Viertel der Zuschauer das gleiche T-Shirt trug wie dieser Mann – sie alle waren Verlosungsgewinner, die eine Bierbrauerei hereingeschwemmt hatte, als wäre dieser heilige

Wettkampf eine Karnevalskreuzfahrt für den gemeinen Touristen. Die schlimmste Art der Entweihung wird nicht vom hasserfüllten Vandalen verübt, sondern vom tumben Vergnügungshungrigen; man denke nur an die grandiose Erhabenheit des Meeres, die an Kreuzfahrtliebhaber verschwendet ist. Die in blaue T-Shirts Gewandeten waren nicht gekommen, um ihre Wahrnehmungsfähigkeit zu steigern oder sich von ihrem Körper zu befreien, sondern um ihre ohnehin schon trüben Sinne weiter abzustumpfen.

Als mein Schützling in die Arena stürzte, war es mit der lustlosen Apathie des vorigen Abends vorbei. Er tanzte mit offenem Mund auf den Käfig zu, klatschte die verschwitzten Hände der tanzenden Fans ab, jeder Schritt ein Hüpfer, jeder Handschlag ein deutlich hörbares Klatschen, jeder Schrei unartikuliert, als wäre er zu gegenwärtig, um den kalten, distanzierenden Mechanismus der Sprache zu brauchen. Er muss entsetzliche Angst gehabt haben, mitten im Kampf orientierungslos dazustehen, zu vergessen, wo er war, den Faden zu verlieren, an dem jeder kämpferische Moment hängt, aber selbst der aufmerksamste Beobachter hätte kein Anzeichen von Angst oder Nervosität an ihm bemerkt. Brookins wartete, geduldig, höflich und dazu bestimmt, bald perforiert zu werden. Die Laserlichter drehten sich wie suchende Augen, die Nummerngirls fuhren sich durchs Haar und die Kameras glitten mit der herrlichen Simultaneität des echten Schauspiels über die Schienen.

Brookins war sogar noch größer als Erik. Wie das bei hundertfünfundvierzig Pfund möglich ist, kann ich nicht sagen; eigentlich würde man bei einem Mann mit so langen Gliedmaßen erwarten, dass er der Erdanziehung in höherem Maße unterliegt, es sei denn, der Knochenbau unter seinem Fleisch besteht aus irgendeinem überlegenen Material, leicht und hart. Trotzdem hatte ich immer noch keine Angst, selbst als der unwissende Mann an meiner Seite sich noch ein Gratisbier holen ging, als der Schiedsrichter vor dem Octagon gerade in einer betenden Geste des Respekts die Hände zusammenlegte, innehielt und dann die ausgestreckten Handflächen kreuzte, wie um die Luft zwischen den beiden Kämpfern zu zerteilen.

Brookins' blonde Haare waren zu Cornrows geflochten, seine Ohren unschön exponiert; er sah ganz anders aus als der geschmeidige Erik, dessen Körper die befriedigende Harmonie einer aus einem Block gehauenen Marmorstatue besaß. Brookins durchquerte das Octagon mit schwerfälligen Schritten, um seinen wesentlich anmutigeren Gegner unter Druck zu setzen, und drängte Erik gegen den Käfig. Von meinem Platz aus konnte ich nur Eriks Rücken erkennen, weiße Fleischrauten, die sich vom schwarzen Draht abhoben. Er schlang die Arme um Eriks Hüfte, zog und zerrte, grimassierte, zog weiter, konnte ihn aber nicht von der Matte heben. »Was machen sie?«, fragte der Mann neben mir, und ich ignorierte ihn, denn wenn er nicht erkennen konnte, dass Brookins Angst hatte, aufrecht stehend zu kämpfen, bestand wirklich keine Hoffnung mehr, ihm durch diesen kurzen Kampf zu helfen.

Doch wie seltsam musste Brookins' Beharrlichkeit auf den erfahrenen Kampfzuschauer wirken, wie unelegant diese harte, stumpfsinnige Unnachgiebigkeit bei einer Beschäftigung, die eigentlich den spielerisch Geschmeidigen vorbehalten war. Er wurde weder spielerischer noch interessanter, aber er wurde es müde; und anstatt weiter zu versuchen, Erik zu Boden zu reißen, richtete er sich auf, umarmte Erik und presste ihn fest gegen den Käfig. Erik konzentrierte sich mit aller Kraft darauf, in Brookins' Armen zu atmen, zwang seinen Brustkorb, sich in Brookins' schraubstockartiger Umklammerung zu heben und zu senken. Keiner von beiden konnte zuschlagen, denn Brookins' Arme waren um Eriks Körper geschlungen und Eriks Arme an seinen Körper gepresst. Brookins' Brust glitt einige Zentimeter über Eriks Brust, er drängte sich mit der ganzen Kraft seines Gewichts gegen Erik, drückte ihm die Schulter auf die Luftröhre. Erneut versuchte er, Erik zu Boden zu ziehen. Einer von siebentausend Zuschauern hustete. Zehn Sekunden vergingen, zwanzig. Ich war, wie vermutlich alle hier, peinlich berührt von Brookins' tierhafter Hartnäckigkeit, seiner Weigerung, sich dem Fluss des Kampfes zu überlassen.

»Kämpft!«, schrie jemand von den billigen Plätzen. Erik befreite seinen rechten Arm aus dem Clinch. Brookins hob den linken Arm, um Eriks erneut zu umklammern. Erik befreite den Arm, Brookins fing ihn wieder ein – ein langsames, mühsames Winden von Gliedmaßen, zwei Männer, die gegeneinander schwimmen. Gefangen warf Erik sich hin und her, stieß in dem Versuch, sich zu befreien, mit den Schultern und Hüften nach Brookins. Ein weiteres Husten aus dem Zuschauerraum. »Ellbogen«, rief jemand. Verlosungsgewinner sprangen auf, um sich ein Bier zu holen, während die Fernsehkommentatoren Mühe hatten, die Luft mit Geplapper zu füllen. Die Kamera richtete sich unverändert auf dieses Stillleben zweier Männer, die in der Falle saßen. Die Leute warteten darauf, dass Brookins die Umklammerung lösen und ihnen die Show liefern würde, für die sie gekommen waren.

Als die Glocke läutete, atmete ich tief ein, wie die Therapeutin koreanischer Abstammung es mir geraten hatte. Der Mann neben mir sah mich besorgt an, aber er hätte sich besser um sich selbst sorgen sollen, denn er würde immer in seinem Körper gefangen sein, ich dagegen hatte einen Weg gefunden, ihm bei der einen oder anderen Gelegenheit zu entkommen, wenn auch vielleicht nicht bei dieser, wie mir mit wachsender Enttäuschung klarwurde.

Zu Beginn der zweiten Runde trieb Brookins Erik erneut in die Enge. Er versuchte Erik wie zuvor auf die Matte zu zerren, zog zuerst an Eriks einem Bein, dann am anderen, dann an seinem Knöchel. In all seinen anderen Kämpfen hatte Brookins es geschafft, seinen Gegner auf die Matte zu werfen und ihn mit Hilfe eines Submission-Griffs zur Aufgabe zu zwingen, doch Erik ging nicht zu Boden. Wieder wechselte Brookins zu Plan B über und gab die menschliche Zwangsjacke. Erik drehte sich, der Höhlenmensch ebenfalls, und Erik drehte sich zurück und landete genau dort, wo sie angefangen hatten, in einem Clinch, in dem kein Quäntchen Luft mehr zwischen sie passte. Erik kickte, wand und drehte sich, und schließlich war er frei, hatte etwas Abstand zwischen sich und Brookins gebracht.

Nun, da Erik nicht länger gefangen war, wurde der Kampf zu etwas Offenem, Gefährlichem; der Raum zwischen Erik und Brookins barg jede Möglichkeit für Schrecken, jede Hoffnung auf Schmerz und Verwundung. In dem Moment, als Erik sich endlich in das große, prächtige Zentrum des Käfigs drehte, holte ich tief Luft und stieß einen Anfeuerungsschrei aus, denn jetzt konnte der Kampf beginnen; und gerade, als ich schrie, entfaltete Erik seine ballettösen Gliedmaßen, ließ seinen rechten Arm in einem Jab vorschnellen. Die Menge atmete hörbar ein, dann schnell aus; denn Eriks Faust traf nicht auf etwas befriedigend Festes, sondern daneben. Brookins war schnell, vielleicht ebenso schnell wie Erik, und obwohl seine Schläge nicht viel taugten, konnte er Eriks mit koboldhafter Geschwindigkeit ausweichen.

Erik schüttelte Kopf und Schultern wie ein Kettenhund, den man von der Kette gelassen hat. Dies war seine Gelegenheit, seine Stärken gegen einen geringeren Mann zu entfesseln. Doch stattdessen kickte er Brookins mit ein paar laschen Tritten gegen die Schienbeine, als würde er seine Zehen zimperlich in Eiswasser tauchen. Brookins bedrängte Erik, und wieder landeten sie am Käfig. Brookins umklammerte Erik, zwei Männer, gefangen in öder, gewöhnlicher Stille. Die Gelegenheit war verstrichen. Die Runde endete. Schwer atmend schloss ich die Augen. Es war kalt in der Arena, und doch war mir der Schweiß ausgebrochen, floss mir den Hals hinunter ins T-Shirt.

»Jemand will nicht kämpfen«, hörte ich Duke sagen. Er meinte Brookins, aber auch Erik hielt sich zurück. Er hätte Brookins bedrängen müssen, so wie Brookins ihn bedrängte, keine halbherzigen Tritte gegen die Schienbeine austeilen sollen, sondern einen bösartigen Hagel aus Schlägen, keine stockende, statische Umklammerung, sondern ein fließendes, schlängelndes Rollen. Der Erik, den ich mir sehnlichst wünschte, würde sich aus dem Clinch glitschen wie ein Aal aus einer Faust, die Kette der befangenen Sorge abschütteln und sich vor unseren Augen entfalten. Wenn nicht für sich selbst, dann für uns. Für mich.

Bei Anbruch der dritten Runde stand Brookins in der Mitte des Käfigs und ließ sich schlagen. Erik schien auf etwas zu warten, tanzte mit jetzt wieder freien Füßen um Brookins herum, als wolle er ein Problem lösen – ein vorsichtiger Kick vors Schienbein, ein sicherer, schneller Jab. Brookins' Cornrows hatten sich in dicke blonde Strähnen, Dreadlocks fast, aufgelöst, und als Erik schließlich den perfekten Treffer in Brookins' Gesicht landete, umgaben die Dreads seinen Kopf wie ein goldener Federkranz. Ich versuchte zu spüren, wie ich mich auflöste, der Stuhl in Milliarden von Atomen explodierte, die Illusionen des Zeitraums aus dem Bewusstsein gerissen wurden. Doch alles, was ich spürte, war die Anstrengung des Bemühens. Dies also war der schönste Moment des Kampfs, aber das war auch alles, was er war – schön.

»Was machen sie denn jetzt?«, fragte mein Nebenmann, sichtlich gelangweilt. »Kuscheln?«

»Scheitern«, sagte ich, ohne ihn anzusehen. »Sie scheitern.«

Brookins trieb Erik in die Enge, umklammerte ihn. Die Menge buhte. Im Fernsehen verlas der Ansager eine Werbung für eine neue Sitcom.

»Wer hat gewonnen?«, fragte der Mann, und ich wurde mir mit nicht geringer Beschämung seiner Gegenwart wieder bewusst. Die Welt hielt uns für Kretins, für Kinder – verdorben, weil von einem gleichgültigen Gott verlassen –, für blutrünstige Schläger ohne Sinn für das Heilige; und nach allem, was dieser Mann und seine Verlosungsgewinner-Kollegen über uns wussten und je wissen würden, waren wir genau das. Ich hatte eine weitere Chance verpasst, und es würde Monate dauern, bis Sean oder Erik den nächsten Kampf bekam.

»Ich weiß nicht«, sagte ich zu dem Mann und drehte mich weg. Bruce Buffer atmete tief ein und eine Reihe von Zahlen aus – 30-27, 30-27, 29-28 – Unanimous Decision, *Erik »New Breed« Koch*. Erik kniff die Augen zusammen, runzelte die Stirn und sank weinend zu Boden.

Auf der Pressekonferenz nach dem letzten Kampf des Abends wurde Erik nach seiner tränenreichen Post-Kampf-

Einlage gefragt. »Ich bin emotional, als Kämpfer und als Mann, und dieser Kampf war für mich, für einige meiner Dämonen«, sagte er. »Ja, ich weine. Echte Männer weinen auch.«

»Das passiert, wenn man auf eine Selbstfindungsreise geht«, sagte Brookins. »Man kämpft nicht so gut.«

Zu diesem Zeitpunkt wünschte ich mir nichts sehnlicher als einen Drink. Es gibt viele unbedeutendere Wege, sich selbst zu vergessen, darunter ein Glas Whiskey. Was nicht heißen soll, dass ich Erik und sein Gefolge als ideale Gefährten für ein Erinnerungen auslöschendes Saufgelage betrachtete. Da hätte ich besser in die Bibliothek meiner alten Uni gehen und wahllos ein paar Doktoranden aus den Lesekabinen herauspicken können.

»Er ist ein UFC-Kämpfer!«, sagte Biggie, als wir uns der Tür des Clubs näherten, in der die offizielle After-Show-Party stattfinden würde, und der Türsteher winkte zehn von uns – wir berührten uns, um ihm zu zeigen, dass wir alle nur Anhängsel von Erik waren – in den Club, ohne dass wir bezahlen mussten.

Wie gesagt, war man auf der Suche nach einem anständigen Partner, um sich Mut anzutrinken, alleinstehende Frauen zu erspähen und anzusprechen, die erspäht und angesprochen werden wollen, und um seine musikalische Kompetenz physisch unter Beweis zu stellen (»weil im Tanze«, so Nietzsche, »die größte Kraft nur potentiell ist«), sind professionelle Kämpfer nicht die beste Wahl. Erstens vertragen sie so gut wie nichts. Sie trinken nicht, und wenn doch, knicken ihre Knie nach ein paar Schnäpsen in einer entwürdigenden, ihnen fremden Trennung von Körper und Geist ein. Tanzen gehört definitiv auch nicht zu ihren Stärken. Zu ihrer Verteidigung, sie ziehen Frauen an – es sei denn, es handelt sich um Erik Koch, und wenn es ihm doch gelang, dann, so schien es mir in jener Nacht, versuchte er sie aktiv zu vertreiben. Man stelle sich Erik auf der offiziellen After-Show-Party vor, wie er allein in einer Ecke steht, seine Mails checkt, mit seinem Handy tanzt, zur Musik nickt, während er mit dem Daumen über das einsam in der dunklen Bar leuchtende Rechteck streicht. Frauen umtanzen ihn, attraktive Frauen, die, wie man annehmen darf, durchaus nichts gegen die Aufmerksamkeit eines aufgehenden Sterns am UFC-Himmel einzuwenden hätten, aber Erik überbrückt die Kluft nicht. Entsagung kann krankhaft werden. Vielleicht war er gar nicht mehr fähig, sich selbst eine Befriedigung zu gewähren, die nichts mit einem siegreichen Kampf zu tun hatte.

Erik tanzte allein vor sich hin, ganz Licht und Jugend, seine Adern verliefen wie straffgespannte Seile an seinen muskulösen Armen, hellblaue Augen, die Haut so makel- und faltenlos, dass er sogar noch jünger wirkte als zweiundzwanzig. Mir fiel wieder ein, warum ich mich für ihn entschieden hatte. Er war der Inbegriff der Gesundheit, eine perfekte Maschine frisch aus der Fabrik.

»Was jetzt?«, fragte Erik.

»Gehen wir zurück ins French Quarter«, sagte ich.

»Ich kann mit meinem kaputten Knöchel nicht überall hin latschen«, fuhr Erik mich an, und die anderen fünf verstummten. Geschockt starrte ich ihn an – das waren seine ersten undiplomatischen Worte im gesamten Jahr unserer Bekanntschaft.

Ich wandte mich abrupt ab und beobachtete das Halbschwergewicht Ryan Bader, der mehrere Frauen in der beachtlichen Spannweite seiner Arme versammelt hatte und den bezopften, offiziellen UFC-Fotografen anlächelte. Bader, der vielleicht zweihundertzwanzig Pfund wog, und Joseph Benavidez, der hundertfünfunddreißig Pfund wog und an einem guten Tag 1,62 Meter groß war, pressten sich an dieselbe Blondine im Glitzershirt und mit drei verschiedenen Lidschattenfarben. Ich wollte nichts über Eriks sexuelle Neigungen wissen, aber vielleicht brauchen Kämpfer, die nicht lieben dürfen, um sich nicht zu verlieren, eine Art von Stressabbau, der in etwa so aussieht wie diese Blondine. Es ist eine Sache, eine gewisse Art Abstand von anderen Menschen zu halten, die den Kampf schließlich überhaupt erst ermöglicht, aber eine andere, sich ganz von ihnen zu isolieren. Als ich den siegreichen Erik durch sein Mobiltelefon scrollen sah, war mir, als hätte ich nie einen so einsamen Menschen gesehen.

Wir stiegen in ein Taxi, das uns jedoch nur bis zu einem gewissen Punkt des French Quarters bringen konnte, so dass Erik doch laufen musste. Sein schmerzender Knöchel machte ihm zu schaffen, und er humpelte mit zombiehafter Steifheit vorwärts; Biggie machte sich über ihn lustig. Nach den zwanzig Pfund Gewichtszunahme in der letzten Nacht hatte sein Gesicht die bedrohlich-knochige Hagerkeit verloren, zugunsten einer neuen Weichheit um die Augen und Wangen, doch obwohl er fetter und gesünder aussah, waren die Schatten unter seinen Augen noch dunkler geworden. Ein junges Mädchen in Stöckelschuhen und einem T-Shirt mit der Aufschrift »Ask Me to Bayou a Bud Light« stolperte gegen ihn, so dass er fast mit Biggie zusammenstieß. Die Männer, die sie begleiteten, eilten an uns vorbei. Wegen Eriks Knöchel kamen wir langsamer voran als der Rest der Bourbon Street, und die Menschenmassen strömten in beiden Richtungen an uns vorbei. Eine langsame Gruppe von uns fügte sich zusammen; plötzlich waren Duke und seine Frau da, der Duke mich als »großartige Autorin von der *Cedar Rapids Gazette*« vorstellte. Anthony Pettis war ebenfalls da, und mit ihm all seine vielen Platzfüller, die ihre Position hinter ihm einnahmen, und alle aßen Pizzastücke im kalten, fluoreszierenden Licht. »Brookins ist zäh«, sagte Erik, vielleicht weil Komplimente an Brookins' Kinn ihm Gelegenheit gaben, über seine Schmerzen zu reden. »Alles, womit ich ihn getroffen habe, tut weh. Meine Hände tun weh, mein Ellbogen tut weh, meine Knie tun weh. Und irgendwas in meinem Knöchel ist definitiv angeknackst.«

Die Nacht war noch schwüler geworden; alle Feiernden waren jetzt mit einem leichten Schweißfilm bedeckt, die Neonbeleuchtung tauchte alles in ein stahlblaues Licht. Ein Mädchen mit Brautschleier und einem Corona-Bier in der Hand, um das sich sechs Freundinnen drängten, quetschte sich an uns vorbei. Erik hatte die Augen halb geschlossen; er folgte uns durch die Menge, in eine Bar, wo man, wenn man um ein Bier bat, drei bekam, und Erik kriegte sechs Schnapsgläser mit Wodka, dazu ein Tonic in einem übergroßen weißen Plastikbecher.

»Ich geh mal ein paar Weiber klarmachen«, sagte Erik, als der Becher leer war, nicht ohne eine gewisse Entschlossenheit.

Doch dann kam er zu uns zurückgeschlurft, sagte nur, es sei Zeit, in eine andere Bar zu gehen, und scheuchte uns alle wieder in die Flut aus Gliedmaßen, durch eine Tür, eine Treppe hinauf und auf einen vergitterten Balkon. In dieser Bar, einen Block die Bourbon Street hinunter, trugen die Kellnerinnen Anstecker mit der Aufschrift »Ask me about my tooters: 3 $«. Vom Balkon aus beobachteten wir, wie Polizisten auf Pferden durch die Massen ritten. Einer von uns ließ mehrere Perlenketten vom Balkon fallen; eine

Frau mittleren Alters hob eine davon auf, legte sie sich, ohne nach oben zu sehen, um den Hals und ging weiter. Jemand hatte vor kurzem vor der Bar saubergemacht, das Kopfsteinpflaster glitzerte blau. Erik hatte die Ellbogen auf das schmiedeeiserne Geländer gestützt und starrte auf ein beleuchtetes Schild hinunter; im Niemandsland zwischen Vordach und Straße lag, verloren, ein schmutziger weißer BH. Es war zwei Uhr, drei Uhr morgens, niemand wusste es mehr genau. Grant näherte sein Gesicht einem Reagenzglas mit Schnaps, das zwischen den Brüsten einer Kellnerin steckte. Drei Dollar das Röhrchen. Biggie war immer noch drinnen und beugte sich zu einer anderen Kellnerin hinüber, mit einem größeren Ziel vor Augen. »Hör zu«, sagte er zu ihr. »Ich reise morgen ab. Wir sehen uns wahrscheinlich nie wieder. Eine Nacht. Was sagst du?«

Sie musste Bestellungen annehmen und verschwand in der Menge.

Eine nur etwa 1,20 Meter große schwarze Kellnerin in schwarzer Unterwäsche, die fast nur aus Brüsten und Schenkeln zu bestehen schien und fast keine Taille hatte, packte Erik am Kragen und schubste ihn auf einen Stuhl, den sie in der Mitte der Bar positioniert hatte. Sie sprang auf ihn, presste ihre nackten, runden Schenkel auf seine knochigen Beine, verschränkte ihre Knöchel hinter dem Stuhlrücken und wippte auf und ab, als würde sie ein bockendes Pony reiten. Sie sprang von seinem Schoß, legte sich auf den Boden und streckte ihm ihre runden Pobacken in einer Art erotischer Anbetung entgegen. Es wurde still in der Bar. Pettis, der das Intermezzo arrangiert hatte, stand ein paar Meter entfernt und hielt sehr beiläufig einen Pocket-Camcorder auf das Geschehen. Erik setzte sich auf und sah sich mit starrem Lächeln um. Die Kellnerin stand auf und schüttelte ihren Po Zentimeter von seinem Gesicht. Erik schaute in die Kamera, hob unsicher die Hand und schlug, nicht auf ihren Hintern, sondern die Luft genau davor, als wollte er Pettis durch die scheinbar zügellose Geste gefallen und gleichzeitig die Kellnerin wie ein leichtes, luftgetragenes Teilchen über die Balkonbrüstung wedeln.

Sean – Oktober 2011

Selbst wenn wir uns darauf einigen können, dass es ein Fehler ist, ein bestimmtes Verhalten auf eine einzige Ursache zurückzuführen, komme ich nicht umhin festzustellen, dass sich Seans Wangenknochen nur wenige Wochen, nachdem er das unübersehbare Fehlen seines Namens in der Geburtsurkunde entdeckte, wieder in die weiche Rundung seines Gesichts zurückzogen, seine Taille sich verbreiterte und wieder nahtlos in den Torso überging und sein Enthusiasmus für das tägliche Training deutlich nachließ. Er hatte einem Kampf in Des Moines zugestimmt, bei dem er nur hundertfünfundachtzig Pfund wiegen durfte, brachte jedoch eine Woche davor noch zweihundertfünf Pfund auf die Waage und musste somit innerhalb weniger Tage zwanzig Pfund abkochen, was ihm nicht unbeträchtliche Opfer abverlangte. Er nahm fast alles innerhalb von achtundvierzig Stunden ab, joggte in Gummikleidung, schwitzte in der Sauna und legte sich ins Solebad. Sein Körper kämpfte mit dem drastischen Flüssigkeitsverlust, sein Herz schlug doppelt so schnell und seine Blutgefäße verengten sich, um, sagen wir, die Lunte am Brennen zu halten, die einen Kämpfer antreibt.

Trotzdem kam Sean mit drei Pfund Übergewicht in Des

Moines an, doch sein Gegner wollte nicht kleinlich sein, und später an jenem Abend schien alles in bester Ordnung zu sein. Sean fühlte sich gut und nahm sein Eigengewicht in Gatorade zu sich.

Allerdings leiden Kämpfer rätselhafterweise nicht dann am meisten, wenn sie sich etwas versagen müssen, sondern dann, wenn sie schließlich wieder zum Normalzustand zurückkehren und ihrem strapazierten Körper das geben können, was er braucht. Sechs Stunden später meldete sich seine Magenschleimhaut, und etwas begann in den Tiefen seines Körpers zu rumoren. Der üble Odem, der in seinen Eingeweiden wütete, suchte vergeblich nach einem Ventil. Sean würgte, in dem Versuch, sich seiner zu entledigen, und übergab sich schließlich, woraufhin er sich vorübergehend besser fühlte; doch nun, da die Übelkeit einen Weg nach draußen gefunden hatte, stieg sie wieder und wieder und wieder in ihm auf, und am Wettkampftag bei Sonnenaufgang erbrach er sich so heftig, dass es selbst unserem vergleichsweise unerschütterlichen Versuchsobjekt einigermaßen bedenklich erschien.

Sean bat seinen Sekundanten, ein gepflegtes, ebenfalls von Miletich trainiertes Schwergewicht namens Sherman, um Hilfe. Keiner von beiden besaß einen Stadtplan, ein Smartphone oder GPS, und so fuhren sie auf der Suche nach einem Krankenhaus ziellos durch die Vorstädte von Des Moines. Als sie schließlich eins gefunden zu haben glaubten, schleppte Sean sich hinein, nicht ohne sich vorher auf den Gehsteig übergeben zu haben, nur um drinnen festzustellen, dass es sich um ein Altenpflegeheim handelte. Letztlich fanden sie ein Krankenhaus und einen Arzt, der Sean untersuchte.

Davon erfuhr ich allerdings erst, als ich zum Kampf anreiste. Wir trafen uns in derselben Umkleide wie am Tag seiner Niederlage gegen Grigsby. »Tja, heute Morgen haben meine Nieren irgendwie versagt«, sagte er zu mir.

Bei seinen Worten verspürte ich ein Kribbeln in meinen Fingerspitzen und einen Druck auf der Brust. Die Art, wie Seans Körper Risse, Wunden und Fissuren nahtlos absorbierte, war für mich ein stetiger Quell der Verwunderung gewesen. Dass er statt unter einer exakt lokalisierbaren Wunde eines Tages unter einem kompletten Systemausfall leiden könnte, war nichts, was in Betracht zu ziehen ich bisher Gelegenheit gehabt hätte.

»Aber du kämpfst heute Abend?«, fragte ich ihn, besorgt und mit schlechtem Gewissen – denn als er mich am meisten gebraucht hätte, kurierte ich in Iowa City einen Schnupfen aus, den ein zäherer Platzfüller sicher ignoriert hätte.

»Ja, jetzt ist alles okay.«

Okay hieß in diesem Kontext, dass keins seiner Organe akut versagte. Während Sean mir alles erzählte, fiel mir auf, wie blass seine Wangen waren (was ich für eine Folge des Gewichtsverlusts gehalten hatte), wie gelblich diese Blässe war (was ich auf die fluoreszierende Beleuchtung in der Umkleide zurückgeführt hatte) und wie mühsam sich seine Brust hob und senkte. Das hatte die Welt noch nicht gesehen: einen Sean, der in einen trägen, schleichenden, nicht genau lokalisierbaren Schmerz hineinatmete. Er litt unter Übelkeit und hatte seit drei Tagen nichts gegessen. An Seans Handgelenk, wo die Krankenschwester versucht hatte, ihm eine Infusionsnadel in die verengten Blutgefäße zu schieben, war die Haut mit Einstichen übersät. Zu den vielen guten Ratschlägen, die die Ärzte ihm mit auf den Weg gegeben hatten – wie, versuchen Sie nicht, innerhalb von zwei Tagen zehn Prozent Ihres Körpergewichts abzunehmen –, gehörte auch die Empfehlung, an diesem Abend nicht zu kämpfen.

»Es hat eine Ewigkeit gedauert, bis ich dran war«, sagte Sean, als er vom Krankenhaus erzählte. Wir saßen auf der Couch, vor uns bekam ein Kämpfer die Hände bandagiert, und Brandon ging wie üblich auf und ab. »Ich hab mich vor Schmerz gekrümmt, und die Schwestern haben es genau gesehen, aber sie sind einfach an mir vorbeigegangen. Total irre.«

»Nächstes Mal sagst du einfach, du hast Schmerzen in der Brust«, riet Brandon ihm. »Dann nehmen sie dich sofort dran.«

»Ja, und greif dir ans Herz«, fügte Justin hinzu, dessen Hände bandagiert wurden.

»Nettes Blumenkohlohr«, sagte Justin zu Sean.

»Jap«, sagte Sean und strich sich über die Ohrmuschel, »sieht man selten, so was.« Er streckte seufzend die Beine von sich. »Außer in Japan. Da gibt's Typen, die haben zwei.«

Sean legte sich auf die Couch, zog die Beine an, bettete den Kopf auf die Armlehne und die Hände auf seinen Bauch. Als ich ihn inmitten all der anderen, nervösen Kämpfer auf dem Sofa liegen sah, stieg eine seltsame Empfindung in mir auf, die ich schließlich als Angst identifizierte; Angst davor, was ihm im Käfig zustoßen konnte. Ich überlegte, ob ich ihn bitten sollte, nicht zu kämpfen, aber der Gedanke an mein Projekt, knapp einen Monat nach der Pleite in New Orleans, hielt mich davon ab. Und so stürzte ich mich ins A-priori-Platzfüllen und versuchte, seine Bedürfnisse vorauszuahnen. Vielleicht hatte er, wenn er aufwachte, Appetit auf einen Energieriegel, überlegte ich, der Vorstellung, der Umkleide für ein paar Momente zu entkommen, nicht abgeneigt, denn ich hatte keine Lust, mir noch mehr Empfehlungen über richtiges Verhalten in der Notaufnahme anzuhören.

Die Halle, zu der man durch einen Vorhang, an einem Türsteher vorbei und über eine Empore gelangte, war gerammelt voll. Am Tag war sie nur ein Warenlager neben einer Megachurch in einem Vorort von Des Moines, in dem es keine richtigen Straßen gab, sondern nur Highways, gesäumt von Autohäusern, die wie Pilze aus dem flachen Boden schossen – und die Art von endlosem Himmel, die den Eindruck vermittelt, als befänden sich Straßenlaternen zu nah am Boden. Ich schlüpfte an einigen Security-Männern und betrunkenen Zuschauern vorbei in die milde Oktoberabendluft. Auf der anderen Seite des Parkplatzes stand ein Schild der Megachurch mit der Aufschrift »Christian Life Worship Center«; ohne Gottesdienstzeiten, dafür mit einem Smiley, das unablässig auf den vorbeifahrenden Verkehr hinunterlächelte. Die Bäume in der Gegend sahen aus wie frisch gepflanzt, ins Leben gehegt und gepflegt, als Schutz gegen den Wind angepflockt und von einem Nimbus aus Mulch umgeben. Ein schwach beleuchteter Gemischtwarenladen tauchte eine Ecke des Parkplatzes in ein rötliches Licht.

Zurück in der Arena, die Taschen voller Energieriegel, traf ich auf Brandon und seine majestätische Freundin. Sammy, eine kurvige, selbstsichere College-Studentin und Teilzeit-Stripperin, war ein hinreißendes Vollweib; sie zog so viel Aufmerksamkeit auf sich, dass ich mir in ihrer Gegenwart doppelt so unsichtbar vorkam wie sonst. Sie und Brandon hatten sich Plätze in der ersten Reihe gesucht, für die sie vermutlich nicht bezahlt hatten. »Irgendwie hab ich den Verdacht, dass Sean einen Scheiß über gesunde Ernährung weiß«, sagte Brandon zu Sammy. »Einen Scheiß.

Sich gesund zu ernähren ist nicht dasselbe, wie sich wie ein professioneller Kämpfer zu ernähren. Man könnte zum Beispiel meinen, dass Obst gesund ist, aber Obst enthält massenhaft Zucker und fördert die Wassereinlagerung.« Es war unklar, ob Sammy zuhörte; Brandon wandte sich vom Kampfgeschehen ab. »Nierenversagen«, sagte er und pfiff durch die Zähne. »Mann.«

Als Brandon und ich zu Sean zurückkehrten, beäugte er skeptisch meine Auswahl an Energieriegeln, suchte sich einen aus, riss ihn auf und knabberte daran, was, wie Sie vermutlich bemerkt haben, kein Verb ist, das ich bisher mit Bezug auf Sean verwendet habe. Justin kam mit hängenden Schultern zurück in die Umkleide und brachte die Art Schweigen mit sich, an die alle in diesem Raum gewöhnt waren. Seans Kampf würde in ein paar Minuten beginnen. Brandon, Sherman und ich erhoben uns, blieben aber in seiner Nähe. Sherman und ich mit unserer stumm-besorgten Art, Brandon in seiner manisch-hilfsbereiten.

»Hast du einen Eimer, Sean?«, fragt Brandon.

»Nein.«

»Okay, kein Problem. Hast du ein Handtuch?«

»Nein.«

Sean hievte sich von der Couch und ging langsam im Raum herum. Er gab mir den halb gegessenen Riegel zurück und schüttelte den Kopf.

»Kein Eimer, kein Handtuch, du bist 'n Krieger, Sean! Aber das ist in Ordnung, ich sag dir was – wenn du ganz übel schwitzt, geb ich dir einfach mein Shirt, okay? Was ist deine Einzugsmusik?«

»Ähm«, sagte Sean. »Metallica, glaub ich.«

»Originell, Sean, echt originell.«

Sean zog sich ein Shirt an, auf dem eine pinke Faust und

eine pinke Schleife abgebildet waren. »Wir kämpfen, bis der Brustkrebs k. o. geht«, lautete die Inschrift.

»Du wirst von der Brustkrebsforschung gesponsert?«, fragte ich.

Sean sah an sich hinunter. »Keine Ahnung, irgendwer hat gesagt: Ich geb dir fünfzig Dollar, wenn du das hier anziehst.«

Sean entfernte sich von uns, schlenderte aus dem Zimmer und wieder hinein, sein Blick war in die Ferne gerichtet, und er wippte mit dem Kopf, als würde er einer Musik lauschen, die der Rest von uns nicht hörte. Die Falten auf seiner gerunzelten Stirn waren so tief wie noch nie. Er hob den Deckel eines müllcontainerähnlichen Behälters im Flur an, spähte hinein, machte ihn wieder zu, kam zurück in die Umkleide, ging wieder nach draußen. Sein Atem klang mehr wie ein Seufzen. Er wartete die ersten Takte von »Enter Sandman« ab und ging dann nach draußen; der kleine Brandon folgte ihm mit hastigen, der langbeinige Sherman mit weit ausholenden Schritten.

Teddy Worthington hat denselben schottisch-irischen Teint wie Sean, der rötlich schimmert, aber zu blauen Flecken neigt. Seine Augen wirkten klein unter der breiten Stirn – das einzig Kämpferische an ihm –, aber sein Hals ist zu lang und die roten Stoppeln an seinem Kinn sehen zu fein aus – als seien sie nur widerstrebend gesprossen wie der erste, schüchterne Oberlippenflaum eines Jungen, der zu verbissen auf die Pubertät hofft –, um ernsthaft einschüchternd zu wirken.

Als die Glocke ertönt, treibt Ted den blassen, müden Sean in die Enge, stürzt sich mit all seinen schlaksigen Gliedmaßen auf Seans geduckte Gestalt. Er landet einen harten Kick gegen Seans Rumpf, nicht weit von der Stelle, wo sich eine versagende Niere zu erholen versucht, und unter der Wucht der auf ihn einprasselnden Schläge hält Sean sich die Hände vors Gesicht wie ein Kind. Ted erwischt Sean am Kinn, doch der weicht nicht aus, steckt einfach alles ein; Ted tritt zu, landet einen Körpertreffer unter den Rippen. Sean sitzt den roten Wirbelwind aus, die Hände erhoben, die Füße fest am Boden.

Ich sehe eine Bewegung aus dem Augenwinkel – eine dunkelhaarige, gestikulierende Frau beugt sich in der ersten Reihe über eine sitzende Blondine wie eine Hundertmeterläuferin beim Start, droht ihr mit dem Finger und brüllt ihr mit tiefer, heiserer Stimme direkt ins Gesicht. Die Stimme der Brünetten übertönt selbst das Geschrei im Stadion, sehr zum Erstaunen aller auf dieser Seite des Käfigs. Es ist Sammy, die ihr Recht auf einen Platz verteidigt, den sie sich vermutlich widerrechtlich angeeignet hat, und als ich zurück in den Käfig schaue, hat Sean Ted zu Fall gebracht, sitzt auf seinem Rücken und hält ihn in Schach, und Ted streckt alle Glieder von sich wie eine zerquetschte Spinne und versucht, sich aus Seans Griff zu winden, doch Sean fängt ihn immer wieder ein, presst ihn auf die Matte. In dem Moment, in dem sich alle Augen auf Sammy gerichtet haben, hat das Octagon seinen Einzug gehalten. Sammy ist sich dessen bewusst. Sie wendet sich von ihrem Opfer ab und brüllt Sean zu:

»AMÜSIER DICH, SEAN!«

Auf der anderen Seite des Käfigzauns sieht Sean von Teds Brust auf und schreit ebenso laut zurück: »WUHU!«

Sean schaut jetzt auf Teds Rücken hinunter, sucht nach einer geeigneten Submission, will seine Beine durch Teds Beine fädeln und den Arm um Teds Hals schlingen, doch der wieselflinke Ted bewegt sich unablässig unter ihm, windet sich hin und her, befreit ein Bein, bevor Sean es wieder erwischt. Sean findet das lustig. »Warum stehst du nicht auf?«, flüstert er Ted ins Ohr, spielt den großen Bruder für Teds kindliche Ohnmacht. »Los, steh auf!« Aber Ted kann nicht aufstehen. Wenn er sich dreht, dreht Sean sich mit ihm; wenn er ein Bein aus der Umklammerung löst, fängt Sean es wieder ein. Die Leichtigkeit, mit der er Teds Körper hält, zeigt, dass er seine Krankheit außen vor gelassen hat, als er den Käfig betrat, dass sein Körper aufgehört hat, lautstark Hilfe und Ruhe einzufordern, dass er Sean eine kleine Verschnaufpause von der Übelkeit und der Erschöpfung gönnt.

Als die Runde endet, liegt Sean immer noch auf Ted und hat seine Beine so zwischen Teds geschoben, dass der sich nicht rühren kann. Zu Beginn der zweiten Runde verpasst der plötzlich wieder aufrecht stehende Ted Sean mehrere Jabs ins Gesicht, prügelt wild auf ihn ein, bis Sean erneut den Takedown schafft und ihn am Boden festhält. Sie sehen sich an, ihre Hälse berühren sich, und ich entdecke einen Blutfleck auf Teds zierlichem Schlüsselbein. Er schnappt unter Seans Gewicht nach Luft, windet sich, schnappt nach Luft, windet sich. Sean braucht seinen Körper nur geringfügig vorwärtszuschieben, um alle Anstrengungen seines Gegners zunichtezumachen, und als die zweite Runde endet, schließt Ted frustriert die Augen.

Zwischen den Runden beugen sich der kleine Brandon und der große Sherman über Sean, der auf einem umgedrehten Eimer im Käfig sitzt; vermutlich flehen sie ihn an, kurzen Prozess zu machen, bevor noch eins seiner Organe versagt. Als die Glocke erklingt, lässt Sean ihm ein paar Jabs durchgehen, dann attackiert er Teds Beine und bringt ihn zu Fall. Sean hat einen weiteren Weg gefunden, um Ted bewegungsunfähig zu machen: Er setzt sich rittlings auf Teds schmale Taille. Ted tritt nach ihm, um sich eine bessere Position zu verschaffen, und besser wäre an diesem Punkt so ziemlich jede. Ted ist hilflos, kann sich nicht rühren. Sean könnte ihn mit einem Ground and Pound fertigmachen, ihn mit harten, vorschlaghammerartigen Jabs traktieren – etwas, das das langsam unruhig werdende Publikum sehr begrüßen würde. Doch Sean weiß, dass er viel stärker ist als Teddy, und mittlerweile sieht es so sehr danach aus, als würde ein massiger Brutalo einen bebrillten, schwächlichen Außenseiter in die Mangel nehmen, dass Sean es nicht über sich bringt, etwas anderes zu tun, als ihn weiterhin aus dem Mount heraus festzusetzen. Buhrufe ertönen von allen Seiten. Später wird Sean sagen, ihm der fehle der »Killerinstinkt«, um einen Besiegten zu erledigen, obwohl ich eher glaube, dass er den Käfig einfach nicht verlassen will, denn draußen wird seine adrenalingeschärfte Konzentration wieder dem Unwohl- und An-die-Couch-gefesselt-Sein weichen. Stattdessen lässt er Ted entkommen, fängt ihn wieder ein und lässt ihn erneut entkommen. Als die Glocke läutet, springen Sherman und Brandon wieder in den Ring, um Sean abzuklatschen, der gerade eindeutig gewonnen hat.

»Du hast ihn doch nur plattgemacht, weil du fett bist!«, schreit eine Frau in Käfignähe.

Sean sieht sie an. Sie ist selbst nicht gerade schlank. »Hat sie *mich* gerade fett genannt?«, sagt er zu Sherman.

Er schlendert zu Teddy hinüber, sagt: »Hey, Mann, guter Kampf«, und legt ihm die Hand auf den Rücken.

»Pfoten weg!«, sagt Ted. Sean starrt ihn mit großen Augen an. Dann schmunzelt er.

»Tja«, sagt der Ringrichter zum Publikum, »das war nicht unbedingt der spannendste Kampf.«

Er verliest die Entscheidung der Kampfrichter: »Sieger durch Unanimous Decision ist Sean Huffman!«

Sherman hebt Seans Hand, und die ganze Halle buht. Sean zieht das Mikro des Ringrichters zu sich.

»He, ich hab fair gewonnen«, sagt er.

Der Schiedsrichter versucht, das Mikro behutsam wieder an sich zu nehmen.

»Ich widme diesen Kampf meinem Freund John«, fährt Sean fort, »dessen Leben viel zu kurz war.«

Der Schiedsrichter nimmt ihm das Mikro weg; es stehen noch mehr Kämpfe an, die Zeit ist knapp; Sean verlässt lächelnd den Käfig, klatscht Hände ab, und alle auf dem überfüllten Weg nach draußen klopfen ihm grob auf den Rücken. Er sieht glücklich aus, strahlt sogar, obwohl ich Angst habe, dass das Adrenalin uns eine siegreiche Hülle vortäuscht, die, wie ein Hologramm, aus einem anderen Winkel einfach nur ausgebrannt erscheint. Da wäre es mir fast lieber, sein Gesicht wäre so kaputt und knollig wie nach dem letzten Kampf in dieser Arena – etwas Zerfetztes, das wieder zusammengenäht werden muss –, statt zu wissen, dass irgendwo tief in seinem Inneren ein dunkel-geronnener Teil seines Körpers um Hilfe schreit.

Sean sah sich die übrigen Kämpfe an, und ich beobachtete, wie er allmählich wieder in die Erschöpfung abglitt. Er versank tiefer und tiefer in der Couch, schrumpfte fast unmerklich wie ein übriggebliebener Ballon nach einem Kindergeburtstag, bis Sherman bemerkte, es sei an der Zeit, Seans Sieg zu feiern. Sammy hatte beschlossen, dass wir in ihre Lieblingsbar in Des Moines gehen würden. Sherman fuhr einen heruntergekommenen Sedan.

»Wo gehen wir hin?«, fragte ich, als wir auf den Highway fuhren.

»Irgend 'ne Schwulenbar«, sagte Sherman.

Sean lachte. Dann überlegte er kurz. »Nein, im Ernst, ich mag Schwule.«

»Schwule sind cool«, sagte Sherman.

»Und Schwulenbars sind so was von sauber«, sagte Sean.

Auf dem Parkplatz der Schwulenbar ging Sherman auf Brandon und Sammy zu, die schon auf uns warteten. Ich hatte noch nicht viele Schwergewichte getroffen, aber es war schwierig, Sherman nicht anzustarren, seine riesigen, markanten Wangenknochen, seine massigen Hände, die endlosen elfenbeinweißen Nagelbetten. Er war mehr als einen Kopf größer als Brandon.

»Sherman ist ein Riese«, sagte ich zu Sean.

»Sherman?«, sagte er, als er langsam aus seiner Gedankenversunkenheit zurückkehrte. »Ist nicht dein Ernst. Er hat tierisch abgenommen.«

»Warum?«, fragte ich.

Sean schüttelte den Kopf.

»Warum?«, fragte ich wieder, denn Hartnäckigkeit ist in der Forschung unabdingbar.

»Enddarmkrebs«, sagte Sean.

Die Bar hieß Kung Fu Tap and Taco, und obwohl sie in einem wohlhabenderen Viertel von West Des Moines lag, schien ihre Klientel hauptsächlich aus Bikern mit angegrauten Bärten zu bestehen. Sean saß still da, ohne ein Wort von dem zu hören, was Sammy über ihren Streit mit der Frau erzählte, der sie den Platz gestohlen hatte, und starrte an uns allen vorbei. Er nippte an einer Cola, dann schauderte er seufzend, als hätte ihn eine Welle des Ekels überlaufen. Ein diffuser Schmerz brannte in seinem unteren Rücken, und es gelang ihm nicht, sich so zu vergessen wie Sammy, die ihre langen braunen Haare zurückwarf, um den erzürnten Freund der Blondine zu imitieren. Für Sean war es keine Siegesfeier; es war nur eine weitere Sache, die er über sich ergehen lassen musste.

Niemand in der Bar war sich seines Körpers so bewusst wie Sean: Seine Magensäfte rumorten, seine Nieren strahlten einen schreienden Schmerz aus, und Sean lehnte sich auf seinem Stuhl zurück und starrte an die Decke. Der Rest von uns konnte trinken und sich vergessen, denn wir hatten unser High dank Sean bereits, ohne dass die feuchte Haut unserer Augenlider auch nur einen Kratzer abbekommen hätte.

»Ich bin dreiunddreißig«, sagte Sean und pulte das Etikett von seiner Colaflasche, und obwohl ich es nicht laut aussprach, fragte ich mich, wie viele Kämpfe er wohl hinter sich hatte – sechzig? Hundert? Stattdessen sagte ich: »Randy Couture hat mit dreiunddreißig immer noch gekämpft. Sogar noch mit vierzig.« Der Spruch gehörte zum Standardrepertoire, die Couture-hat's-auch-geschafft-Nummer, die jeder Platzfüller jedem von Zweifeln geplagten Kämpfer über dreißig auftischte, und er war so unoriginell, dass Sean nur die Augenbrauen hochzog und sich abwandte.

»Wenigstens wurde ich noch nie ausgeknockt«, sagte er zur Wand.

»Was glaubst du, was es brauchen würde?«, fragte ich.

»Wer weiß, vielleicht sterbe ich einfach, wenn ich zum ersten Mal k. o. gehe«, sagte Sean und lachte. Und selbst, als ich sah, wie er in seinem Brustkrebs-T-Shirt litt und an der Cola nippte, war das Einzige, was mich beschäftigte, wie schnell er wieder gesund werden würde, wann sein nächster Kampf stattfand und wie lange ich warten musste, bis er sich wieder selbst vergessen würde.

Sean Herbst/Winter 2011

»Sag bloß, du ziehst dir diese politischen Debatten rein?«, fragte mich Sean im Paddlewheel, als ich mich aufrichtete. Im Fernsehen oben an der Wand redete eine stark geschminkte Frau, die mich nicht interessierte, über politische Ablenkungsmanöver, die zu ergründen ich keine Lust hatte. »Ich fasse es nicht. Das ist doch wie *Jersey Shore*. Ein Haufen Kinder, die sich über irgendwas streiten, das in der Highschool passiert ist.«

Ich nickte.

»Ich meine, diese Leute haben ein Amt und können allen möglichen Scheiß entscheiden.«

»Was hast du gesagt?«, fragte ich, und er wiederholte es mit einer sanften Geduld, die ich nie aufbringen würde, denn es war nicht das erste und auch nicht das zweite Mal, dass ich der Redundanz bedurfte. Während Sean redete, fuhr ich mit dem Finger über mein Smartphone, in der Hoffnung, eine Nachricht von Erik bekommen zu haben, so dass ich bei Seans wohldurchdachter Tirade manchmal den Faden verlor. Obwohl ich meine Unaufmerksamkeit nicht allein darauf zurückführen konnte, dass ich abgelenkt war; vielmehr hörte ich schon seit Wochen schlecht, genaugenommen seit Seans Kampf in Des Moines. Manchmal, wenn er sich mit seinen Freunden unterhielt, verschmolzen ihre Worte mit dem Hintergrundlärm, und ich lehnte mich an die harte Stuhllehne und fühlte mich einsam, als wäre ich allein in einem versiegelten Raum eingesperrt.

»Willst du was rauchen?«, fragte Sean, und wir gingen in der Kälte einen Block weiter zu seiner Wohnung, durch die ungekennzeichnete Hintertür des Fitnessstudios und die schmale Treppe hinauf. Als das Licht brannte und wir uns am Esstisch gegenübersaßen, während Dopo zu meinen Füßen lag, starrte Sean an die Decke, die Hände auf den Tisch gelegt, wie um sich abzustützen. »Ich habe Vatertag verpasst, Halloween«, sagte Sean in anklagendem Ton, »und jetzt auch noch Weihnachten. Das hat sie mir alles genommen.«

Ich schaltete mein Handy ein, tippte auf den Briefumschlag, strich zum Aktualisieren über den Bildschirm. Da ich vor fünfundvierzig Sekunden noch keine neue Nachricht hatte, rechnete ich nicht ernsthaft damit, dass ich jetzt eine hatte, aber etwas an der Bewegung, dem kalten Druck des Metalls in meiner warmen Hand, verhinderte, dass ich aufspringen und auf und ab laufen musste.

»Was hältst du von Ron Paul?«, fragte mich Sean.

Das meiste, was ich über den republikanischen Politiker Ron Paul wusste, hatte Keoni mir erzählt, der in letzter Zeit zu einem so begeisterten Anhänger von ihm geworden war, dass er das Fitnessstudio mit Pro-Paul-Bildern tapeziert hatte und das Wort »Goldstandard« des Öfteren in seine Gespräche mit Kämpferkollegen einfließen ließ. Vielleicht, überlegte ich, zum achten oder neunten Mal an diesem Dezembernachmittag, sollte ich Keoni fragen, warum Erik meine Anrufe, SMS, E-Mails und Nachrichten über diverse soziale Netzwerke ignorierte, aber ich kam zum selben

Schluss wie bei meinen vorangegangenen Mobiltelefon-Träumereien: Sich bei Keoni nach Erik zu erkundigen wäre so, als würde man einen Priester fragen, ob man der Nachbargemeinde beitreten soll, eine indirekte Kritik an der Qualität des eigenen Produkts, eine Botschaft, dass man nach etwas Besserem Ausschau hält. Es würde nicht gut aufgenommen werden, und selbst wenn, würde Keoni antworten, er sei der Letzte, der eine Ahnung habe, wo sein Bruder sich aufhalte, und er wäre sogar stolz auf diese Haltung, als wäre es zu wissen eine Schwäche. Keoni war der Meinung, dass Erik jede Freundschaft früher oder später willkürlich, abrupt und ohne Begründung abbrechen würde, so wie er Jared, Rocky und ihm selbst die Freundschaft gekündigt hatte, und jemand, der darauf nicht vorbereitet war, hätte all die Herablassung verdient, mit der Keoni auch die Erinnerung an sein eigenes, naives, jüngeres Selbst bedachte, das noch Zuneigung für Erik empfunden hatte.

»Ich weiß nicht«, sagte ich zu Sean. »Warum?«

»Hab nur über ihn nachgedacht.«

»Du hast über Ron Paul nachgedacht?«, sagte ich.

Sean zuckte die Achseln.

»Scheint ganz in Ordnung zu sein.«

Ich hätte tatsächlich lieber über Politik als über Nachwuchs gesprochen. Im Winter 2012 war Alexis von Omaha nach Moline gezogen, eine Kleinstadt in der Nähe der Kämpferstadt Davenport, in der ihr Stiefvater lebte, der offenbar gewillt war, ihr Obdach und finanzielle Unterstützung zu gewähren. Sean ahnte nichts von dem Umzug, bis sie anrief und ihn bat, ihrem Stiefvater dabei zu helfen, eine Couch zu versetzen, die der, wie er ihr erklärte, unmöglich allein verrücken könne.

Sean machte sich sofort auf den Weg; er vergaß, seine

Wohnungstür abzuschließen, und fuhr mit dem Fahrrad die wenigen Meilen bis zu ihrem Haus. Es war November, und einige hartnäckige, schmutzige Schneereste säumten den vereisten, nicht besonders fahrradfreundlichen Gehweg. Er kurvte durch die Straßen, wo die Gehwege und der Verkehr es erlaubten, und kam schließlich bei einem durchschnittlichen weißen, kastenförmigen Haus an, das sich in nichts von den anderen Häusern dieses Viertels unterschied. Er warf das Rad in den Vorgarten und klingelte. Als niemand öffnete, ging er zum Fenster, spähte ins Innere und klopfte an die Hausverkleidung.

Schließlich kam Alexis mit Josiah auf der Hüfte zur Tür. Sie sah ihm in die Augen und trat wortlos beiseite, um ihn hereinzulassen. Josiah reckte sich ihm ein Stück entgegen, weg von seiner Mutter, ein paar ermutigende Zentimeter, aus denen Sean später viel Trost schöpfen würde.

Alexis führte Sean durch das kleine Haus, zwischen ein paar Müllsäcken und zerbeulten Pappkartons hindurch. »Hier könnten wir zusammen leben«, schoss es Sean durch den Kopf, obwohl er Alexis mittlerweile verabscheute und es ja streng genommen nicht ihr Haus war.

»Ich geh aus«, sagte sie und legte Josiah auf ihr Bett. Sie war komplett geschminkt, ihre Augen schwarz umrandet, das schwarze Haar unnatürlich glatt geföhnt, wie eine Anspielung auf das lineare, unehrliche Leben, in das sie Sean drängen wollte. »Kannst du auf ihn aufpassen und sein Kinderbett aufbauen?«

Fast hätte Sean vor Dankbarkeit geweint. Und er hatte fest vor, das Bett aufzubauen, gleich nachdem er mit Josiah gespielt hatte; er spürte, wie die winzigen Hände seinen ehemals gebrochenen Finger umklammerten, und stellte ihm alle möglichen Fragen – »Wer ist dein Lieblingskämpfer?« – und beantwortete sie gleich selbst – »Daddy? Jap, gute Wahl.« Sean legte sich auf den Boden, das Kind auf seinen Bauch. Er umfasste mit den kräftigen Händen Josiahs winzigen Körper, hob ihn hoch, imitierte ein Flugzeug und ließ ihn wieder sinken. Seans Brust war breit und warm, hob und senkte sich mit jedem Atemzug, und Josiah schien sich so wohl zu fühlen, dass er einschlief, und von dem Moment an war Sean praktisch wie gelähmt. Zwei Stunden lang blieb er reglos liegen, von seinem Nachwuchs effektiv bewegungsunfähig gemacht.

Als er das Geräusch von knirschendem Kies und das Zuschlagen einer Autotür hörte, überlegte er, ob er fliehen sollte, doch er rührte sich nicht. »Du hast das Bett nicht aufgebaut?«, fragte Alexis, stellte mehrere Plastiktüten ab. Sie stolperte über einen Karton, hielt sich an der Wand fest und riss ihm Josiah aus dem Arm. »Verpiss dich«, sagte sie.

»Du hast ihn entführt«, sagte Sean, immer noch auf dem Boden liegend. »Ich sollte ihn einfach mit nach Hause nehmen.«

Alexis zog ihr Handy aus der Tasche, wählte den Notruf und hielt es Sean hin. Sean stand auf, ging langsam zur Tür – rückwärts, um Josiah möglichst lange im Blick zu behalten – und verließ das Haus. Es war kälter und dunkler geworden, und auf der Rückfahrt zu seiner Wohnung fiel er zweimal vom Rad.

»Ich war bei einer Anwältin«, erzählte mir Sean kurz nach dem Vorfall. Ich hatte damit gerechnet, trotzdem war es ein verstörendes Bild – Sean, mit Blumenkohlohren und zerquetschter Nase, in Gegenwart einer Anwältin mittleren Alters im Kostüm, als hätte sich ein Messdiener in ein Bordell verirrt, weil man ihm weisgemacht hatte, dort sei das wahre Seelenheil zu finden.

Wir gingen diesen grotesken Abstieg nicht Schritt für gottlosen Schritt durch. Ein Mann mit Ausgaben braucht einen Job. Ein Mann mit einem Job braucht ein geregeltes Leben – inklusive Jahresplaner mit Kunstledereinband, Steuererklärungen und, wenn wir schon dabei sind, Abbuchungsaufträge. Ich sah all das kommen, sein Abgleiten in die Welt menschlicher Abmachungen. Keine Woche später teilte mir Sean mit, er habe einen Job bei Pizza Ranch angenommen, ein bekanntes Etablissement, das seine Brot-und-Käse-Erzeugnisse unter die Einwohner Iowas zu bringen versuchte. Sean, der Mann, der sich früher vor meinen Augen dem Chaos ausgeliefert hatte und dessen Gesicht wiederholt von der Faust eines anderen Mannes perforiert worden war, würde jeden Morgen vierzig Tabletts mit Hähnchenfleisch vorbereiten, Gemüse schneiden und ordentlich aufgereihte Porzellanschälchen mit Mayonnaise füllen. Es gab einen Dienstplan an der Wand mit Seans Namen darauf, als wäre er nur ein Arbeiter unter vielen, nicht anders als die anderen Menschen, die von früh bis spät schufteten, weil sie auch nicht besser mit der schrecklichen Unermesslichkeit der Welt zurechtkamen als andere.

Die Aufgabe der Anwältin war es, Alexis zu einem DNA-Test zu zwingen, damit Sean als Josiahs Vater anerkannt wurde und das Recht erhielt, ihn zu sehen, anstatt seiner wahren Berufung zu folgen, die darin bestand, sich in einem brutalen Wettkampf dem Universum hinzugeben. Das Verfahren würde viele Monate dauern und bedurfte diverser juristischer Tricks und Kniffe.

»Brauche 50 $ für essen«, textete ihm Alexis eines Nachmittags.

»Ich will ihn sehen«, sagte Sean.

Alexis schlug einen Park vor, in dem sie das Geschäft abwickeln konnten. Sean war zu früh, was völlig untypisch für ihn war, und wartete auf einer Schaukel mit dicken, verrosteten Ketten im Schatten eines Wasserturms. Er hatte noch nie draußen mit seinem Sohn gespielt und plante, seinen Sohn auf genau diese Schaukel zu setzen und ihn sanft vor und zurück zu schwingen. Auf der gegenüberliegenden Straßenseite sprenkelten Schneeflecken die ansonsten gepflegten Rasenflächen der vergleichsweise wohlhabenden Iowaner.

Als Alexis auf den Parkplatz fuhr, rannte Sean zu ihrem Minivan. Durch das Rückfenster konnte er Josiah sehen, der angeschnallt in einem Plastik-Babysitz saß, der seinerseits am Autositz festgeschnallt war. Alexis kurbelte das Fenster herunter.

»Wo ist das Geld?«, fragte sie.

Sean ignorierte sie, presste das Gesicht gegen die Scheibe und nahm das Bild seines angeschnallten Sohnes in sich auf. Josiah starrte zurück.

»Hier hast du fürs Erste fünfundzwanzig Dollar«, sagte er und zog ein paar zerknüllte Scheine aus seiner Jeanstasche. »Nach dem Spielen gebe ich dir die andere Hälfte.«

Alexis nahm die fünfundzwanzig Dollar, kurbelte die Scheibe hoch und fuhr davon. Sean rannte hinter dem Minivan her, dann setzte er sich auf den Bordstein, in dem Glauben, sie würde vielleicht doch noch zurückkommen. Nach einer Viertelstunde ging er nach Hause.

»Irgendwas stimmt nicht mit ihr«, sagte Sean danach zu mir, »irgendwie ist sie nicht ganz richtig im Kopf.«

Ich hasste diese Geschichte auf unsinnige Art, als hätte ich irgendeinen Anteil daran, als wären Alexis und ich auf derselben Seite, Verbündete, und würden Sean beide nur benutzen, um etwas zu bekommen, was wir brauchten, um dann im Rückspiegel zuzusehen, wie er zusammenbrach. Allerdings waren meine Wünsche natürlich mit seinem Interesse daran verbunden, ein sinnvolles Leben zu führen, während sie nur versuchte, ihm etwas Bargeld abzuluchsen.

Vom Tisch aus starrte ich wie gebannt auf die blaue Matte, die die Hälfte von Seans und Brandons Wohnung einnahm und im Vergleich zum Rest davon relativ sauber und ordentlich war. Sie sah so unbenutzt aus, dass es mir Sorge machte.

»Wann fährst du über Weihnachten nach Hause?«, fragte ich.

»Ich kann nicht nach Hause fahren. Ich brauche das Benzingeld, um die Anwältin zu bezahlen«, sagte er.

Damit wandte ich mich wieder meinem Handy zu. Ich hatte Erik an diesem Tag schon sechs, sieben SMS geschickt und schickte ihm eine weitere: »Kaufe sofort Flugtickets nach Vegas.«

In weniger als zwei Monaten würde er gegen einen Mann aus Louisiana namens Poirier im Mandalay Bay Resort and Casino kämpfen, und selbstverständlich würden wir uns dieser Herausforderung gemeinsam stellen, Kämpfer und Platzfüller, Seite an Seite. Trotzdem hatte ich noch nichts von Reisevorbereitungen gehört, als sei meine Anwesenheit für den bevorstehenden Wettkampf nicht von entscheidender Wichtigkeit.

Nun ist es nicht allzu ungewöhnlich, dass ein Kämpfer einen Platzfüller ebenso brutal fallenlässt, wie Nietzsche sich von Schopenhauer abwandte; einige werden gar behaupten, es sei sein gutes Recht, doch ich betrachtete es eher als eine demokratische denn als eine tyrannische Übereinkunft, die nur in gegenseitigem Einvernehmen auflösbar war. Wir hatten keinen Streit, jedenfalls nicht, soweit ich mich erinnern konnte, und es gab keinen Grund, warum Erik mich gegen jemand anders eintauschen sollte – jemand, der sich von seinem neuen Prominentenstatus angezogen fühlte, aber nicht das Geringste über seine Vergangenheit wusste. Hatte ich vor anderthalb Jahren nicht auf einer Holzbank in einem baufälligen Kampfkunststudio gesessen und mich im Schweiße von einem Dutzend Männern taufen lassen? Hatte ich in Manhattan nicht neben einem gewalttätigen Penner gestanden, in einem geschlossenen Buffet in Las Vegas und neben einer fetten, tanzenden Stripperin in New Orleans? Und in Anbetracht der Tatsache, dass er bisher keinen Kampf verloren hatte, bei dem ich zugegen war, gab es überzeugende Argumente dafür, ein glücksbringendes Phylakterium zu sein, ein lebendiges Amulett, ohne das Erik anfällig für Verletzungen war. Denn auch wenn jemand nicht abergläubisch ist, kann es sein Unterbewusstsein sehr wohl sein, und wer wusste schon, ob Erik nicht im letzten Moment mit Panik in den Augen auf den leeren Platz am Käfig blicken würde, wo ich hätte sitzen sollen? »Du machst einen Riesenfehler!«, hätte ich am liebsten in mein Handy geheult, aber solch eine krude Bedürftigkeit an den Tag zu legen hätte mich mit Sicherheit in die Reihen jener befördert, die ohne viel Federlesens im Stich gelassen wurden, wie Jared oder Rocky. Erik mochte es nicht, sich Leuten gegenüber verpflichtet zu fühlen, die ihm zuvor einen Dienst erwiesen hatten; so viel lehrt uns die Geschichte mit Keoni.

Eine Viertelstunde später war klar, dass ich auch auf diese Anfrage keine Antwort bekommen würde, und ich merkte, dass ich allein sein wollte. Ich nahm meinen Schal und meine Jacke, umfasste Dopos großen Kopf und wünschte ihm frohe Weihnachten.

»Warum bricht er einfach so den Kontakt ab?«, fragte ich Sean, als ich ging, obwohl ich wusste, dass es ein Akt der Pflichtversäumnis war, von einem Kämpfer zu sprechen, während man für den anderen Plätze füllte.

»Weil er ein Arschloch ist«, sagte Sean und zündete sich mit einem grünen Plastikfeuerzeug eine weitere Bong an. »Vielleicht ist er verletzt. Vielleicht hat er sich 'nen Tripper geholt.«

Ich blieb einen Augenblick fröstelnd in meinem Wagen sitzen. Um der Wahrheit die Ehre zu geben, hatte ich Angst loszufahren. Ich hatte Seans Haus schon einmal so berauscht verlassen und auf der langen Heimfahrt eher unangenehme Erfahrungen gemacht; während ich auf dem Highway dahinbrauste, begann ich darüber nachzusinnen, wie leicht es wäre, fast unmerklich von der Straße abzudriften, und so umklammerte ich den ganzen Weg zurück zu meinem Eigenheim das Lenkrad, um nicht in einem Moment der Unaufmerksamkeit einfach von der Straße zu fahren. Diesmal hielt ich es für ratsam, in meinem Wagen sitzen zu bleiben, bis ich wieder einen klaren Kopf hatte.

Die Lüftung blies kalte Luft in den Wagen. Ich aktivierte mein Handy, tippte auf das Bild des Briefumschlags. Einen Augenblick lang sah ich nichts als Symbole auf Glas.

GOOGLE ALERT – erik koch

Aus irgendeinem Grund kam mir plötzlich der Gedanke, ich müsse wieder nach oben zu Sean gehen, aber bevor ich ihn weiterverfolgen konnte, senkte ich den über dem Bildschirm verharrenden Zeigefinger.

»Der aufstrebende Kämpfer der Federgewichtsklasse Erik Koch hat im Training eine nicht näher benannte Verletzung erlitten, die ihn zwingt, den mit Spannung erwarteten Kampf gegen seinen Kontrahenten Dustin Poirier abzusagen, wie der UFC gestern bekanntgab.«

Wie konnte es sein, dass meine Ängste ständig auf das Falsche gerichtet waren, dass der mir von Natur aus eigene Pessimismus zu keiner einzigen Prophezeiung führte, die sich erfüllte? Wie konnte es sein, dass ich immer auf jenes Unglück vorbereitet war, das mir erspart blieb? Wisse denn, dass die tastenden Tentakeln des analytischen Verstandes, auch wenn sie sich um eine Million problematischer Abstraktionen schlingen, ein Universum des Unheils unangetastet lassen. Die Welt kennt unendlich viele Arten, uns Leid zuzufügen. Lange hatte ich befürchtet, Sean an das Alter zu verlieren, und jetzt lief ich erstaunlicherweise Gefahr, ihn an die animalische Weltlichkeit der Fortpflanzung zu verlieren. Ganze Nächte hatte ich im Dezember wach gelegen, um mich für die heikle Navigation durch Eriks emotionale Zustände, die diffizilen Expeditionen durch das dornige Königreich seines Egos zu wappnen. Den ganzen Tag über hatte ich mir bei Sean besonnene, rationale Argumente zurechtgelegt, die mir, wie ich hoffte, einen Weg zurück in Eriks Gunst ebnen konnten. Aber das hier – das war eine Naturkatastrophe, der man mit solchen Manövern nicht beikommen konnte. Fragen Sie mich also nicht, welches Inferno diesen jämmerlichen Planeten auslöschen wird, denn ich werde diejenige sein, die in den Himmel starrt und etwas von Asteroidenkollisionen faselt, während sich der Boden unter meinen Füßen auftut, um uns alle zu verschlingen.

Erik – Februar 2012

Der Winter 2012 war den Platzfüllern namhafter Kämpfer nicht freundlich gesonnen, denn sie waren mit ungewohnter Häufigkeit gezwungen zuzusehen, wie ihre Schützlinge einer neuen Fragilität ihrer einst so unzerbrechlichen Hüllen zum Opfer fielen. Ein Schwergewicht renkte sich den Daumen aus, der Oberarmknochen eines anderen brach sauber entzwei, ein drittes wurde von Chirurgen aufgeschnitten, die verhindern wollten, dass ihm zwei Knochensplitter auf die Wirbelsäule drückten. Jon Jones überdehnte sich den Ellbogen, und Shogun renkte sich das Schlüsselbein aus, so dass er für immer einen seltsamen Höcker an der Stelle haben würde, wo der Hals in die Schulter übergeht. In jede Lücke, die diese Kämpfer hinterließen, rückte ein gesunder Mann nach, so wie Ricardo Lamas den verletzten Erik vertrat. Der Titel des Events, bei dem Erik hatte kämpfen sollen, lautete »St. Pierre vs. Diaz«, bis einen Monat vor der Show unpraktischerweise irgendein Gewebe in St. Pierres Knie riss, und auch bei drei verschiedenen Weltergewichten, die dort ebenfalls antreten sollten, war irgendein Teil ihrer Anatomie gerissen, gebrochen oder gequetscht worden, den näher zu spezifizieren sie nicht für nötig hielten. Zwei Wochen vor dem Kampf wurde Ricardo Lamas plötzlich von einer Verletzung unbekannter Art außer Gefecht gesetzt, und so musste Eriks Ersatz ersetzt werden.

Die wachsende Unsicherheit meiner Position wurde jeden Tag offensichtlicher, doch ich schöpfte beträchtlichen Trost daraus, die Details meiner Pläne innerlich wieder und wieder durchzugehen. Zwar hatte ich seine letzte Adresse nicht, betrieb jedoch Recherchen über die Aktivitäten seiner anderen Platzfüller und entdeckte, dass Biggie in einem Harley-Davidson-Geschäft kämpfen würde, das für diesen Anlass zum Kampfaustragungsort umfunktioniert wurde. Und dort, wo sein Teamkamerad war, musste laut Kämpferetikette auch Erik sein, und so würde ich mir einen Weg durch die Harleys bahnen und mich meinem Kämpfer präsentieren. Bestimmt war ihm seine langwierige Verletzung peinlich, und er mied mich aus Scham; er wäre nur zu glücklich, wenn er sah, wie bereitwillig und selbstlos ich meine Platzfülleraktivitäten für einen Verletzten wieder aufnahm. Den Januar über harrte ich noch in Iowa aus – denn zu dem Zeitpunkt hatte ich noch keine Hinweise auf Eriks Aufenthaltsort, trotz meiner gründlichen Überwachung aller sozialen Medien, die derlei Hinweise liefern konnten – und im Februar, am Vorabend von Biggies Kampf, fuhr ich schließlich nach Wisconsin.

Ich habe bereits an anderer Stelle Missfallen über jene bekundet, die an ihren Geburtsort zurückkehren, denn ein Abstecher nach Hause birgt die Gefahr, uns in der falschen Kontingenz unserer Entstehung zu verfangen, und ich habe nicht die Absicht, diese Empfindungen hier erneut darzulegen, doch sobald ich in Wisconsin war, wurde ich von einer Flut von Erinnerungen heimgesucht und fühlte mich vom Anblick jeder Wasserrutsche, die vom Highway aus sichtbar war, provoziert. (Obschon die Bewohner Wisconsins in der Welt den Ruf genießen, verrückt nach Käsereierzeugnissen zu sein, sind sie in Wirklichkeit besessen von Cranberrys und Freizeitbädern.) Mein Geburtsort ist, wie erwähnt, Baraboo in Wisconsin, und auch wenn ich unter keinen Umständen die Stadtgrenze von Baraboo überfahren würde, beschloss ich angesichts meiner Gereiztheit, mir einen der wenigen Genüsse zu gönnen, die dieser Staat zu bieten hatte. Südlich meines Herkunftsorts auf einer zwanzig Meter hohen Säule aus Felsen, steht ein Herrenhaus, errichtet von einem längst verstorbenen Exzentriker, dessen zwanghafte Sammelleidenschaft dazu geführt hatte, dass das Haus mit Monstrositäten jeglicher Art angefüllt war – ein Raum mit Karussells, einem Orchester von allein spielenden Streichinstrumenten, eine Galerie voller Dampforgeln, alle möglichen Waffen in Schaukästen und, mein Lieblingsraum, ein spärlich beleuchtetes Zimmer, das von oben bis unten vollgestopft war mit Hunderten – wahrscheinlich sogar Tausenden – ausrangierten Porzellanpuppen, einige in Korbwiegen liegend, andere an Standuhren gelehnt, die meisten stocksteif dasitzend, wie zu einer immerwährenden Teestunde. Es fühlte sich an, als wäre der Raum von etwas nicht Menschlichem, Lebendigem erfüllt, ein Eindruck, der nicht durch akustische oder optische Wahrnehmungen zustande kam, sondern durch etwas im leeren Blick der unzähligen Glasaugen.

Als Kind war ich oft hier gewesen, und in diesem Raum hatte ich das vage Gefühl, dass er nicht zu Baraboo gehörte. Vielleicht war es nur die Verrücktheit des Exzentrikers, die ich anziehend fand. Er war offenbar nicht angemessen darin geschult worden, was gesund ist und was nicht. Und wenn die Umstände es erforderlich machten, dass ich nach Wisconsin zurückkehrte, würde ich mir wenigstens einen

Moment des Vergnügens unter den stummen Blicken der Puppen erlauben. Heute, nach so vielen Monaten in der Gesellschaft Ekstase suchender Männer, konnte ich mir die Anziehungskraft dieses Raums voller Puppen besser erklären, denn in den besten Momenten eines Kampfs war genau das aus mir geworden: ein Paar Augen, ein Körper, der auf den reinen Akt der Wahrnehmung reduziert ist.

Die Fassade des Gebäudes war mit schmiedeeisernen, geflügelten Kreaturen verziert, skurrile Reptilien, die über Blumentöpfe kletterten, auch wenn diese jetzt im Februar nur mehr die schwärzlichen Stiele längst abgestorbener Vegetation enthielten. Ich kam am frühen Vormittag dort an. Das Gelände war von einer feinen Schneeschicht überzogen, die dürren Bäume rings um das Haus waren bis auf den letzten Zweig nackt und kahl, so dass sein pagodenhaftes Aussehen – der Besitzer hatte sich von einer Ostasienreise inspirieren lassen – ungewöhnlich deutlich zutage trat. Ich zog mir die große, pelzbesetzte Kapuze meines Parkas ins Gesicht, stemmte mich gegen den Wind und erklomm die Rampe einer das gesamte Gebäude umgebenden Veranda, um in den Souvenirladen zu gehen, wo ich eine Eintrittskarte von einer Frau mit Drahtgestellbrille erwerben würde, die schon in meiner Jugend an der Kasse gesessen hatte und von der irrigen, aber amüsanten Annahme ausging, mein Interesse an den Puppen sei einer mädchenhaften Begeisterung für feminines Spielzeug geschuldet. Ich kam zur Tür, umfasste mit meinen behandschuhten Fingern die Klinke, atmete durch den Schal, den ich mir um den Mund gewickelt hatte. Alles war genau wie früher – die House-on-the-Rock-Schlüsselanhänger in den sich drehenden Schaukästen, die Fingerhüte und fein säuberlich angeordneten Souvenirlöffel.

»Hallo«, begrüßte mich eine ältere Frau. Ich hob die

Hand, um meine Kapuze abzustreifen, hielt jedoch inne, als ich sah, wie sie die Bonrolle in der Kasse erneuerte. Ihre Hände waren von bläulichen Adern überzogen, die Haut verschrumpelt, die Gelenke knotig und die Finger ungesund dürr. Sie hatte Hängebacken, und unter einem ihrer Augen war ein Kapillargefäß geplatzt. Dort, wo die Haut kreppdünn geworden war, hatte das subkutane Blut sie dunkel verfärbt. Wären nicht ihre Brille und die Art gewesen, wie sie darüber spähte, während sie sich an der uralten Registrierkasse zu schaffen machte, wäre ich nie auf die Idee gekommen, dass es sich um ein und dieselbe Frau handelte wie früher, die auf groteske Art gealtert war, seit ich sie zuletzt gesehen hatte, obwohl das erst sieben Jahre her war. Sie fummelte mit ihren grässlichen, zweigdünnen Fingern im Innenleben der Kasse herum, und als ich nicht reagierte, einfach nur dastand, die Hand immer noch an der Kapuze, sah sie mir direkt ins Gesicht. Ich erwiderte ihren Blick nicht, sondern starrte die verwüstete Haut unter ihrem Auge an. »Kann ich Ihnen helfen?«

Ohne ein Wort ging ich zurück über die schneeverkrustete Veranda zum Parkplatz, wo ich mit zitternden, tauben, behandschuhten Fingern den Schlüssel aus meiner Tasche fischte. Ich drehte die Heizung voll auf, schaltete das Radio ein, rührte mich jedoch nicht. Meine Gedanken wandten sich Shogun zu, der unter einem ausgerenkten Schlüsselbein litt, und dem Moment, als Erik und ich ihn bei jenem Kampf in New Jersey stürzen sahen: Shoguns Telefonmasten-Beine waren zweimal unter ihm eingeknickt, als er Schläge ins Gesicht bekam, und er war gegen den Käfig gesunken wie ein schluchzender Betrunkener, als er die Schläge einsteckte, bis er beim letzten Schlag ganz zusammenbrach. Ich dachte an Erik in seinen Tagen bei Hard Drive zurück, an jenen Morgen, als ich ihn Gewichte quer über ein feuchtes Feld schleudern sah, an die Art, wie Erik achselzuckend lächelte und nach dem perfekten Wurf das Gewicht zurückholte und erneut warf. Zum ersten Mal fühlte sich diese Erinnerung an wie die Abwendung einer Krise. Er hätte sich die Schulter ausrenken, in ein Loch im nassen Boden treten und sich den Knöchel verstauchen können.

Immer noch im Wagen sitzend, beugte ich mich vor, ließ mir die warme Luft ins Gesicht wehen, und sehnte mich danach, nach Hause zu fahren, nach Iowa. Zu Sean – Sean, dessen gerissener Meniskus und gebrochene Fingerknochen aus einer wundertätigen Substanz zu bestehen schienen und wieder aushärteten wie geschmolzenes Eisen, wenn auch in leicht abgewandelter Form. Doch dann fielen mir die gelbliche Blässe des Mannes mit den zwei offen revoltierenden Nieren und Josiah wieder ein.

Ich habe keine Erklärung für diese hysterische Anwandlung und weiß auch nicht, warum ich sie hier wiedergebe, aber ich habe das vage Gefühl, dass sie etwas mit meiner eigenen Torheit zu tun hat. Man kann dazu nichts sagen. Wie hätte ich anders reagieren sollen als mit geschockter Sprachlosigkeit? Ich starrte das schmelzende Eis an, die vom Alter rotgesprenkelten Reptilien, und als die Trauer meine Angst besiegte, beschloss ich, mich in das Harley-Davidson-Geschäft zu begeben, so wie es einem jeglicher Hoffnung beraubten Mann leichtfällt, vor ein Erschießungskommando zu treten. Vielleicht würde Erik gar nicht aufkreuzen, aber ich war mir ohnehin zunehmend unsicher, ob es überhaupt etwas gab, zu dem ich zurückkehren konnte.

Die Veranstaltung war so hoffnungslos überfüllt, dass ich vor einem benachbarten McDonald's parken, durch den Wind stapfen und durch meinen Schal atmen musste. In dem Harley-Laden gab es keine Harleys mehr, aber dafür ein vorschriftsmäßiges Octagon, umgeben von Metallklappstühlen, von denen sich viele unter dem Gewicht der mit Cranberrys vollgestopften Einwohner Wisconsins bogen. Es war voll, und ich umging die Schlange vor der Tür, indem ich einfach daran vorbeischlenderte und vorgab, nichts gehört zu haben, als mir einer der Wartenden etwas zurief. Ich setzte mich auf meinen Platz in der Nähe des Käfigs – den zu erstehen ich gezwungen war, und das zu einem nicht unerheblichen Preis – wie ein ganz gewöhnlicher Zuschauer und suchte das Publikum systematisch im Uhrzeigersinn ab. Erik war hier vermutlich eine kleine Berühmtheit, und wenn ich ihn finden würde, dann voraussichtlich im Zentrum einer bewundernden Meute junger Kämpfer. Ich entdeckte Duke, der eine Fischermütze trug, mit der er aussah wie ein zweihundertzwanzig Pfund schwerer Zeitungsverkäufer mittleren Alters. Er hatte einen roten Eimer mit diversen Gegenständen in der Hand und folgte einem mir unbekannten Kämpfer in den Käfig. Und ich sah Seans krebskranken Freund Sherman, der als Sekundant für einen Miletich-Kämpfer nach Milwaukee gekommen war und im adretten Rollkragenpulli an der Wand lehnte. Auf die Ziegelwand über ihm hatte jemand ein Bild der Twin Towers neben das des bombardierten Schiffes von Pearl Harbor gemalt, und darunter stand: »Never forget«.

Keine Spur von Erik. Ich versuchte nicht daran zu denken, wie wenig Platz wir zusammen gefüllt hatten, wie viel größer die Welt jenseits davon war, an wie vielen anderen Orten Erik jetzt sein könnte – in einem Krankenhaus vielleicht, oder in einem Irrenhaus für Menschen, die vor lauter Heimweh den Verstand verloren hatten, oder, wenn wir schon dabei waren, zu Hause. Doch ich fühlte mich sofort besser, als ich Biggie vor dem Käfig stehen sah, während die Leute in einer Pause zwischen den Kämpfen herumliefen. Er hatte seit New Orleans ungefähr vierzig Pfund abgenommen; neue Muskeln zeichneten sich an der Seite seines Bauchs ab, und fluoreszierende Lichter huschten über seine hohen Wangenknochen, so dass es wirkte, als würde sein Gesicht von innen heraus leuchten. Er sah groß aus, muskulös und fröhlich, als könnte er uns alle mit einem Lächeln auf den Lippen zerquetschen.

Die Pause dauerte an, und der Promoter stürmte in den Käfig.

»Und, amüsiert ihr euch?«, fragte er. »Ich habe eine Überraschung für euch.« Ein Pärchen mit eckigen Brillen, die man mit einer bestimmten Art moderner, *soi-disant* »kreativer«, bürgerlicher Untergruppe jeder Stadt in Verbindung bringt – hatten die beiden sich verlaufen? –, schlurfte aus meinem Blickfeld. Und rechts von Biggie, neben dem Käfig, blieb mein Blick an einem Mann hängen, der redete, gleichzeitig schattenboxte und sich mit einer Anmut bewegte, die nur wenigen Menschen auf dieser Erde vergönnt ist.

Ich sprang über einen Stapel Metallstühle, schob mich zwischen einem knutschenden Pärchen hindurch, scheuchte ein Kind beiseite und pflanzte mich genau zwischen Erik und Biggie. Im wenige Meter entfernten Käfig erzählte der Promoter immer noch von der wie auch immer gearteten Überraschung – irgendein Stargast, ein VIP –, aber ich sah nur den Mann, um dessentwillen ich gekommen war. Erik schaute mich an. Mein Herz klopfte; ich spürte den Käfig im Rücken. Er zog mit übertriebener Verblüffung die Augenbrauen hoch. Und – mein Herz singt, während ich diese Zeilen schreibe – er verzog das Gesicht zu einem strahlenden, breiten Lächeln.

»Und hier ist World-Extreme-Cagefighting-Veteran und zukünftiger Champion, UFC-Federgewicht Erik Koch!«, rief der Promoter. Doch ich hörte nichts, ahnte nicht, dass ich mitten in ein Schauspiel hineingeplatzt war.

»Erik!«, rief ich und umarmte ihn, offenbar von meiner Begegnung mit der betagten Pförtnerin emotional enthemmt. Ich hatte nur Augen für meinen Schützling, und im Geiste sah ich unsere gemeinsame Zukunft vor mir.

Alle machten uns Platz; der Promoter starrte uns ans. Wir waren von Fans umringt – sitzenden Fans, stehenden Fans, Fans auf den Rängen – und jeder einzelne von ihnen starrte Erik und die Platzfüllerin an, die sich an ihn klammerte. Erst als ich sah, dass alle ihre Köpfe in unsere Richtung gedreht hatten, spürte ich ihre durchdringenden Blicke von allen Seiten, und mir wurde klar, dass ich seinen zeremoniellen Einzug in den Käfig unterbrochen hatte. Erik löste meine Hände sanft von seinem Torso und ging um mich herum. Duke starrte uns verständnislos an, Biggie runzelte die Stirn, und ich spürte, wie mir die Schamesröte ins Gesicht stieg. Erik ging durch die Tür und sprang leichten Schrittes ins Octagon.

»Erzähl uns von deinen Plänen und von deiner Verletzung«, sagte der Promoter.

Erik schnappte sich das Mikro, hielt es hoch, ging mit geübtem, stolzierendem Gang im Käfig auf und ab.

»Na ja, es gab ein paar Rückschläge, ich musste mir eine Auszeit nehmen, so was passiert jedem. Aber jetzt bin ich wieder da, und ich kann sagen, dass ich wieder hundertprozentig fit bin!«, sagte Erik. »Ich versuche, den Sieger von Hioki versus Palaszewski herauszufordern. Wollt ihr das sehen?«

Das Publikum wollte.

Mein Moment der Peinlichkeit hatte sich bereits in ein stolzes Strahlen verwandelt. Der gesamte Raum sah, dass ich zu ihm gehörte und er zu mir.

»Mann, du hast mich zu Tode erschreckt!«, sagte Erik, als er aus dem Octagon kam, und führte mich plappernd in die Umkleide – ein Kämpfer, der jetzt weniger Platz zu füllen hatte.

***

Und so nahmen unser freudiges Wiedersehen und meine Einführung in Eriks Milwaukee-Milieu ihren Anfang. Erik, der für seinen Sieg in New Orleans mehr als hunderttausend Dollar kassiert hatte, war jetzt frei von der Fremdfinanzierung, die ihm zur Zeit unseres Kennenlernens so zu schaffen gemacht hatte. Dennoch war sein neues Domizil nur ein einstöckiges Ziegelhaus in einer ganzen Reihe identischer Ziegelhäuser, die augenscheinlich dem sozialen Wohnungsbau entstammten. Er wohnte nicht mehr mit Pettis zusammen, der seither ein Kind gezeugt hatte, sondern mit dem weit weniger anstrengenden Biggie. Am Morgen nach dem Kampf betrat ich sein Haus durch eine Tür, die mit einem hohlen, nicht gerade überzeugend klingenden Geräusch ins Schloss fiel. Ich machte sie zweimal zu, um zu sehen, ob ich ihr nicht ein befriedigenderes Geräusch entlocken konnte.

Während ich noch mit der Tür beschäftigt war, kam Erik auf mich zugestürzt, um mich zu begrüßen, und obwohl er seit unserem Wiedersehen seine Abwesenheit, die ignorierten Text- und Mailbox-Nachrichten mit keinem Wort erwähnt hatte, rekonstruierte er für mich mit großer Eindringlichkeit die Umstände seiner Gehirnerschütterung. In seiner Kochnische, neben einem leeren Kühlschrank und einem Regal mit diversen Nahrungsergänzungspulvern führte er mir vor, wie Duke ausgewichen war und sich geduckt hatte, um Pettis den richtigen Umgang mit seinem Gegner zu demonstrieren. »Und zack!« – er taumelte rückwärts –, »hat er mich voll erwischt! Danach ging's mir gut, bin zurück ins Hotelzimmer, hab mir nicht viel dabei gedacht, aber ich war ständig weggetreten. Und dann diese Lichter auf dem Times Square! Ich hatte die ganze Zeit das Gefühl, auf schwankendem Boden zu stehen.«

Seltsam, diese rückwirkende Zuordnung von Gefühlszuständen zu Erinnerungen, die ich für vollständig ausgebildet gehalten hatte. Ich erinnerte mich an die Lichtkuppel, an die Worte *Mamma Mia!*, die über den Horizont glitten, an die Taxis. Ich erinnerte mich an Erik, der, einsam unter uns, ein paar Schritte voraus oder hinter uns ging, und wie er zwei Obdachlosen zusah, die sich über eine Barrechnung stritten. Was ich als eine Art gedankenverlorene Prä-Kampf-Ruhe interpretiert hatte, war die Angst eines Mannes vor der zähen Langsamkeit, mit der seine Gedanken dahinflossen.

»Nach den Kämpfen ging's mir nicht gut«, erzählte er mir in Milwaukee, »weder nach dem Assunção-Fight noch nach dem Brookins-Fight. Ich wusste, dass ich eine Gehirnerschütterung hatte. Ich wusste es. Aber ich konnte es vor mir selbst nicht zugeben, ich wollte die Kämpfe nicht absagen, ich wollte kein verletzter Kämpfer sein, verstehst du?«

Damals im Dezember war Erik in einer sich beschleunigenden Spirale gefangen: Ängste häuften sich auf Ängste, eine Paranoia, die symptomatisch ist für das erschütterte Gehirn, dessen Gedanken um die berechtigte, erschreckende Potentialität einer Gehirnerschütterung kreisten.

Er stellte sich Dukes Enttäuschung vor, Rockys und Jareds Schadenfreude, das gebrochene Herz seines Vaters. Er fuhr durch die Gegend und konnte sich nicht erinnern, wie er in den Wagen gekommen war. Er hatte keine Lust mehr, auszugehen, und so blieb ihm noch mehr Zeit, über Pettis' Bemerkung nachzudenken, dass er vielleicht nicht mehr aufwachen würde. Eines Tages begab er sich statt zum Training allein in ein örtliches Krankenhaus, und der Arzt bestätigte ihm, was er die ganze Zeit gewusst hatte und was den Poirier-Kampf zu einer Unmöglichkeit machte. Der Arzt verhängte ein sechswöchiges Trainingsverbot.

»Das war hart. Echt hart«, sagte er. »Es gab nichts zu tun. Ich hab nie nicht trainiert, seit ich sechzehn war. Ich wollte auf irgendwas einschlagen, richtig krass. Ich konnte nichts machen. Hab nur vor der Glotze gehangen. Weißt du, was ich geguckt hab? *The Walking Dead*. Hast du die Serie mal gesehen? Die mit den Zombies? Jemand hat mir davon erzählt, und ich erst so – Zombies? – nee, danke, aber jetzt bin ich voll angefixt. Oh, und *Breaking Bad*.«

»Jedenfalls«, fuhr Erik fort und führte einen Schatten-Jab aus, »die sechs Wochen sind um.« Er sprang von links nach rechts, so weit es in dem beengten Raum möglich war. »Und mir geht's verdammt gut.«

Erik wartete darauf, dass die UFC ihm einen Kampf zuwies. Ich lungerte eine Weile auf seinem schmutzigen Futon herum, sah zu, wie er im Videospiel sich selbst spielte. Ich bat ihn, mir die Stadt zu zeigen, seine Stadt, die Orte, wo er gewohnt hatte, das alte Studio, das neue Studio. Wir stiegen in seinen neuen, schon jetzt zugemüllten Wagen und fuhren zu der Wohnung, in der er mit Pettis zusammengewohnt hatte. »Geiler Song«, sagte Erik bei den meisten Liedern, die im Radio gespielt wurden, nickte zur

Musik, tanzte beim Fahren. Ich versuchte mitzusingen, obwohl ich die meisten Texte nicht kannte.

»Da hinten wurde mal einer abgestochen«, sagte Erik. Und dann: »Ich halt mal kurz vor dem Bräunungsstudio. Dauert nur 'ne Sekunde.«

»Du nimmst die hier, stimmt's?«, sagte die Frau hinter der Theke und gab ihm eine Lotion. Er ging im Sonnenstudio ein und aus, als würde ihm der Laden gehören. An einer Pinnwand hing ein Artikel über ihn.

Er zeigte mir Dukes Trainingshalle – »Nett, was?« – mit ihren endlosen Matten, Flachbildfernsehern, ihren ordentlichen Reihen sauberer Standboxsäcke. Nichts war ausgefranst, alles war frisch gestrichen. Im vorderen Bereich gab es eine Saftbar, im hinteren einen Spiegel, der die gesamte Wand einnahm. Es gab ordentliche Abstellkammern, in denen man seine Schuhe abstellen konnte, bequem gepolsterte Stühle für Eltern, die ihren Kindern beim Training zusehen wollten, fünf hochwertige Käfige, in denen gleichzeitig trainiert werden konnte. Es gab ein einheitliches Farbschema, einen Umkleideraum für Damen und einen Empfang. Und es gab Gratis-Kulis mit dem Logo des Fitnessstudios.

Ich nahm einen Stift, fuhr mit der Fingerspitze über das runde Roufusport-Logo, das aus einem stilisierten R und griechischem Lorbeer bestand. Vor mehr als zwei Jahren war ich in ein Studio namens Valhalla gegangen, und die Hitze, die mir dort entgegenschlug, hatte mich kurz in Panik versetzt. Ich hatte beobachtet, wie sechs Männer sich paarweise auf dem Boden wälzten, in den Gedanken vertieft, dass man sieben, acht Positionen aneinanderreihen muss, bevor sich der andere Körper für einen Angriff öffnet. Über mir blätterte die Deckenfarbe ab und die Fensterscheibe beschlug. Ich fühlte mich wie in einer Sekte. Ein Ort, dem man nur entkommen kann, wenn man seinem Bruder die Schulter bricht. Und so kam es, während ich jetzt zusah, wie Eriks Teamkameraden eintrafen, sich umzogen – »Du kommst doch zu meinem Kampf, oder, Erik?«, fragte Sergio Pettis, Anthonys kleiner Bruder –, dass ich über Eriks Fähigkeit staunte, dieses alte Leben komplett hinter sich zu lassen. Ich legte den Kuli zurück auf die Empfangstheke, neben die Haftungsverzichtsverklärungen für neue Mitglieder. Roufusport war ein Ort, den man ohne viel Bedauern oder Ressentiments hinter sich lassen konnte.

Der Rest des Teams war gekommen und legte eine Rüstung aus Schutzpolstern an. Mit Handschuhen, Arm- und Beinpolstern, Aufbissschiene und Kopfschutz erinnerte mich Erik an ein Spielzeug, eine Plastikfigur, die steif an ihrem Platz steht, bis ein Kind kam und ihre Haltung veränderte. All seine Anmut war verschwunden, übrig blieben nur rohe Kraft, Schläge, die nicht verletzten. In diesen seltsamen Haufen bewegungsunfähiger Männer mischte sich Duke, der alle Anwesenden um eine Haupteslänge überragte, keine Schutzkleidung trug und das Ganze in ein Spiel verwandelte. Während sie einander paarweise attackierten, ärgerte er sie, gab dem einen einen Stoß, bedrängte einen anderen, schlich sich an einen dritten heran und versetzte ihm einen leichten Schlag auf den Kopf. Wenn jemand zurückschlug, tat Duke, als würde er sich vor Schmerz krümmen, und lachte dann. Er zog Erik von Pettis weg, gab Erik einen Stoß ins Gesicht, packte ihn lachend am Bein. Ich zuckte zusammen, aus Angst, Erik würde hinfallen, sich das Knie verrenken, sich beim Abstützen den Ringfinger brechen. Im Training konnte Erik nicht mit ganzer Kraft zuschlagen und musste die Schlaggeräusche selbst fabrizieren.

»Bop-bop«, sagte er, wenn er Duke antippte. »Ah-ah-ah«, konterte Duke, was, wenn sie aufeinander losgingen, ein seltsam musikalisches »Bop-ah, Bop-ah« ergab. »Knie, Knie, Knie!«, sagte Duke und fing die Kniestöße ab. »So, und jetzt wieder hoch!«

Duke trat zurück und sah den anderen beim Sparring zu. »Ranklotzen, ranklotzen, heute klotzen wir richtig ran. Ah! Ihr da hinten kämpft schmutzig. Kleine Puerto-ricanisch-mexikanische Brutalo-Nummer, was? Keine Sorge, ihr kriegt Koch zurück, wir missbrauchen die Chancengleichheit. Probiert alles aus. Wer's nicht trainiert, hat's nicht drauf.« Er hatte einen endlosen Vorrat an Sprüchen parat, die er irgendwo aufgeschnappt hatte, ein gedankenloser Wortschwall, der ihm während des zweistündigen Trainings unablässig über die Lippen quoll. Nichts davon schien für die Ewigkeit gemacht. Ich war in der Welt, die Erik geschaffen hatte.

An diesem Nachmittag ging ich mit dem Gefühl, dass die Welt wieder halbwegs in Ordnung war, auch wenn sie einen irreversiblen Knacks bekommen hatte, denn Gehirnerschütterungen werden nicht einfach auf mysteriöse Weise absorbiert; sie setzen sich aus diversen, hässlichen Lagen der Verwundung zusammen. Erik und ich nahmen unsere Korrespondenz wieder auf. »Schufte nonstop«, antwortete er auf fast jede meiner Fragen. Ich wusste, dass er in diesem seinem dreiundzwanzigsten Jahr mit jedem Tag stärker wurde. Nachts im Bett stellte ich mir vor, dass Erik sich irgendwann wieder in die Flut stürzen würde, in all seiner vollkommenen Fülle, und dass dieser männliche Überdruck eines noch unbekannten Tages überfließen würde. Alles, was ich tun konnte, war abzuwarten, während die Energie sich in meinen Gliedern sammelte, staute und der

Befreiung harrte, die, wie ich jetzt sicher war, bald kommen würde.

Einen Monat nach meinem Besuch entschieden die Promoter der Großen Shows, dass es an der Zeit sei, José Aldo wieder einmal seinen Gürtel verteidigen zu lassen, und zwar entweder im kanadischen Calgary – denn Kanada war das Land mit den meisten MMA-Fans pro Kopf, ein Umstand, auf den ich die Zivilisiertheit der Kanadier in anderen Bereichen zurückführe – oder in seinem Heimatland in Rio de Janeiro. Die Promoter kontaktierten den japanischen Kämpfer Hatsu Hioki. Doch zu ihrer Überraschung lehnte Hioki den Kampf ab, vermutlich weil er wusste, dass er verlieren würde, so wie die anderen vierzehn Gegner Aldos vor ihm. Die beiden anderen höchstrangigen Federgewichte, der Koreaner Chan Sung Jung und Dustin Poirier aus dem Mittelwesten, sollten gegeneinander antreten. Dann gab es noch Chad Mendes, doch der hatte erst vor kurzem gegen José Aldo gekämpft und war ihm so haushoch unterlegen, dass keiner fand, er habe einen Rückkampf verdient. Somit standen die Top-Vier-Federgewichte nach José Aldo nicht für einen Kampf mit José Aldo zur Verfügung. Blieb Nummer 6, aber nur wenige Fans hatten bisher von Nummer 6 gehört, und niemand glaubte, dass er eine Chance hatte, und wenn es ein verschwendeter Kampf war, würden die Leute sich beschweren.

»Aldo?«, textete ich Erik auf der Rückfahrt von Sean, gelangweilt vor einer roten Ampel und halb im Scherz.

»Ich kämpfe um den Titel, meine Liebe«, textete Erik zurück, nachdem er das Telefonat mit seinem verblüfften Manager beendet hatte, auf die Knie gesunken war, laut gejubelt und das Ganze ausreichend verdaut hatte, um sich cool zu geben. Ich starrte mein Handy an; die Autos hinter mir hupten, aber es dauerte lange, ehe ich wieder aufs Gas treten konnte. Falls ich je Zweifel gehabt hatte, ob es klug war, Erik Koch zwei Jahre meines Lebens zu widmen: In diesem Moment hatte ich keinen.

Sean – März 2012

Im März sah sich Sean gezwungen, den kranken Sherman im University of Iowa Hospital zu besuchen. Ich begleitete ihn nur sehr widerstrebend, denn obwohl ich keine Angst vor medizinischen Institutionen an sich habe, sind mir Körper, die Verrat begehen, ein Gräuel. Ich hätte natürlich draußen warten können, aber ich erachtete es als notwendig, Sean vor Emotionen zu beschützen, die sich störend auf seinen nächsten Kampf auswirken konnten. Shermans Bett befand sich zwischen einem Vorhang und dem Fenster, und er lag auf einem Kissen in Form eines Pandabärs. Tattoos wanden sich um seine Arme wie schwarzes Garn. In meiner Jugend hatte ich erlebt, wie der Krebs eine betagte Bekannte derart zerfressen hatte, dass sie in ihren letzten Tagen auf die Größe eines Kindes schrumpfte, winzig und verschrumpelt wie ein Amulett. Doch der Körper des immer noch muskulösen Sherman war aus einem dichteren Stoff gemacht, so dass die Krankheit sich nicht so leicht bis auf die Knochen durchfressen konnte. Er nahm auf eine Art Raum ein, wie die alte Dame es nie getan hatte, und der Krebs konnte ihn nur nach und nach verschlingen, enthüllte seine Sehnen, während er langsam seinen faserigen Bizeps aufzehrte.

Sean, gesund und gut genährt, saß halb auf Shermans Bett, und zusammen schauten sie sich Bilder von Kämpfen an, durch die sie sich gegenseitig geholfen hatten. »Das war in West Hollywood«, sagte Sherman und lachte. »Da bist du in Jeans und 'nem engen weißen T-Shirt rausgegangen und hast nicht verstanden, warum dich so viele Männer angestarrt haben.«

»Gibt's hier scharfe Krankenschwestern?«, fragte Sean und sah sich um, als hätte sich eine hinter dem Vorhang versteckt. Nervös saß ich auf einem Stuhl in einer Ecke, blätterte in einer Frauenzeitschrift und staunte über Seans Fähigkeit, sich mit einem Sterbenden zu unterhalten, ohne seinen Tonfall, seine Satzmelodie oder seine Themenwahl im geringsten zu ändern. Er behandelte ihn mit der ganzen mitleidlosen Lässigkeit, mit der er sich auch den Lebenden widmete.

»Vielleicht lass ich mich zum Krankenpfleger ausbilden«, sagte Sean und dachte einen Augenblick nach. »Aber kein normaler Krankenpfleger. Eher so was wie Krankenpfleger bei der Bergwacht.«

Er ging um das Bett herum zu der Seite, an der ein Beutel mit Flüssigkeit neben Sherman hing und fragte: »Was ist das, Astronautennahrung?«

»Tja«, sagte ich und stand auf, »Sherman muss sich jetzt bestimmt ausruhen. Und du musst trainieren.« Ich hatte nicht gewusst, dass ich das sagen würde, bevor ich den Mund aufmachte; denn wie unerhört war es, dass ein Platzfüller bestimmte, wann sein Schützling gehen sollte? Aber Sean zuckte nur die Achseln, verabschiedete sich – wahrscheinlich zum letzten Mal – von Sherman und folgte mir zum Parkplatz, hell erleuchtet vom kalten, grellen Licht der Märznachmittagssonne.

»Ich kann heute nicht trainieren«, murmelte Sean auf dem Weg zum Wagen. »Ich muss arbeiten.« Das war die Zeit, als Sean sein Dasein in der Pizza Ranch fristete, das Geld seiner Familienanwältin hinterherwarf und sich über Gerichtsverfahren informierte. Ich war an seine unglückselige Beschäftigung mit der gewöhnlichen Welt der Arbeit gewöhnt, aber irgendetwas an seinem Ton hatte sich verändert. Der Job war zur Routine geworden, ähnlich wie der auf der Baustelle, den er vor langer Zeit hingeworfen hatte, weil er das Risiko konformistischer Beständigkeit barg, und doch hatte er noch nie von Kündigung gesprochen.

»Warum meldest du dich nicht krank und gehst stattdessen zum Training?«, fragte ich und legte die Hand über die Augen, um sie vor der Sonne zu schützen, als ich zu ihm aufsah. »Sie finden bestimmt jemand anders.«

»Glaub ich nicht«, sagte Sean und verschränkte die Arme. Er trug nur einen Kapuzenpulli gegen die Kälte.

»Verstehe«, sagte ich, als wir uns der Treppe näherten. Wir gingen schweigend hinunter, obwohl ich sicher war, dass er meinen Ärger an der Art hörte, wie meine Schritte auf dem Beton widerhallten.

»Glaubst du, dass du eine Auszeit vom Kämpfen nimmst?«, fragte ich, als wir zum Wagen gingen. »Ich meine, um Vollzeit zu arbeiten?«

Sean ging ein paar Schritte hinter mir, aber ich hörte, wie er stehen blieb. Als ich mich umdrehte, sah ich, dass er stocksteif dastand.

»Äh, was? Ich bin noch nicht *annähernd* fertig damit.« Er verdrehte die Augen, dann schaute er mich an. »Nicht *annähernd*.«

Ich hatte Sean schon oft die Augen verdrehen sehen,

meist, wenn er über Promoter, Politiker oder jene Poser herzog, die jeden Kämpfer umschwärmen, aber noch nie über *mich*.

»Ich habe noch Jahre vor mir«, sagte er leichthin und öffnete die Wagentür. Er starrte seine Hände an, als ich vom Parkplatz fuhr, und fummelte am Radio herum. Er war wieder in seine gewohnte Aura der Gleichmut geschlüpft, doch irgendetwas hatte sich zwischen uns geändert.

***

Ich nahm diesen Ausbruch als Versprechen, ein Versprechen gegenüber einer Platzfüllerin, die sich zwei Jahre ihres Lebens bemüht hatte, den Platz in seinem Kielwasser zu verkleinern, die erlebt hatte, wie sich mehr als eine Nadel im Zickzack durch die Haut über seinem Auge bohrte, die an einem Montag auf seiner Matratze gesessen und aus dem vereisten Fenster in den schneebedeckten, verwilderten Garten eines heruntergekommenen Hauses gestarrt hatte.

»Ja«, sagte ich. »Du hast noch jede Menge Zeit.«

Ich wollte unbedingt an unseren Parkplatz-Pakt glauben, auch wenn mir selbst damals schon klar war, dass Sean Josiah nie aufgeben würde. Vielleicht, so sagte ich mir, war es ja ein Irrtum zu glauben, dass ein Mann sich nicht völlig dem Kampf hingeben kann, wenn er eine Bindung eingeht. Oder vielleicht mussten sich andere Männer entscheiden, aber Sean, der unzerbrechliche Sean, konnte, wenn er wollte, die Grenzen des Möglichen überschreiten. Ich musste die Mechanismen von Seans Welt akzeptieren, in der wir immer am Rande einer Tragödie standen, bis die Welt sich wieder zu unseren Gunsten wendete. Es war eine Welt, in der ein Gegner, den man nicht besiegen konnte, den Kampf durch eigenes Verschulden verlor, indem er einem den Ellbogen ins Rückgrat stieß und dem Ringrichter dabei ins Gesicht schaute, eine Welt, in der am Morgen zwei lebenswichtige Organe versagten und am Abend wieder gut genug funktionierten, dass man bei einem Kampf siegte, eine Welt, in der man zufällig seinen vor lächerlich langer Zeit abgelaufenen Bluttest einem Arzt gab, der zu abgelenkt war, um es mitzubekommen, eine Welt, in der nicht ein einziger Angestellter des Sheraton Hotels merkte, dass man seit zwei Jahren als Gast posierte, um Saunaprivilegien zu genießen. Ich hatte für mich eine Regel konstruiert, nach der erfolgreiche Kämpfer ein Leben bar jeglicher komplexer Beziehungen führen müssen, aber vielleicht galt diese Regel für Sean ebenso wenig wie viele andere.

In den letzten Tagen meiner Bekanntschaft mit Sean Huffman schien sein weltlicher Zauber noch zu funktionieren. Wir quetschten uns in eine Limousine, zusammen mit Brandon und Brandons Söhnen Logan, acht Jahre, und Voyan, zehn Jahre, und machten uns mit etlichen Stunden Verspätung auf den Weg nach Louisville (eine Stadt, die niemand mit Kampfkunst assoziiert, und doch die einzige, in der Sean einen Kampf bekam), wo ein erschöpfter Promoter Sean wog und feststellte, dass er verblüffende vierzehn Pfund Übergewicht hatte. Seans Verspätung rettete ihn, denn als er endlich aufkreuzte, war niemand mehr da außer dem Promoter, und der beugte sich mit toten Augen über den einzigen Tisch in der Bar des Ramada Hotels. Als er gegen Mitternacht feststellte, dass die eine Hälfte seines Hauptevents ungeheuerliches Übergewicht hatte – weder Brandon noch ich hatten dergleichen je erlebt –, fehlten ihm sowohl der Wille, einen Ersatz zu finden, als auch Zeugen, die ihn zwingen konnten, sich an die Vorschriften zu halten. Mit der gebeugten, todmüden Haltung einer überarbeiteten Waschfrau hob er die Waage vom Boden auf, schüttelte den Kopf und schleppte sich aus dem Raum.

Einigermaßen fassungslos gingen wir durch die schmalen, mit Teppich ausgelegten Flure des Ramada, ließen den Blick über Grüppchen von Kämpfern schweifen, die zur selben Veranstaltung angereist und rechtzeitig gewogen worden waren, so dass wir noch keinen Blick auf sie werfen konnten. Ein sehr großer Heranwachsender schlenderte mit einem Zäh-wie-Melasse-Gang auf uns zu, die Schultern zurückgenommen, von Kopf bis Fuß in Marken-Kampf-Kleidung gewandet. Er wich weder nach links noch nach rechts aus, wartete einfach darauf, dass Brandon, Sean, die Jungs und ich uns an ihm vorbeischoben, was wir auch taten, woraufhin Sean und Brandon sich ansahen und lachten, amüsiert über seine schlecht ausgeführten Macho-Manierismen. »Alter«, sagte Sean, sobald der Kämpfer außer Hörweite war, »gewöhn dir den *Scheiß* ab. *So* hart bist du echt nicht.«

Zwei weitere Gruppen junger Männer kamen an uns vorbei. Als sie vorbeigingen, starrten Brandons Söhne über ihre Köpfe hinweg.

»Kämpft jemand aus Louisville?«, fragte Brandon Sean. »Hast du *je* von einem Kämpfer aus Louisville gehört?«

»Noch nie«, sagte Sean, als ein paar Meter weiter den Flur hinunter ein weiteres Grüppchen Jungen aus einem Raum strömte. Zuerst hielt ich sie für eine Highschool-Mannschaft, Fußballspieler vielleicht, die nach Louisville gekommen waren, um in einem Spiel anzutreten, aber als sie näher kamen, sah ich, dass sie ebenfalls teure Fightwear trugen. Auch sie waren also aufstrebende Kämpfer, sogar noch jünger als die anderen, mit noch faltenloseren Gesichtern. Ihnen fehlte die harte Schale von Sean und Brandon. Es war, als wären sie mit einer anderen Substanz ummantelt, etwas Gazeartiges, Poröses, und als hätten sie sich die Fightwear angezogen, um ihren Papierpanzer zu kompensieren. Ich starrte sie an und spulte gedanklich zehn Jahre vor, fügte hier eine gebrochene Nase hinzu, dort eine Stirnnarbe und etliche Paar Blumenkohlohren. Aber schon an ihrer Statur – groß, dünn, langer Hals – konnte ich erkennen, dass sie es nicht lange genug machen würden, um irgendwann auszusehen wie die Männer an meiner Seite.

»Wo sind Sie gewesen?«, fragte der Promoter am nächsten Tag, als Sean und ich verspätet in die Arena kamen. »Die Kommission hätte Sie fast disqualifiziert.« Sean wollte bis kurz vor dem Kampfbeginn rauchen, und so sündigte er auf dem Ramada-Parkplatz, bis Brandon ihm panische Textnachrichten schickte, und ich tat mein Bestes, um ihn zur Eile anzutreiben. Sean zuckte die Achseln und füllte die Papiere aus. An die Stelle, wo nach einer Nummer für den Notfall gefragt wurde, schrieb Sean »911«.

»Sean Huffman?«, ertönte eine Stimme von der anderen Seite des Raums. »Dopingkontrolle.«

Ich drehte das Gesicht zur Wand, um meine Reaktion zu verbergen. In Iowa hatte es nie stichprobenartige Dopingtests gegeben. Auch in Minnesota, Missouri und Indiana waren sie nicht vorgeschrieben. Niemand von uns hatte daran gedacht, sich über Kentucky zu informieren. Jetzt war alles umsonst; die langen, kalten Monate des Wartens, die siebenstündige Fahrt, eingequetscht zwischen zwei Minderjährigen, die scheinbar wundersame Art, wie er die Gewichtsvorschriften umschifft hatte.

»Eine Sekunde«, sagte Sean und blätterte in seinen Papieren, als wäre die Lösung dort zu finden. Brandon lehnte sich an die Wand und ließ sich zu Boden gleiten.

Der Staatsbedienstete war mit Papierstreifen bewaffnet, mit denen man THC nachweisen konnte, und er würde bei Sean stehen bleiben, während der in einen kleinen Plastikbecher urinierte. Brandon und Sean hatten nicht genügend Bargeld, um uns zurück nach Davenport zu bringen; sie hatten ihre letzten Dollars für die Hinfahrt ausgegeben, weshalb Brandon Voyan und Logan erklären musste, dass sie nichts zum Abendessen bekamen, bis Sean gekämpft hatte. Der Promoter beobachtete uns.

Sean blätterte weiter durch seine Papiere.

»Sean Huffman«, sagte die Stimme erneut. Sean spazierte in die Toilette, als sei alles in bester Ordnung. Er zog wie in Zeitlupe den Reißverschluss seiner Hose herunter und stellte sich vor das Urinal, während der Beamte ihm den Rücken zuwandte.

»Ich kann nicht pinkeln«, sagte Sean nach einer Weile. »Kann ich mir kurz was zu trinken holen? Ich hab was in der Umkleide.«

»Beeilen Sie sich!«, sagte der Beamte gereizt.

Sean spazierte lässig aus der Toilette, rannte über den Flur aus dem Konferenzzentrum ins benachbarte Ramada und in sein Zimmer. Er nahm ein Shampoofläschchen aus der Dusche, spritzte den Inhalt ins Waschbecken, schüttete etwas Snapple-Eistee hinein, der gerade zur Hand war, ließ Wasser ins Waschbecken laufen, bis es warm war und füllte etwas in die Flasche, um die Mixtur auf eine Temperatur zu bringen, die einer Körperflüssigkeit gebührte. Er schraubte das Fläschchen zu, schüttelte es und versteckte es im Bund seiner Shorts, dort, wo eine andere Art von Mann eine Waffe aufbewahrt hätte. Er rannte aus dem Ramada zurück in die Arena und betrat die Toilette.

»Und, fertig? Genug getrunken?«, fragte der Beamte.

Sean ging zum Urinal, drehte seinen breiten Rücken, so dass seine Hände vor den Blicken des Beamten geschützt waren, und schüttete den Inhalt der Shampooflasche in den Becher.

»Danke, Mann«, sagte Sean, als er dem Mann seinen Urinersatz reichte, »ich weiß deine Arbeit wirklich zu schätzen.«

Der ignorierte Sean, hielt einen Papierstreifen in den Becher, und Minuten später kam Sean mit einem kleinen Grinsen im Gesicht aus der Toilette.

»Meine Fresse«, sagte Brandon und sah Sean mit großen Augen so bewundernd an, wie ich es noch nie erlebt hatte. Die Jungs lächelten, mit offenem Mund, zutiefst beeindruckt, vielleicht, weil sie ihren Vater noch nie so beeindruckt gesehen hatten. Ganz außer mir sprang ich vom Boden auf und umarmte ihn.

»Das hat mich jahrelang durch die Navy gebracht«, sagte Sean schulterzuckend.

Seans Gegenwart brachte ein Gefühl des Beschütztseins mit sich, was nicht nur daran lag, dass andere Männer ihm auf der Straße auswichen. Es gab nur wenige Fallen, aus denen Sean, in seiner trägen Art, mit seiner prosaischen Magie, nicht unbeschadet entkommen konnte. Welche Hoffnung ich bei jenem Lächeln spürte! Denn es zeugte vom alten Sean, einem Mann so voller Selbstvertrauen, so immun gegenüber allen Ängsten, dass jeder Kampf für ihn nur ein Spiel war. *Das* war die Bedeutung unseres Parkplatz-Paktes; das war der Mann, der erst aufwachte, wenn es nötig war. Mit vierzehn Pfund Übergewicht, high bis in die Haarwurzeln, zog Sean sich die Handschuhe an. Es schien, dass selbst der Tod und das Alter Sean nichts anhaben konnten, denn er würde sich ihnen mit seiner trägen Anmut in letzter Minute entziehen.

Ich wünschte, das wäre das Ende.

***

Über dem Käfig hing ein Kronleuchter; am anderen Ende des Saals verkaufte ein Mann im Smoking Bacardi Cola von einem Tisch mit weißem Tischtuch. Sean war das Hauptevent des Abends, und so hatten Brandon, die Jungs und ich noch Stunden Zeit, um das Schauspiel in uns aufzunehmen.

Die Kämpfe vor unseren Augen waren ländlicher Natur, ihre Kunstfertigkeit naiv, die Teilnehmer unschuldig, ohne Kontakt zu Profisportlern. Das waren Volkskämpfe, die, nur für sich betrachtet, einen ganz eigenen Charme besaßen. Als ich mir ein Getränk holte, sprang ein schlaksiger Teenager, der von einem fetten Mann mittleren Alters zu Boden geworfen worden war, auf und wand sich auf den breiten Rücken des Mannes. Der Konferenzsaal schien jedenfalls ein passender Austragungsort zu sein. Diese Leute wussten nicht, wie man einen Kampf veranstaltet, und der Schauplatz war ein wesentlicher Bestandteil ihrer Unschuld, wie die dieser Volkskünstler, die für die eindringliche Qualität ihrer Quilts bekannt sind. Ich sah mir einen Kampf nach dem anderen an und vergaß darüber die Zeit.

Sean ließ seinen Einzugssong eine ganze Weile anklingen und schlenderte dann langsam los, klatschte Logan und Voyan weniger ab, als dass er ihre Hände seine berühren ließ. Er erklomm die Stufen zum Käfig mit nacktem Oberkörper, unter wenig Jubel, außer von uns. Ich nahm meinen

Platz zwischen einem Mann mit Schnurrbart und einer Frau in hochhackigen Schuhen ein.

Seans Gegner hieß John Troyer, kam aus Louisville, hatte einen Bart und war einen Kopf größer als Sean. Als er seinen Einzug hielt, wurden die Lichter gedimmt; der Mann im Smoking legte die Eiszange beiseite und stand mit verschränkten Händen stramm.

Die beiden Männer standen sich unter dem Kronleuchter gegenüber. Seans Fleisch hing über die Shorts, doch auch Troyer war am Bauch und am Rücken zusätzlich gepolstert. Das Nummerngirl drehte seine Runde, der Ringrichter ließ die Hand im Karateschlag sinken, und niemand sprach ein Wort, als Sean und Troyer einander umkreisten, antäuschten und zurücksprangen. Sean landete einen Kick, auf den keine Reaktion kam. Er schlug einen Jab, stürzte auf Troyer zu, nahm ihn in den Clinch, einen Arm unter Troyers Arm, den anderen um Troyers Bein geschlungen. Sean warf Troyer gegen den Käfig und griff selbst nach dem Zaun, um die Balance wiederzufinden.

»Hör auf, dich am Käfig festzuhalten, Dicker!«, schrie ein Mann in Flanell.

Sean zerrte Troyer zu Boden, doch der sprang wieder auf, immer noch mit dem Rücken zum Käfig und Seans Armen um seinen Körper.

»Er ist schon am Ende«, rief der Mann. »Zu viele Pfannkuchen!«

Troyer, dessen Rücken gerötet war, befreite sich und sprang in die Käfigmitte, wo Sean ihn abfing. Troyer setzte eine hässliche Salve aus Kniestößen, Jabs und wüsten Prügel frei, der Sean einfach auswich, wie ein Kind, das auf Zehenspitzen vor der Meeresbrandung zurückweicht. Troyer folgte ihm und drängte ihn gegen den Käfig, wo Sean, in der

Falle, eine weitere Salve über sich ergehen lassen musste – Knie, Jabs, Knie. Die Menge brüllte, als Sean ohne mit der Wimper zu zucken Treffer ins Gesicht und in den Magen einsteckte. Eine Welle der Dankbarkeit durchflutete uns. Aus dem Mund des Mannes in Flanell drangen keine Worte mehr, nur Freudenschreie, ebenso wie aus dem des Bartenders, der Frau in den hochhackigen Schuhen und der Jungs. Seans Gestalt war im Licht klar auszumachen. Ich brauchte keine Brille, um zu sehen, wie er Troyers Knie auswich, mit dem der auf seine Seite zielte.

Sean tänzelte ungetroffen davon, und Troyer folgte ihm, schlug weiter zu, hielt Sean an der Schulter fest und rammte ihm das Knie gegen die Brust, erst das linke, dann das rechte. Sean entkam in die Käfigmitte, wo Troyer ihn gegen den Kopf kickte und zu Boden zerrte. Sean wand sich unter Troyer, zuerst auf der Seite, dann auf dem Bauch, und entzog sich ihm. Er packte Troyer am Arm, versuchte sich aufzurichten, seine Beine um ihn zu schlingen und den Ellbogen in eine Richtung zu biegen, die Troyer nicht gefallen würde. Während sie sich am Boden wälzten und Troyer spürte, wie isoliert und verwundbar sein Arm war, geriet er in Panik und fing an, sich wurmgleich unter Sean zu winden. Sean hatte die Oberhand, hatte den Kampf zu seinen Gunsten gewendet.

»Dreh dich raus!«, schrie der Mann in Flanell mit vor Sorge brechender Stimme. »Warum sind alle so still? Das hier ist ein scheiß Kampf!«

Sean, sein Gesicht auf selber Höhe wie Troyers, ließ ein Bein zwischen Troyers Knie gleiten und schlug einen Jab.

»Die Runde muss doch zu Ende sein, oder?«, sagte der Mann. Und er hatte recht. Ein Chor aus hilflosem Gemurmel musste anerkennen, dass Sean die Runde gewonnen hatte.

Das Nummerngirl, eine Frau mittleren Alters im schwarzen Bikini, umrundete einen Käfig mit zwei sehr erschöpften Männern. Beim Glockenschlag holte Troyer aus, verfehlte Sean, und Sean schlug ihm ins Gesicht, wieder und wieder, sprang spielerisch zurück, spreizte beide Arme zur Seite, kerzengerade, weit offen, ein Sekundenbruchteil-Siegestanz, auch wenn er heftig schnaubte. Troyer griff an, ein Jab von links, ein Jab von rechts, ein Kniestoß, er attackierte Sean mit der Energie aus irgendeinem zweiten, geheimen Vorrat. Sean versuchte den Takedown, doch er war zu langsam und erschöpft, nicht der explosive Sprung, den es gebraucht hätte, und am Ende war Troyer oben, Sean lag mit dem Rücken auf der Matte, die gebeugten Knie weit gespreizt. Troyer stellte einen Fuß auf die Matte, presste ein Knie auf Seans Brust. Bei jedem Jab ins Gesicht erzitterte Seans Körper; seine Knie bebten, die Füße fest auf den Boden gepresst. Der Moment zog sich hin.

Sean weiß, wie er sich aus dieser Umklammerung lösen muss, so wie ich, so wie Brandon, so wie Brandons Söhne. Er weiß, was er uns schuldig ist. Er sollte seine Beine um Troyers schlingen und ihn mit einem Hüftstoß aus dem Gleichgewicht bringen, was einfach wäre, weil Troyers Jiu-Jitsu primitiv und instabil ist. Er sollte seine Ellbogen einziehen, den Kopf nach links bewegen, um zu entkommen, um den Kampf zu verlängern und uns endlich in jenen traumartigen Zustand zu versetzen, um dessentwillen wir gekommen waren. Der Ringrichter beugte sich über Sean, erklärte ihm, er müsse sich bewegen, oder der Kampf sei vorbei. Sean bewegte sich mit einer trotzigen Schmerzlichkeit, als wollte er es sich bequemer machen, während er nicht zurückkämpfte. Troyer drehte ihn um wie eine Puppe, wickelte seinen Körper seitlich um Seans und verpasste ihm noch mehr Jabs. Sean hatte keine Kraft in sich, seine Reaktionen keinen Biss, es gab keinen Austausch. Sean zog sich in eine Embryonalstellung zurück, schützte mit den Unterarmen sein Gesicht – die instinktive, selbsterhaltende Position eines Gewaltopfers. Die Position eines Mannes, der etwas zu verlieren hat. Von Enttäuschung überwältigt musste ich den Blick abwenden und sah somit nicht, wie Troyer Sean den Arm um den Hals schlang, um den Kampf zu beenden.

Der Ringrichter warf sich zwischen die beiden, der Saal jubelte, und als der Jubel verebbt und der Ringrichter bereit war, den Gewinner zu verkünden, standen Troyer und der Ringrichter aufrecht, während Sean schwer atmend und mit geschlossenen Augen auf der Matte liegen blieb. Brandon rannte in den Käfig.

»Alles okay?«, fragte er, wieder und wieder. Sean stöhnte. Mühsam kam er auf alle viere, wie eine zusammengestückelte Monstrosität ins Leben kommt. Er setzte erst einen Fuß, dann den anderen auf den Boden, und wartete darauf, dass Troyer zum Sieger erklärt wurde, woraufhin er das Octagon verließ, und wir, seine niedergeschlagene Entourage, folgten ihm in die Umkleide, wo er sich unter den Tisch duckte und mit geschlossenen Augen flach hinlegte. Er hatte seit dem Kampf kein Wort gesprochen. Das war das Bild von ihm, das ich Monate später vor meinem inneren Auge sah, als Sean mir textete, der DNA-Test habe ergeben, dass Josiah sein Sohn sei. Das war es, wofür er sich entschieden hatte – Embryonalhaltung im Käfig, auf dem Rücken liegend unter einem Tisch, der Welt so verschlossen wie ein gewöhnlicher Mensch.

Voyan und Logan starrten ihn an. Einige glaubten vielleicht, er wäre verletzt, aber ich wusste es besser, vermutlich schon seit langer Zeit. Ich konnte Sean nicht direkt vorwerfen, dass er aufgegeben hatte. Ich würde eher sagen, dass er so lange hin- und hergerissen war, dass etwas in ihm aufgegeben hatte.

»Gibt's hier irgendwo Wasser?«, sagte Sean, den Kopf nach oben gereckt, und sah mich an. Ein paar Meter weiter stand eine Wasserflasche. Ich starrte Sean an, ohne mich zu rühren. Denn was hatte ich mit ihm zu tun und er mit mir?

Der Assistent des Promoters ließ ein Kuvert mit Bargeld auf Seans Bauch fallen. Sean wühlte in dem Umschlag, nahm ein paar Scheine heraus, dann erschlaffte er wieder. Drei Zwanziger klebten auf seiner verschwitzten Brust. Gelegentlich kamen andere Kämpfer vorbei und begafften ihn, aber sie waren noch zu jung, um zu wissen, was sie gesehen hatten.

Erik – Sommer 2012

Es war immer Erik gewesen. Hier waren wir, ich, die ich verzweifelt versuchte, den Begrenzungen meiner Wahrnehmung zu entfliegen, die mir ein entschieden ungeneröser Schöpfer auferlegt hatte; und er, der er fein säuberlich die emotionalen Mechanismen zerlegte, die ihn von ruhmreicher Hingabe abhielten. Wo auch immer früher in meinem Herzen das Bedürfnis nach der Gemeinschaft von Gelehrten bestanden hatte, es existierte nicht mehr; und wo auch immer er in seinem Herzen das Bedürfnis nach Freunden und Familie fand, tötete er es ab. Ich führte es nicht länger auf den Zufall zurück, dass Erik Koch jeden Kampf gewann, bei dem ich zugegen war. Zusammen öffneten wir uns, Augenblick für Augenblick, Impuls für Impuls, um eine noch perfektere Auflösung zu erreichen. Ich betrauerte – mit einer Heftigkeit, die mich regelrecht krank machte – die Zeit, die ich mit einem anderen Kämpfer in einer anderen Stadt verschwendet hatte. Sean hatte menschlichen Bindungen den Vorrang vor der Transzendenz gegeben. Er war nur eine Anomalie in einem Datensatz namens Erik.

Betrachten Sie alles vor diesem Punkt als Teil meiner – oft durch den Einfluss jener Sinneseindrücke, denen ich zu entkommen versuchte, fehlgeleiteten, zerfahrenen und konfusen – Suche nach einem ekstasewürdigen Objekt. Man braucht immer ein Objekt, wie jeder mit einem Interesse an Nicht-Wissen versteht – einen Sonnenuntergang, einen Berg, eine öffentliche Hinrichtung –, bevor man sich in Unwissenheit auflösen kann. Wenn man sich, wie Georges Bataille rät, augenscheinlich entern lässt, wird das Objekt sich auflösen, und Sie werden für einen Moment von der Illusion der Stasis befreit, in der Sie feststecken wie ein gepresstes Blütenblatt in einem langweiligen Buch. Ich hatte mein Objekt gefunden. Erik hatte mich bereits zweimal in diesen Zustand versetzt, und ich würde geduldig warten, bis er es wieder tat.

Nach dem gecancelten Kampf mit Poirier, den sechs Wochen, in denen er zum bewegungslosen Zuschauer von Zombie-Serien degradiert worden war, und einem ganzen Jahr gehirnerschütterungsbedingter Unsicherheit hatte Erik sein Schicksal, das ihn nach Calgary verschlagen würde, angenommen, mit der Ruhe eines Mannes, der in die einzige Zukunft schreitet, die er für sich je als passend empfunden hat, und, wie Duke mir gegenüber angesichts seiner seltsamen, neuen Milde bemerkte – die Art, wie Erik sich von jenen Dämonen befreit zu haben schien, die ihn zuvor bei jedem Training und in all den Stunden dazwischen heimgesucht hatten. Es war, als sei er bis zu dem Moment, als man ihn bat, sich vor einem Publikum im zweistelligen Millionenbereich auf dem amerikanischen Kontinent, in Japan und Australien vom amtierenden Champion schlagen zu lassen, nervös gewesen und habe ab diesem Punkt schlagartig aufgehört, sich Sorgen zu machen, weil er endlich das bekam, was ihm zustand.

Diese kosmische Gerechtigkeit brachte vier Männer um die dreißig mit sich, die große Kameras schleppten und vom

UFC nach Cedar Rapids geschickt worden waren, um den »Federgewicht-Herausforderer« zu filmen. Sie baten um eine Story, eine dreiminütige Geschichte, die sie vor dem Kampf senden konnten, eine Schilderung der Hindernisse, die überwunden werden mussten, zur Erbauung der ungebildeten Pay-per-View-Zuschauer, die sich verzweifelt danach sehnen, emotional berührt zu werden. »Gehen Sie die Treppe rauf«, wiesen sie Erik vor seinem Elternhaus an. »Jetzt gehen Sie sie runter. Nein, langsamer. Okay, jetzt schneller.« Dies war ein absurder Versuch, aus einem Schauspiel die falsche Art von Drama zu machen, als wollte man ein literarisches Meisterwerk aufgrund der Tatsache verkaufen, dass es »jetzt in einem Kino in Ihrer Nähe« lief. Doch Eriks Augen strahlten, und er war allzeit bereit zu lächeln, selbst als die Männer mit ihren klobigen Kameras und noch klobigeren Versuchen, ihm eine Story zu entlocken, ihn baten, noch einmal langsam die Treppe hinaufzusteigen.

Sie setzten Erik in einen Sessel, umgeben von Scheinwerfern, eine Szene, die vom Aufbau her eher an die Einleitung zu einem brutalen Verhör erinnerte, und im Laufe des Interviews hörten wir erstaunt, wie Erik in der Vergangenheitsform über den Konflikt mit Keoni sprach.

»Ich hatte eine Menge Ärger mit meinem Bruder Keoni, wir hatten oft Streit, Bruderkram halt, so ist das eben«, sagte er achselzuckend. »Es ist mir schwergefallen, ihm dankbar zu sein. Ich habe einfach zu sehr zu ihm aufgesehen. Aber es ist sein Verdienst, warum ich da bin, wo ich jetzt bin. Ich sehe das nicht als: ›Ich bin so cool, ich hab alles allein geschafft.‹ Ohne meinen Bruder wäre ich nicht hier.«

Die Männer von der UFC erkannten, dass sie auch Keoni interviewen mussten, und fuhren zu ihm nach Hause.

Keoni war einverstanden, obwohl es ihm neu war, dass sein Bruder und er zwar schwere Zeiten hinter sich haben, aber als Erwachsene eine liebevollere Beziehung haben sollten als in ihrer Kindheit. Er war nicht der Typ, der sich einfach so in eine Story hineinziehen lässt, mit der er nicht einverstanden ist.

»Wir können es gleich hier machen«, sagte er und positionierte sich, die Ellbogen auf die Knie gestützt, auf der Couch, unter einer amerikanischen Fahne, die er aus Protest falsch herum an die Wand gehängt hatte.

»Ähm, könnten Sie die Fahne vielleicht richtig rum aufhängen?«, fragte der Interviewer und legte sich die Hand auf den Hinterkopf, um möglichst beiläufig zu wirken, als hätte er nur darum gebeten, eine Topfpflanze ein Stück nach links rücken zu dürfen. Das war nicht die Art Konflikt, die zu inszenieren er gekommen war.

»Auf gar keinen Fall«, sagte Keoni, sichtlich erfreut, dass er gefragt hatte.

Eine peinliche Gesprächspause entstand, und der Mann – die Hand immer noch am Hinterkopf – tauschte einen nervösen Blick mit einem der Kameramänner.

»Wo können wir sonst noch filmen?«, fragte er. Und so fuhren sie stattdessen zu dem neuen Studio, das Keoni gekauft hatte, ein sauberer Raum mit frischen Matten, blitzendem Metall und Ron-Paul-2012-Aufklebern auf der Pinnwand mit dem Trainingsplan. Erik kam ebenfalls. Als die Männer darum baten, die beiden bei einem Sparringkampf filmen zu dürfen, tänzelten Erik und Keoni im Licht des einzigen Fensters hin und her. Zwei Kameras rückten ihnen zu Leibe, ein Galgenmikrophon hing über ihren Köpfen; der eine Bruder war so milchweiß wie immer, der andere fremdartig orange. Sie kämpften, bis sie ihr Publikum vergaßen und wieder in ihren brüderlichen Rhythmus verfielen. Erik war schneller, Keoni physisch stärker als je zuvor, doch beide erkannten ein seltsames Echo ihrer selbst im anderen, dieselbe Art, den Kopf nach hinten zu werfen oder zurückzuspringen.

Als die Männer mit den Kameras zurück nach Vegas fuhren, fragte Erik seinen Bruder, ob er wieder ins Studio kommen dürfe. »Ja«, sagte Keoni, der seinen Bruder zwar weiterhin für geistesgestört und somit zu einer echten Versöhnung für unfähig hielt, jedoch erkannte, dass die Anwesenheit des zweitwichtigsten Federgewichts der Welt gewinnbringend für sein aufstrebendes Geschäft sein würde. Was hingegen niemand von uns ahnen konnte, war, dass sich Erik während des gesamten Trainings, zu dem sich Cliff, DJ, Lonnie, Jared und andere versammelt hatten, als hilfreich erweisen würde: ein beispielloser, redegewandter Quell latenten, kinästhetischen Wissens. Ein neues Mitglied, ein dürrer Ringer mit langem Hals aus der örtlichen Highschool, konnte keinen Choke halten. Erik legte sich mit dem Gesicht nach oben auf den Boden und wies den Jungen an, über ihn zu kriechen. »Leg die Hand auf meine Stirn«, sagte er, und der Junge tat es. »Jetzt lass die Hüfte sinken – nein, nicht so –, ja, so ist es richtig. Weiter, auf den Boden damit. Ja, super!«, sagte Erik, jetzt mit erstickter Stimme, und der Junge, entsetzt und begeistert, dass er dem Anwärter auf den Titel des Federgewichts-Champions die Luft abdrückte, ließ ihn los und hielt die Hände hoch, als hätte er eine glühend heiße Pfanne angefasst. Gegen Ende des Trainings rief Keoni alle in die Mitte der Matte zusammen und ließ sie ihre Hände aufeinanderlegen. »Nehmen wir uns einen Augenblick Zeit, um New Breed zu danken«, sagte er aufrichtig, »dem nächsten Federgewichts-Champion des UFC.«

Erik bat Keoni – den er in den zwei Jahren, die ich die beiden kannte, zu keinem von seinen Kämpfen eingeladen hatte – in Calgary sein Sekundant zu sein. Keoni stimmte zu, mit einer Mischung aus Großmut und Abschätzigkeit, und führte auch das nicht auf Eriks Reife zurück, sondern auf dessen psychische Erkrankung, diagnostiziert anhand einer Liste von Symptomen im Internet.

Ich fuhr mit Erik zurück nach Milwaukee, diesmal angstfrei, in der Gewissheit, dass mir mein Herkunftsstaat nichts anhaben konnte, solange ich in Eriks zunehmend fremdartiger Aura weilte. Ich wollte immer zwei Schritte hinter ihm bleiben, im Schneidersitz auf seinem Futon sitzen, während er seinen Xbox-Avatar zum Sieg über José Aldo führte, mit ihm im Wagen singen, ihm im Bräunungsstudio die Lotion reichen, all das Fast Food essen, das er sich versagen musste, und den Essensduft in seine Richtung wedeln.

Wochen später, im Juli, fuhr ich erneut zu ihm. Es hatte so lange nicht geregnet, dass im Radio immer irgendjemand den sterbenden Mais betrauerte, und ich fuhr an braunen Feldern vorbei zu Eriks Kopfsteinpflaster-und-Ziegelstein-Viertel, wo einem der Gehsteig die bloßen Füße verbrannte und die Erde so lange kein Wasser gesehen hatte, dass sie sich weigerte, auf dem Boden zu bleiben und sich einem als Staub an die Knöchel heftete.

Ich trat durch seine lächerlich unsolide Tür in eine entschieden unklimatisierte Luft, und schon seine bloße Anwesenheit löste in mir eine Welle des Seins aus, die mir von den Rippen bis in die Fingerspitzen strömte. Wir standen in seiner Küche, als er irgendein weißes Pulver mit Wasser vermengte und die Mischung in sich hineinschüttete. Die Kochnische, die er sich mit Biggie teilte, enthielt praktisch nur pulvergefüllte Dosen und Kapseln, die achtlos zusammengewürfelt auf den Metallregalen standen. Der von Ernährungswissenschaftlern empfohlene Diätplan, der Erik Energie für die täglichen sechs Stunden körperlicher Strapazen liefern sollte, schien keinerlei Freuden zu beinhalten, doch auf der Theke stand eine Schachtel mit Getreide, und Erik konnte sich mittlerweile mit schwelgerischem Genuss für Quinoa und Sellerie begeistern.

»Jetzt haben wir wieder Strom«, sagte er. »Letzte Woche hatten wir keinen, weil ich vergessen hatte, die Rechnung zu bezahlen.«

Im Wohnzimmer neben dem Fernseher, der fast die ganze Wand einnahm, standen vier große Kartons, die Luxusfelgen für Eriks neuen Wagen enthielten. An drei Wänden hingen offizielle Poster von Kämpfen, die Erik gewonnen hatte, alle signiert. Ich fuhr mit den Fingern über einen mannshohen Stapel Xbox-Spiele, als mir eine gigantische, groteske Schwellung an seinem Ellbogen ins Auge stach, ein knolliger Ameisenhügel, wo einst ein glattes Gelenk gewesen war. Wenn er den Arm streckte, blieb der Ameisenhügel bestehen, als hätte sich der Ellbogen von den Knochen gelöst, die er verband.

»Was«, sagte ich, zu geschockt, um meine sonst so feinfühlige Form von Kommunikation aufrechtzuerhalten, »ist das?«

»Schleimbeutelentzündung«, sagte er. »Sie können den Eiter nicht absaugen, weil sie infiziert ist.«

Wir alle haben winzige Beutel mit einer dotterartigen Flüssigkeit in uns, die gewissermaßen das Schmieröl in unseren Gelenken bilden, und sie sind nicht dafür gemacht, ständige Schläge gegen Sparringpads zu verkraften. Unter dem Druck seines derzeitigen Prä-Aldo-Trainingsplans weigerten sich die winzigen Bläschen, weiterhin unsichtbar unter der Haut seines Ellbogens zu bleiben, und waren zu unansehnlicher Größe angeschwollen. Erik störte sich nicht mehr daran als an den üblichen Muskelkrämpfen, die zum Training dazugehörten. Wasch deine verschwitzten Klamotten, nimmt deine Frühstücks-Pülverchen zu dir, lass, wenn möglich, den Eiter aus den Schleimbeuteln drainieren, und wenn nicht, nimm Antibiotika. Ich folgte seinem Beispiel, starrte den Ameisenhügel an und versuchte mit aller Kraft, ihn als Teil eines sich gesund entwickelnden Körpers zu betrachten.

Dass der Herausforderer des Federgewichtsweltmeisters in einer Sperrholz-und-Ziegel-Bruchbude wohnte, hätte die diversen Journalisten überrascht, die Erik jetzt täglich mit Interviewanfragen belästigten, doch ich verstand, dass dies zur Opferbereitschaft seines Genies gehörte, zum Rückzug von allen Komforts des Konformismus und von jeglicher Intimität. Eriks Leben hatte sich auf eine zermürbende, langweilige Formel reduziert. Er hatte dem schmierigen Glamour von Pettis und seinem Leben vollkommen entsagt, so dass das einzige Mal, dass ich Erik mit einer Frau sprechen sah, war, als er das Mädchen im Bräunungsstudio um mehr Lotion bat. Dies war sein Leben, ein Leben, das kein Nachdenken erforderte, außer vielleicht über die Frage, wie sich fünf Trainingseinheiten in einem Tag unterbringen ließen. Ein Leben, das in seinem Vermögen, alle Ziele bis auf eins zu ignorieren, sicher Schwarzeneggers Billigung gefunden hätte.

»Hast du Bock, dir *Voll auf die Nüsse* anzusehen?«, fragte er mich abends, als wir auf den beiden Futons in seinem Wohnzimmer saßen.

»Okay«, sagte ich. »Den habe ich noch nie gesehen.«

»Du hast *Voll auf die Nüsse* noch nie gesehen?«, sagte er,

hielt beide Hände hoch und legte den Kopf schief, scheinbar völlig entsetzt, als würde er all meine Platzfüller-Referenzen anzweifeln. Er legte die DVD ein, und wir legten uns bäuchlings auf die Futons, die Ellbogen aufgestützt, das Kinn in die Hände gelegt, und lachten über die Slapstick-Eskapaden der damaligen aufgehenden Sterne am amerikanischen Comedy-Himmel. Und obwohl ich Sean in jenem Sommer manchmal vermisste, sehnsüchtig an die Stille zurückdachte, die ich in seiner Gegenwart empfand, hatte ich das Gefühl, dass Erik und ich zu einer Einheit verschmolzen, dazu bestimmt, tapfer in ein düsteres Reich vorzudringen, das zu betreten Sean die Opferbereitschaft fehlte.

»Mein Leben ist so was von eintönig!«, sagte Erik am nächsten Morgen gutmütig, als wir zur zweiten Trainingseinheit des Tages aufbrachen, einem Krafttraining in einem Elite-Fitnessstudio.

In einer ehemaligen Aluminium-Lagerhalle gab es eine Reihe von Stationen, an denen sich Leute mit bizarren Spielchen abmühten, die sich die Trainer für sie ausgedacht hatten. Ein keckes Mädchen mit Pferdeschwanz hüpfte über eine Kunstrasenstrecke. Hinter ein paar alten Geräten – alles hier schien nur mit Hilfe von Zahnrädern und Flaschenzügen zu funktionieren – stand ein Mann unter einem Klettergerüst und hievte seinen Körper horizontal dazu in die Höhe, wieder und wieder. Jede Übung wurde unzählige Male wiederholt, als wären die Trainierenden Roboter mit allzu simplen Programmierungen, die sie ausschließlich für diese eine Aufgabe qualifizierte.

Ich beobachtete, wie Erik Kugelhanteln schwang und seine Sehnen hervorquollen wie Drähte; sie waren seit jenem Tag auf einem feuchten Feld in Cedar Rapids noch dicker geworden. Hatte die Hantel den höchsten Punkt erreicht, drehte er sich nach links, als wollte er eine Tanzpartnerin in Empfang nehmen, und dann zurück, um die Hantel vorsichtig abzustellen wie eine Glasvase. Später kamen Unterarm-Push-ups. Der Trainer beobachtete Eriks brettsteifen Körper. Dessen hochgerutschtes T-Shirt enthüllte zwei harte Höcker seiner Wirbelsäule, sein kleiner, tätowierter Bizeps lugte aus den Ärmeln und er presste seine dünnen, angespannten Beine ohne das geringste Zeichen von Anstrengung zusammen. Der Trainer runzelte die Stirn und legte eine Dreißig-Pfund-Gewichtscheibe auf Eriks waagerechten Rücken. Erik zog eine Grimasse, Schweiß troff von seiner Stirn, und sein Rumpf zitterte jetzt leicht unter dem Gewicht.

»Na, macht's Spaß, Erik?«, fragte der Trainer.

»Aber hallo!«, sagte Erik, nur halb sarkastisch, und sang leise den Text des Rapsongs mit, der aus dem primitiven Soundsystem schallte. »Ninety-nine problems«, schnaufte er, »and a bitch ain't one.« Ich stand keine zwei Schritte von ihm entfernt und sang mit, um ihm meine Solidarität zu signalisieren, während er die milchsäurebedingten Schmerzen aushielt, die sich in seinen Augen widerspiegelten. Überrascht musterte mich der Trainer, doch ich war fest entschlossen, mit Erik eins zu werden, in der Harmonie vollkommener Hingabe. »He's got the rap patrol«, sangen wir, »on the gat patrol.«

An der Sandgrube rannte Erik bis zum Rand, sprang ab, lief weiter durch die Luft, warf die Beine und den Körper nach vorn und schlitterte durch den Sand. Dann sprang er auf, trottete zurück zu der Duct-Tape-Markierung, die als Startlinie fungierte. Wieder und wieder sprang er, jedes Mal ein kleines Stück weiter, und jedes Mal kam er wieder auf die Füße wie ein selbstaufziehender Mechanismus, angetrieben von seiner eigenen Bewegung. Es war Teil von José Aldos Strategie, einen Gegner Kick für Kick zu schwächen und dann zu Fall zu bringen, aber selbst Aldo, auf dem Fußballfeld trainiert, konnte einen Erik nicht fangen, der so springen und durch die Luft fliegen konnte. Verblüffende Geschwindigkeit gehörte ebenfalls zu Aldos Stil, aber es gab einige, mich eingeschlossen, die glaubten, dass er vielleicht bald auf den Mann treffen würde, der im selben komprimierten Zeitrahmen lebte wie er. Etwas von diesem Kampf würde uns mit jedem Blinzeln verlorengehen.

Nach dem Training massierte Erik sich auf dem Futon die Muskeln, stöhnte, als sich der tieferliegende Schmerz bemerkbar machte, und ging dann fünf Meilen joggen. Danach kamen eine Stunde Erholung und ein Wasser-und-Pulver-Mittagessen, bis es zum Stand-up-Training ging, wo sich das gesamte Team alle Mühe gab, ihn zwei Stunden lang auszupowern. Dies war der Trainingsplan, der brutalste, den er je kennengelernt hatte, und er befolgte ihn schon seit drei Monaten.

Jene Männer, die regelmäßig heilige Wettkämpfe entweihten, sogenannte »Sportjournalisten«, hatten sich auf Erik gestürzt wie eine Meute minderbemittelter Bluthunde, denen zufällig eine Hauskatze über den Weg läuft. Er sei »eines Titelkampfs unwürdig«, urteilten diese adipösen Unzufriedenen, die bequem im Keller ihrer Mutter hockend auf ihre Tastaturen einhackten; er sei ein »Emporkömmling«, und sein »wenig beeindruckender Sieg« über Brookins sei kein Beweis für echtes Talent. Diese Männer waren zu träge, um auch nur den Status eines Schattens zu erreichen, und hätten sie den Willen aufgebracht, zu sehen, was ich täglich sah, hätten selbst sie mit ihrem begrenzten Wahrnehmungsvermögen erkannt, dass mein

Schützling sich mit übermenschlicher Grazie und Schnelligkeit bewegte. Einige schienen Eriks Aufstieg als persönliche Beleidigung aufzufassen und hielten es für nötig, ihre Leser wiederholt darauf hinzuweisen, dass sie kaum je von diesem Parvenü gehört hatten, als wäre ihre Ignoranz eine Tugend. Es hätte sogar noch mehr von diesem Anti-Koch-Palaver gegeben, wäre das MMA-Pressecorps nicht von einem anderen Phänomen abgelenkt gewesen – dem Fluch, der auf der Calgary-Fight-Card zu liegen schien. Thiago Silva musste aufgrund einer Rückenverletzung absagen, Rodrigo Nogueira konnte wegen einer Armverletzung nicht teilnehmen, und Michael Bisping hatte sich einen Meniskusriss zugezogen. Keine Fight Card wurde je so schnell ihrer Stars beraubt.

Zeit ist der größte Feind eines Kämpfers, und alle klassischen Möglichkeiten, sie sich zu vertreiben, die Ihnen und mir offenstehen – Essen, Trinken oder Drogen –, sind der kämpfenden Klasse nicht zugänglich. Dank der sechs schmerzlichen, trainingsfreien Wochen war Erik ein Experte darin geworden, die Minuten verstreichen zu lassen. Zwei Monate vor dem Kampf füllte er die Lücken zwischen dem Training und dem Solarium mit Videospielen, Reden über Essen und einer Reihe von Filmen. Er sah sich wieder und wieder *Voll auf die Nüsse* an. Er und Biggie lagen mit schmerzenden Knöcheln, Brust- und Bauchmuskeln auf den Futons, und Biggie zählte, bis zu den Zutaten des Salatdressings, Menüs auf, die sie imaginär genießen konnten. Erik erwähnte den Kampf so gut wie nie, doch er wusste immer genau, wie viele Tage es noch dauerte, bis er loslegen konnte. Der Countdown war es, der ihn durch die Augenblicke brachte, in denen sein Trainer ihm Gewichte auf den zitternden Rücken legte, der Countdown, der seinen knurrenden Magen besänftigte, der Countdown, der ihn wieder in Dukes Studio führte, wenn ihm die Beine noch vom letzten Training weich waren.

Am 9. Juni klingelte Eriks Telefon am anderen Ende des Raumes, und da er gerade aus dem Studio zurückkam, seine Beine brannten, seine Bauchmuskeln so sehr schmerzten, dass er abwechselnd Anfälle von Heißhunger und von Übelkeit hatte, überlegte er, ob er rangehen sollte. Beim dritten Klingeln raffte er sich mit einem leisen Stöhnen auf. Es war sein Manager. José Aldo war verletzt. Etwas über ein zu Schrott gefahrenes Motorrad an der Copacabana. Drei Monate lang hatte er sich bis an die Schmerzgrenze gequält, um sich auf einen Kampf vorzubereiten, der durch eine Unachtsamkeit an einem Strand in fünftausend Meilen Entfernung zunichtegemacht worden war. Der Kampf wurde auf unbestimmte Zeit verschoben. Erik ging in sein Zimmer und schloss die Tür. Wäre ich der toten Sprache der Psychologen zugeneigt, würde ich sagen, er »isolierte sich«, aber ich begnüge mich damit festzuhalten, dass er zehn Tage lang so niedergeschlagen war, dass er keinen Bedarf für einen Platzfüller hatte.

Ich vermute, eine frühere Version meiner selbst wäre ebenso am Boden zerstört gewesen wie er, aber die düstere Miene, die ich in dieser Zeit zur Schau trug, war mehr meinem emotionalen Taktgefühl geschuldet. Denn war der angeblich unbesiegbare José Aldo nicht von einem entzündeten Knöchel außer Gefecht gesetzt worden? Thiago Silva von einer Wirbelsäulenprellung? Rodrigo Nogueira von einem aufgerissenen Ellbogen und Michael Bisping von einem zerrissenen Meniskus? Wie erschöpft und ausgelaugt all diese Männer mir vorkamen, altersschwach und im Zerfall begriffen wie die abblätternde Deckenfarbe in Hard

Drives ehemaligem Studio oder der geborstene Bordstein vor Eriks Fenster! Sie hatten noch nicht herausgefunden, was Erik, jung, geschmeidig und zunehmend nicht mehr von dieser Welt, längst begriffen hatte. Sie hatten sich nicht auf etwas reduziert, was zu einfach war, um Schaden zu nehmen.

Meine Gewissheit fand kein Echo in Eriks Psyche. Es gab zu viele Stimmen, die ihn runterzogen, und zu viele Entscheidungen, die von launischen Anzugträgern in Las Vegas getroffen wurden, die weder an Gerechtigkeit noch an sakrale Kämpfe dachten, sondern nur an Ticketverkäufe und Zuschauergewinnung. »Nur weil er einen Titelkampf bekommen sollte, bedeutet das noch lange nicht, dass er ihn auch verdient hatte«, stand in einem Artikel, der irgendwie in meiner Mailbox landete. Sollte heißen, dass Aldo, sobald er wieder gesund war, gegen jemand anders antreten musste; das Erik die Chance nur bekommen hatte, weil alle anderen verhindert waren, dass aber bald jemand anders verfügbar sein würde.

Erik nahm nur wenige Anrufe entgegen und mied selbst Biggie, bis er der gänzlich un-schwarzenegger'schen Pose des Selbstmitleids gefährlich nahe kam. Er verpasste kein einziges Training, obwohl er nun, da der Countdown zurückgesetzt worden war, nichts mehr hatte, worauf er hinarbeiten konnte, und so verlor die Langweile ihren Reiz und ihre Produktivität. Den ganzen Juli hindurch hatte es nicht geregnet, und Erik hatte immer noch keine Ahnung, ob er eine zweite Chance auf den Titel bekam, doch er musste trainieren, als würde er in den nächsten Monaten kämpfen, gegen Aldo, an einem unbekannten Tag, in einer unbekannten Stadt. Er hörte Gerüchte, Aldo werde gegen Hioki in Sydney kämpfen. Aldo werde gegen Erik in Las Vegas antreten. Aldo werde im nächsten Monat wieder gesund sein. Aldo müsse operiert werden und werde erst in sechs Monaten wieder fit sein. Eines Tages fuhr Erik allein zur Cheesecake Factory, um heimlich ein Steak zu essen.

Zehn Tage nachdem Aldo den Kampf abgesagt hatte, wurde die Trockenheit in Milwaukee offiziell zur »extremen Dürre« erklärt. Es herrschten über vierzig Grad. Nach dem zweiten Training des Tages stand Erik in der Küche, schloss die Augen und stellte sich die Cupcakes vor, die er nach dem nächsten Kampf verzehren würde, wann auch immer das sein mochte. Sein Telefon klingelte; es war sein Manager. »Dein Kampf gegen Aldo findet statt«, sagte der. »Wo?«, fragte Erik.

Rio

Auf einem felsigen Berg namens Corcovado steht, wie ein Kriegsherr, ein über dreißig Meter hoher Beton-Jesus. Die Touristen, die ihm noch nicht einmal bis zu den Zehenspitzen reichen, nehmen unter sich nur Meer, Favelas und Wald wahr, wohingegen Brasileños Zäune, Grenzen, Domänen sehen, unterteilt von den verständigsten Einwohnern der Stadt. Nur wenige Jahre, bevor die Martial Arts gemixt wurden, gehörten die verschiedenen Viertel den Kämpfern; jedes war den Ausübenden einer bestimmten Kampfkunst vorbehalten. *Hier* durften die Jiu-Jitsu-Künstler passieren, *hier* die Luta-Livre-Praktizierenden, hier die Boxer, hier die Capoeiristas, hier die Muay-Thai-Jungs, und ein Kämpfer, der die Grenzen überschritt, auf die Cristo so finster herabblickte, nahm schnell ein höchst unschönes Ende. Auf Gangster machende Jiu-Jitsu-Jungs aus der Mittelschicht entkamen den bettelarmen Luta-Livre-Vierteln am Rand der Favelas nur mit gebrochenen Knochen. Arme Luta-Livre-Praktizierende, die sich in Jiu-Jitsu-Territorien verirrten, kamen vielleicht ohne die Kleidung zurück, in der sie aufgebrochen waren. Es liegt in der Natur Rios, wo gemalte Markierungen unter Einwirkung von Sonne und Sand verblassen, dass Grenzen überschritten werden, und es gibt Jiu-

Jitsu-Künstler, die in die von den Luta-Livre-Leuten kontrollierten Gebiete eindringen, und Luta-Livre-Leute, die sich in von Jiu-Jitsu-Künstlern kontrollierte Gebiete vorwagen, und so gab es auch bereits in den Tagen vor den großen Shows, vor Miletich, bevor Gracie auch nur daran dachte, im Norden zu missionieren, viele großartige Kämpfe. Ein ortskundiger Brasileño kann Sie am Stand entlangführen – Flamengo, Pipi oder Barra – und Ihnen die Orte zeigen, wo ein Gracie gegen einen Wallid gekämpft hat, genau da im Sand, wo sich jetzt zwei Männer auf den beiden Seiten eines Volleyballnetzes gegenüberstehen. Am Ende des letzten Jahrhunderts unternahmen zivilisierende Behörden den Versuch, geordnete Indoor-Kämpfe zwischen Jiu-Jitsu-Künstlern und Luta-Livre-Praktizierenden zu veranstalten, als wollten sie ein für alle Mal klären, welches die beste Kampfkunst sei; doch das Publikum erhob sich, strömte auf die Bühne und randalierte mit gezückten Messern. Die Kämpfe wurden verboten. In Rio etwas zu verbieten ist, als würde man vorgeben, die Jesusstatue würde an einem nebelverhangenen Morgen für immer verschwinden und nicht wieder auftauchen, sobald die Sonne herauskommt. Und so sind sie in unseren fortschrittlicheren Zeiten wieder legal.

Wäre diese Art der Kampfkunst an einem anderen Ort geboren worden, wäre sie nur ein Zeitvertreib, ein »Sport« für die Grausamen und Zerstreuungssüchtigen, für Männer, die die Unterhaltungstriebe einer gelangweilten Hauskatze besitzen. Doch der Kampf musste an einem Ort entstehen, an dem die Ekstase als Ordnungsprinzip erhalten geblieben war, die fruchtbare Keimzelle allen Lebens. Die Franzosen verboten im sechzehnten Jahrhundert den Karneval, die Italiener im siebzehnten, und so weiter, über den ganzen, frisch zensierten Kontinent hinweg. Wo, frage ich Sie, hat der bacchantische Geist sonst überdauert? Mein geliebtes Iowa ist unschuldig-weiß wie Schnee, bis auf jenen kleinen schwarzen Schandfleck namens Waterloo. Wo, frage ich Sie also, hat die reine Lust jeden niederen Instinkt eines Volkes oder Stammes überdauert und das furioseste Tohuwabohu herrlicher Rassenmischung hervorgebracht? Wo zeigt uns selbst eine am Strand herumtollende Neunjährige im Bikini – ein Bein sandverkrustet, wo die Brandung versucht hat, sie ins Meer zu ziehen – mit dem trägen, ziellosen Schlenkern ihrer Arme eine Offenheit gegenüber dem Universum, wie wir sie bei einem New Yorker nie erleben? Wo auf der Welt ist der Körper mehr ein Gegenstand, der benutzt wird – herumgeschubst und -gestoßen –, über den man sich jedoch kaum Gedanken macht? Welche Stadt wird der heimtückische Gesundheitskult nie endgültig befrieden können? »Sie verfallen in Exotismus!«, sagen die Gelehrten mit ihren Schals, die »internen Begutachtungskommissionen«, und ich bin nur zu bereit, meine Schuld zuzugeben, denn es gibt nur einen einzigen Ort auf diesem jämmerlichen Planeten, der frei von allem Gewöhnlichen ist, und ich werde unter keinen Umständen so tun, als wären ihre Einwohner Menschen wie Sie und ich.

Es gibt eine Art von Vorfreude, die sich anfühlt wie Angst. Wenn ich an Rio dachte – und ich dachte immerzu an Rio –, dann hatte ich ein flaues Gefühl in der Magengegend und die kleinen, feinen Härchen auf meinen schmalen Handgelenken sträubten sich. Ich wusste nicht, was der Kampf in mir auslösen würde, wie weit er mich vom Kurs der Gesundheitsbewussten abbringen würde, ob ich danach je wieder unter ihnen leben konnte, und es war mir auch gleichgültig. Ich stellte mir die fünfzigtausend Brasilianer vor, mit mir in ein Stadion gepfercht, hunderttausend flatternde Augenlider, schwarze Kameras, die über Schienen fuhren, allesamt vereint zu einer einzigen Augenwurzel, die mit der stummen Unschuld einer zusammengewürfelten Sammlung Porzellanpuppen alles in sich aufnahm, bis etwas auf uns übersprang und wir gemeinsam der Zeit entrissen wurden. Ich wollte, dass die Stunden schneller vergingen. Ich wollte, dass Erik mich einmal pro Stunde anrief. Ich wollte, dass die düstere Vorahnung nachließ, dass sich etwas Weltuntergangähnliches ereignen würde – eine Verletzung, ein Sinneswandel oder eine Naturkatastrophe –, die mir das Herz in der Brust hämmern ließ. Ich wollte, ich wollte, ich wollte. Ich fuhr nach Milwaukee. Ich fuhr wieder zurück.

Bevor Erik mich, Keoni und Duke mit nach Rio nehmen konnte, musste er allein dorthin reisen, da der UFC verfügt hatte, dass er bei einer ganztägigen Publicity-Tour mit brasilianischen Journalisten kommunizieren sollte. In einer besseren Welt hätten wir vielleicht mitkommen dürfen, doch die ignoranten Medien halten Kämpfer für einsame Wölfe, die durch nichts als ihren eigenen stählernen Willen geformt sind. Für die Herausgeber des *Jornal do Brasil* brauchte Erik keinen freundlichen Platzfüller, mit dem er ruhige Sonntagnachmittage verbringen kann, keinen Trainer, der die langen Trainingsstunden strukturiert, vermutlich brauchte er noch nicht einmal das Training, so irrelevant waren andere Menschen für ihn. Und doch, wie klein und einsam fühlte er sich, als er hinter einem weißen Tisch an dem Mikrophon vor sich herumfummelte, als er die Fragen beantwortete, statt einer Entourage einen riesigen Pappaufsteller seiner selbst im Rücken. Und wie bedrängt kam er sich in Rio vor – einer Metropole, die keinerlei Ähnlichkeit mit seiner Lieblingsstadt Cedar Rapids und seiner zweitliebsten Stadt Calgary hat. Es war einfach zu viel, dachte er, die Art, wie die belebtesten Straßen nichts als Seitengassen zwischen Wohnhäusern zu sein schienen, schmale Korridore, durch die sich die halbe Stadt schob, und der Verkehr hatte keinerlei erkennbare Ordnung. Ein Motorrad überholte seinen Wagen, und der Fahrer bremste scharf, so dass er in den Sitz gedrückt wurde. Fußgänger liefen lässig zwischen den Straßenmarkierungen herum, was Erik nur mit Todeswunsch versucht hätte, und das Viertel, in dem er sich befand, war so mit Stromleitungen zugehängt – jede Wohnung, jedes Straßenschild und jede Terrasse –, dass es ihm vorkam, als wäre die gesamte Stadt auf der sich drehenden Erde festgebunden wie ein erlegter Hirsch auf einem Pick-up.

Wäre ich dort gewesen, hätte ich ihm sagen können, dass er sich in Flamengo befand, einem von Luta-Livre-Kämpfern kontrollierten Gebiet; dass in Flamengo die Jiu-Jitsu praktizierenden Gracies von einem Luta-Livre-Kämpfer namens Duarte gedemütigt worden waren, der Gracie die Kleider vom Leib gerissen und ihn nackt nach Hause geschickt hatte; dass die Gracies mit gewalttätigen Vergeltungsmaßnahmen darauf reagierten, bis ein freundlicher Boxtrainer in einer weit entfernten Favela beide Seiten an einen Tisch setzte und vorschlug, die verschiedenen Kampfkünste zu mischen. Und ich hätte Erik erklärt, dass er sich für keine Seite entscheiden musste, sich für keine Seite entscheiden konnte, denn er war ein Kind dieser Mischung, nicht nur einer Kampfkunst loyal ergeben, sondern allen. Das ist etwas, das Keoni versteht, und genau das, was er im Sinn hatte, als er Erik »New Breed« taufte, obwohl er nicht hatte ahnen können, dass New Breed in die alte Welt zurückkehren würde.

Bei der Pressekonferenz fragte ein brasilianischer Journalist Erik, was er dabei empfinde, in Rio zu kämpfen. Die Frage wurde für ihn ins Englische übersetzt. Erik antwortete, er werde noch seinen Enkeln davon erzählen, was wiederum ins Portugiesische übersetzt wurde. José Aldo, der neben ihm saß, beantwortete dieselbe Frage mit lächelnder Eloquenz, während Erik den Kopf senkte und seine Hände anstarrte. Die meisten Fragen wurden José gestellt, der in den vergangenen vier Jahren seinen Titel gegen sechs Herausforderer verteidigt hatte, sie mit Kicks außer Gefecht gesetzt hatte, die er sich in seinen Jahren als Fußballspieler angeeignet hatte, und sie mit der Schnelligkeit seiner Schläge überwältigt hatte. José, der Star, warb auf Plakatwänden für Uhren und vertickte Autos in Fernsehspots. Kein Kämpfer in den gesamten Vereinigten Staaten ist dort so berühmt wie José in Brasilien, was ein weiterer Beweis für Brasiliens Überlegenheit ist.

Noch vor Sonnenuntergang führte man Erik auf die Dachterrasse eines Hotels mit Blick auf das Meer. Jemand drückte ihm eine Kokosnuss mit Strohhalm in die Hand. Er würde sich später nicht mehr erinnern, wo er war, sondern es als »das Hotel am Strand« bezeichnen, in einer Stadt, die fast nur aus Küste besteht; doch dies ist der Moment, als ein Funke des Verstehens in ihm aufloderte. Zu seiner Rechten erhoben sich unzählige marode Häuser auf einem Berg, dessen Spitze mit grünem Wald bedeckt war; unter ihm wimmelten und strömten Tausende halbnackte Körper am Strand zusammen und wieder auseinander, wie Bakterien unter einem Mikroskop; von der anderen Seite der Terrasse aus beobachtete er zwei Verkehrsstränge, die willkürlich fusionierten und sich am Rande seines Gesichtsfelds wieder verzweigten. Die letzten Sonnenstrahlen verschmolzen mit dem Meer, so dass der Horizont verwischte. Es gab den Himmel, das Meer und dazwischen einen verschwommenen Streifen. Wenn er und ich je unsere Illusionen von Solidität abstreifen würden, wäre es sicherlich hier, an diesem lauten, schwülen Ort, wo die Atmosphäre selbst jeden Versuch des Auges zunichtemachte, klare Linien zu erkennen.

Erik kam fünfundvierzig Tage vor dem Kampf zurück, doch während er Stunden über Stunden selbstauferlegter körperlicher Bestrafung vor sich hatte, mit denen er sich die Zeit vertreiben konnte, hatte ich nichts als meine fieberhaften Planungen. Ich füllte meine Tage aus, indem ich in einem zwölfeinhalb Seiten langen Reiseplan all die Orte auflistete, die ich besuchen wollte. Jenes Stück Strand, wo Duarte und Gracie sich getroffen hatten, die Boxschule, wo sie Frieden geschlossen hatten, und der Ort, an dem ein japanischer Geschäftsmann zum ersten Mal ein paar neugierigen brasilianischen Kindern sein Jiu-Jitsu-Können demonstriert hatte. Ich würde, wie Erik, eine Woche vor dem Kampf anreisen, und wusste nicht genau, wann ich wieder zurück sein würde. Es kam mir vermessen vor, ein Rückflugticket zu buchen, weil ich nicht wusste, wann die Person, die ich sein würde, wenn ich aus dem Bann des Kampfes erwachte, zurückkehren wollte. Besser, sie diese Entscheidung selbst treffen zu lassen, dachte ich, und änderte die strukturelle Ikonographie der Aufzählung von Sternen zu Punkten. Ich dachte oft an die Möglichkeit eines Aufstands und hoffte, mit nur einem winzigen Anflug von Angst, dass die Gewalt die Grenze überschreiten und auch auf jene von uns übergreifen würde, die wir das Privileg hatten, zuzusehen.

Bei zwei Gelegenheiten – zwei Momente der Schwäche unter der gewaltigen, wachsenden Bürde der Vorfreude –

holte ich meine Koffer hervor und legte eine Reihe von Socken hinein, überlegte es mir anders, da es bis zum Kampf noch zwei Monate hin war, legte die Socken zurück in die Schublade und schob den Koffer wieder unters Bett. »Es dauert noch eine Ewigkeit«, sagte ich mir, »bis dahin kann noch alles Mögliche passieren«, in der Annahme, die Zeit würde schneller vergehen, wenn ich so tat, als finde der Kampf erst in ferner Zukunft statt. Ich rief Sean nicht zurück. Erik musste ich nicht zurückrufen, weil ich unweigerlich beim ersten Klingeln abnahm. Ende August fuhr er anlässlich eines Familientreffens nach Cedar Rapids zurück. Es waren noch vierzig Tage bis zum Kampf.

Erik fuhr direkt zu Keonis Kampfkunststudio, wo all seine Freunde auf ihn warteten, um mit ihm zu trainieren, darunter DJ, Lonnie, Cliff und Jared. Die Räumlichkeiten waren sauber. Es gab keinen gesprungenen Spiegel mit Goldrahmen, keine an die Wand genagelten Schlagringe, doch es war das Nächstbeste zur nostalgischen Schmuddeligkeit des Valhalla. Sie kämpften eine ganze Stunde, Keoni leitete das Training, bis Feuchtigkeit in der Luft hing und Gliedmaßen mit vertrauter Intimität über andere Gliedmaßen glitschten. Die Strahlen der untergehenden Sonne warfen durch das einzige Fenster ein Muster aus Lichtflecken auf die blauen Matten. Erik lag mit dem Gesicht nach unten auf dem mit dem Gesicht nach oben auf der Matte liegenden Cliff, Weiß auf Schwarz, und ihre Körper bildeten einen 45-Grad-Winkel, wie eine liegende, geöffnete Schere. Erik wollte sein rechtes Bein über Cliffs Körper legen und sich auf seinen Körper ziehen, die Schere schließen und mit gespreizten Beinen auf seinem Freund zu sitzen kommen.

Dieser simple Sweep, den Jargonliebhaber »passing the guard« nennen, hatte vermutlich zu den ersten Dingen gehört, die Keoni Erik beigebracht hatte, und er war für Erik so normal wie gehen. Selbst wenn man unter einem anderen Mann liegt, so wie Cliff unter Erik, kann man ihn nicht sicher halten, solange seine Beine frei sind. »Passing the guard« bedeutet, in einer fließenden Bewegung die Hüfte eines Mannes zu immobilisieren, seine Beine festzuhalten und ihn dadurch in einen bewegungsunfähigen Meermann zu verwandeln. Es ist die letzte in einer schwierigen, mit Fallen gespickten Kette aus Dutzenden Bewegungen, und sie wird unweigerlich begleitet von dem Gedanken, ich bin da, ich bin angekommen, von jenem Funken Genugtuung, der den Lohn der Anstrengung bildet. Alles unter einer Submission wirkt daneben wie halbe Sachen. Und wenn es von Erfolg gekrönt ist, hat man das primitive Vergnügen, sich auf einem anderen, unterlegenen Mann sitzend wiederzufinden.

Erik hob das Knie und warf es erfolgreich über Cliffs Torso, woraufhin sein Zeh sich irgendwie in der Matte verfing und seine Kniescheibe ein winziges Stück nach innen rutschte, wie ein Fahrrad, das durch Kies schlittert, ehe die Räder einen Halt finden. Auf Cliff sitzend, spürte Erik ein sektkorkenähnliches »Popp« tief im Knie und unterbrach den Kampf, um das Gelenk zu untersuchen, während die anderen um ihn herum weiterkämpften, als würde er die Szene für einen Moment verlassen. Das Knie tat kaum weh, und er konnte den Schmerz ignorieren, wie das dumpfe Ziehen in seinem Magen und das Pulsieren in seinem geschwollenen Ellbogen, und so sprang er wieder auf Cliff, zwang ihn mit geübtem Griff zur Aufgabe und beendete lächelnd das Training.

Das Bein, das sich zwanzig Minuten später meldete und etwas von ihm verlangte, das er ihm auf gar keinen Fall geben wollte, war dasselbe, mit dem ich ihn vor einem Monat in die Sandgrube hatte springen sehen und mit dem er so rasend schnell zugetreten hatte, dass Francisco Rivera keine andere Wahl blieb, als den Kick einzustecken und zu Boden zu gehen. Das dicke weiße Fasergewebe, das die Rückseite seines Oberschenkelknochens mit dem Schienbein verband – jenes Schienbein, das gegen Francisco Riveras Kopf gekracht war –, hatte in Las Vegas noch nicht gegen die Art protestiert, mit der diese Krafteinwirkung seine Fähigkeit beanspruchte, Eriks Bein zusammenzuhalten und die fließende Anmut seiner Bewegungen zu gewährleisten. Es wartete bis sechs Wochen vor dem Kampf in Rio, bis zu einem simplen Sweep über einen alten Freund, um sich zu melden, Aufmerksamkeit zu verlangen, sich als Teil jenes Käfigs zu behaupten, in dem selbst Erik gefangen war. Zwanzig Minuten danach begann die Stelle rings um das Knie zu pulsieren. Am nächsten Morgen war sein Bein hart, angeschwollen und ließ sich nicht mehr beugen.

Eriks Vater fuhr ihn ins Krankenhaus, wo eine Hilfsschwester ihm zuhörte, ihn zu einer Maschine brachte und eine Weile verschwand. Erik saß auf dem Untersuchungstisch, hatte das steife Bein ausgestreckt und schwang das gesunde. Er strich mit der Handfläche über sein Knie, vor und zurück, schaute beiseite. Er zitterte. Eine Ärztin kam mit einem Ordner in der Hand ins Zimmer, in dem Erik mit seinem Vater wartete. Sie brauchte lange, um die Röntgenbilder herauszunehmen, die in ihrer Hand umknickten. Sie deutete auf ein leuchtendes Band, den breiten Gewebestreifen, der oben halb gerissen war wie ein am Pier festgemachtes Tau, das durch die Zugkraft des Schiffs ausfranst.

Gibt es jemanden, der noch weniger dafür prädestiniert ist, den Willen, der Verkörperung zu entfliehen, das tiefe Verlangen nach ekstatischer Erlösung zu begreifen, als ein

Arzt? Jemanden, der sich mehr für den Körper als Projekt einsetzt, für den Gesundheitskult und für das Streben nach Langlebigkeit auf Kosten des Lebens? Und genau diese Kurzsichtigkeit hielt die Ärztin davon ab, das Phänomen zu begreifen, von dem sie sprach. Für sie waren Bänder nur Bänder, die darüber hinaus keinerlei tiefergehende Bedeutung hatten, keine Symbole eines Käfigs, dem man entkommen musste.

»Sie brauchen vier Wochen Reha«, sagte sie.

Erik verzog den Mund. Er stöhnte auf, und das Stöhnen wurde zu einem Schluchzen, zuerst rau und laut, dann leiser, gedämpft vom Hemd seines Vaters.

»Ist doch halb so schlimm«, sagte die Ärztin verwirrt, und das stimmte, denn im selben Moment, als das Band in seinem Knie riss, war Erik Koch kein Kämpfer mehr auf dem Weg nach Rio, für den eine solche Verletzung den Verlust der Titelchance bedeutete, sondern nur ein weiterer, gebrochener Junge, der den Fehler gemacht hatte, nach Hause zurückzukehren.

Epilog

Glauben Sie, ein Kämpfer wird eines Tages davon überrascht, dass sein Kopf weich geworden ist, man seine Schläge ohne mit der Wimper zu zucken einsteckt und seine Beine unter der verheerenden Wucht eines einzigen Kicks nachgeben? Wenn er nach einem K. o. wieder zu sich kommt, dem er nach dem Verlust seiner jugendlichen Energie nicht mehr ausweichen konnte, wird er diese Schwäche verleugnen? Ich kann Ihnen sagen, dass dem nicht so ist. Ähnlich, wie man früher glaubte, der Fötus im Mutterleib durchlaufe alle Stadien der Evolution, ehe er sich in seiner modernen Form einrichte, proben Männer im Ring das unvermeidliche Dahinschwinden Dutzende Male, bevor sie in den Ruhestand gehen. Denn bedenken Sie: Was ist Altern anderes als ein Versiegeln, ein Eingeschlossenwerden in jener Hülle, in der Sie geboren werden; und was ist Kämpfen anderes als eine Beschleunigung der Schlacht, die zu verlieren wir alle verdammt sind? Eines Tages ist eine Parade in zehn Metern Entfernung zu weit entfernt; die Stimme Ihres Enkels auf der anderen Seite des Raumes erreicht Sie plötzlich nicht mehr. Die Welt muss sich mehr anstrengen, um Sie zu finden. Und während Sie die Welt verlieren, meldet sich Ihr eigener Körper ächzend und quietschend immer lauter zu Wort. Unwichtige Muskeln, die sechzig Jahre lang stumm waren, werden plötzlich gesprächig. Ist das neu für einen Mann, dessen Beruf es mit sich bringt, dass er in der dritten Runde vor lauter Blut auf einem Auge blind ist und Mühe hat, sich auf den Beinen zu halten? Sein Gegner trampelt ihm auf die Zehen, biegt seinen Ellbogen um, tritt ihm gegen die Knie. Sind schmerzende Gelenke dreißig Jahre später eine Offenbarung für ihn? Das Alter ist für einen Kämpfer kein Schock, es kommt über ihn wie eine Erinnerung.

Der Zusammenbruch all dessen, worauf ich hingearbeitet hatte, und die Unterbrechung meiner phänomenologischen Studien brachte eine gewisse quälende Klarheit mit sich. Im Spiegel sah ich braune Augen, ihrer Strahlkraft beraubt, und drei winzige Falten in der weichen Haut darunter. Ich presste den Zeigefinger an die Seite meiner Stupsnase und fuhr die sich vertiefenden Furchen bis zu meinen Mundwinkeln nach. Bald würde mein ganzes Gesicht im Schatten liegen.

Es zeugt von Integrität, bei seinem Kämpfer zu bleiben, selbst wenn sich herausstellt, dass er zu Unfällen neigt; selbst wenn er einem keine Ekstase mehr verschaffen kann, sondern von einer Aura der Sorge umgeben ist; selbst wenn man mit glasklarer Voraussicht einen Kalender des Versagens zusammenstellen kann, wann er schließlich aufgeben, schwach werden, sich Kinder und ein Haus zulegen und rechtzeitig seine Steuern bezahlen wird.

Erik hatte nicht den Mut, mich anzurufen; es war an mir, zu beweisen, dass ich loyal blieb, obwohl ich zutiefst enttäuscht war. Ich überlegte, ob ich eine Liste von Männern zusammenstellen sollte, die sich von der gleichen Verletzung erholt hatten. Ich dachte daran, am Küchentisch seiner Eltern zu sitzen, mit Erik in seiner Beinschiene, während seine Krücken an der Wand lehnen, und wir schauen uns ein Video nach dem anderen an, aus der Zeit, als sein Körper noch eine herrliche, biegsame Symmetrie besaß. Doch ich hatte ihm nichts zu sagen, außer vielleicht, dass ich dreißig Jahre alt und sehr verängstigt war und dass er mir nicht mehr helfen konnte.

Ich holte erst einen, dann zwei Koffer, packte meine Notizen, meine Bücher, all meine Habseligkeiten ein, stieg in den Wagen, ohne zu wissen, wohin ich wollte, und fuhr nach Süden, in Richtung des Corcovado. Die Maisfelder wurden zu Unterholz, das Unterholz zur Wüste und die Wüste zu üppigem Sumpfgebiet. In Texas hatte ich die Nase voll vom Fahren, hielt an und suchte mir eine Unterkunft.

Eine lange Zeit tat ich nichts anderes, als meine Notizbücher, meine neunzig Seiten ekstatischer Beobachtungen wieder und wieder durchzulesen. Mir fiel ein Kampfkunststudio im südöstlichen Teil von Texas ein, das Sean einmal erwähnt hatte, ein Trainingszentrum in einer Ladenzeile, das ein Miletich-Protegé gegründet hatte, und eines Abends schlenderte ich hinein. Als ich die Tür öffnete, schlug mir ein Schwall feuchter Hitze entgegen, und ich hörte die Geräusche von Männern, die sich über den Boden wälzen, gelegentlich den dumpfen Aufprall eines Körpers auf der Matte, und ich dachte, ich sei vielleicht an den richtigen Ort gekommen. Doch als ich meine beschlagene Brille geputzt hatte und einen Blick auf die Gruppe von Männern warf, die am anderen Ende des Raumes aneinander zerrten, sah ich, dass alle in Seans Alter waren. Auf dem Weg zur Tür schnappte ich mir einen Flyer für eine Veranstaltung – Legacy Fighting Championship 18 –, die an diesem Abend ein paar Meilen entfernt stattfinden sollte.

Ich schlüpfte an ein paar abgelenkten Ticketkontrolleuren vorbei in die Arena, ohne zu bezahlen, und machte mich daran, den Umkleideraum zu finden. Hoch über mir auf der obersten Ebene der Arena rief eine Gruppe von Männern etwas, das ich nicht verstand, zu einem der Security-Männer hinunter, und ich schlüpfte unbemerkt durch eine Tür. Im obersten Stock angekommen, täuschte ich ein Interesse an der Sound-Ausrüstung vor und drehte, in der Hoffnung, für eine Toningenieurin gehalten zu werden, an diesem und jenem Knopf.

Als ein leicht erregbarer Fan einen Security-Mann in Spekulationen über die Kämpfe des Abends verwickeln wollte, hängte ich mich an eine Entourage an und schlüpfte endlich in die Umkleide. Im Inneren liefen Männer hin und her, übertönten sich gegenseitig mit Geschrei, während in einer Ecke ein Junge still auf einer Kühlbox saß und zusah, wie sein Vater ihm die Hände bandagierte. Er hatte gerade die Schwelle zum Erwachsensein überschritten. Seine olivfarbene Haut war faltenlos wie die eines Kindes, und die Nase zwischen seinen strahlend braunen Augen, die etwas zu weit auseinanderstanden, war noch ungebrochen. Er war noch zu jung, um schön zu sein, doch es war nur noch eine Frage der Zeit.

Ich sagte, ich sei gekommen, um ihn siegen zu sehen.

Der Junge hieß Charlie Ontiveros, war einundzwanzig Jahre alt und kam aus Cleveland, Texas. Er hatte noch keinen Kampf verloren.

Danksagung

Dafür, dass sie ihr Leben einer Fremden geöffnet haben, schulde ich drei furchtlosen, heroischen Männern ewige Dankbarkeit: Sean Huffman, Erik Koch und Keoni Koch. (Ein Dankeschön auch an Rocky dafür, dass er ein Mädchen am Freitagabend dabei sein ließ.)

Für Ermutigung, wo sie gebraucht wurde, Kritik, wo sie verdient war, und seine immer gleichbleibende Freundlichkeit, herzlichen Dank an John D'Agata.

Für ihre Freundschaft, ihre Ehrlichkeit, ihr Ohr für Kits Diktion und ihre Weigerung, ein Chowder zu tolerieren, vielen Dank an Kalpana Narayanan. Für ihre Kommentare zu den Entwürfen dieses Buchs, vielen Dank an Joe Wenderoth, Susan Lohafer, Elaine Stuart, Lina Maria Ferreira Cabeza-Vanegas, Rachel Yoder und Jen Percy.

Bei der Arbeit an *Geworfen* wurde ich von Jill Marsdens *After Nietzsche: Notes Toward a Philosophy of Ecstasy* inspiriert; ich bin dankbar für ihre Erkenntnisse.

Für die finanzielle Unterstützung danke ich dem Nonfiction Writing Program der University of Iowa, besonders Robin Hemley.

Vielen Dank meinem mutigen Agenten Edward Orloff, der immer an die Integrität des Manuskripts geglaubt hat, und Kristen Radtke und Sarah Gorham, zwei brillanten Autorinnen, die aus dem Manuskript ein Buch gemacht haben.

Den größten Dank schulde ich meinem Mann, William Wilkinson, dessen Unterstützung für dieses Projekt mit einem Umzug nach Iowa begann, sich über zahllose, suchende Gespräche fortsetzte und trotz Kits unbeständigem Gemüt nie ins Wanken geriet. Mögen die Welten, in die wir geworfen werden, immer uns beide enthalten.